中西文化精神

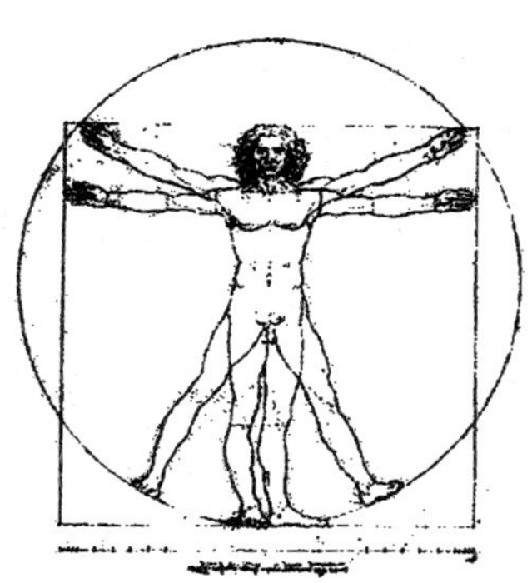

王玉芝 著

云南大学出版社

目　　录

上篇　中西文化精神发展的文化背景

下篇　中西文化精神

总　　序

2003年秋，红河学院经国家教育部批准正式成立，成为一所地方性综合高校。为了把这所年轻的高校办好，办出自己的特色，在上级主管部门和地方党委、政府的领导下，学校从基础设施建设、教师队伍建设、课程建设到机构调整、二级院系的重组等等工作，都在紧锣密鼓地进行。但是，最重要的工作还是学校的教学和科研。作为一所大学，如果不能把握教学这个中心，提高教学质量，就没有生存的可能。同时，没有与之相辅相成的科研和学术活动也不是一所真正的大学。因此，从红河学院组建之日起，科研和学术活动就成为学校最重要的工作，得到了各方面的高度重视。学校先后组建了学术委员会，重新改版了学报，搭建了学术交流平台"红河论坛"，先后邀请了一批国内外知名学者到学校举办讲座，与国内外有关单位一起举办了"'红河流域社会发展国际论坛'首届国际学术研讨会"、"中国西南少数民族地区构建和谐社会专题研讨会"等重要的学术交流活动，组建了"红河流域社会发展研究中心"，增拨了科研经费，制定了鼓励教师出科研学术成果的奖励方法，在校内营造了浓厚的学术氛围。正是在这样的学术环境中，一些教师在做好自己教学工作的同时，努力著书立说，已经撰写了一批有一定学术价值的著作，而且随着时间的推移还将有更多的学术著作问世。为了鼓励学术活动，创造学术氛围，提升学校的办学水平，学校决定以"人字桥学术文丛"命名，出版红河学院学术著作系列丛书。

"人字桥"的物质原形是由中国昆明至越南河内的滇越铁路上的一座巨形钢架桥，位于红河州境内的崇山峻岭之中，始建于 1907 年，1908 年 12 月竣工，由法国女工程师鲍尔·波丁设计。该桥以"人"字形支撑，横跨 67 米的两山峭壁之间而得名。以 20 世纪初的交通、技术和设备条件，修建这样的大桥是十分困难的。据史料记载，在一年多的施工过程中，死亡中国工人 800 多人，可见工程之艰巨。该建筑 1998 年被列为云南省级文物保护单位。红河学院学术著作系列以"人字桥"命名，是学院的一批学人反复揣摩而确定的。我想它之所以以"人字桥"来命名原因有三：

其一，"人字桥"是红河地区境内的标志性工程，以"人字桥"来命名红河学院学术著作系列，意味着红河学院的学术研究将主要立足红河地区，立足红河的历史、现状和未来。红河地区是祖国南部边陲一块神奇美丽的土地。她有 3 万多平方公里的土地，有 420 多万人口，包括汉族在内的 10 个民族共同繁衍生息在这里。她有文字可查的历史两千多年，除了以建水县文庙为代表的大批文物古迹和以熊庆来、袁嘉谷为代表的一批文化和科学名人以外，还有著称世界的"万亩梯田入云端"的哈尼族梯田文化，占世界锡总产量三分之一的发达的采矿冶炼业，全国最大的烤烟和卷烟生产业，著名的葡萄酒"云南干红"的生产基地等等，这一切都为学术研究提供了广阔自由的天地。学术研究与文学创作活动虽然各有特点，但是在源于生活、来自实践这一点上是相同的。所以把"人字桥"作为红河学院学术著作系列的名称，就是说红河学院的学术研究不仅要立足红河、扎根红河，而且要为红河的经济和社会发展尽可能地提供理论的依据、历史的借鉴和发展的可能，使红河学院的学术研究最终服务社会、贡献社会。

其二，滇越铁路是 20 世纪中国大西南连接国外最便捷的通道，而"人字桥"又是这条通道的咽喉隘口。从文化意义上来讲，"人字桥"也是连接和融合中外文化的桥梁。以"人字桥"命名红河学院的学术著作，就是说它首先应该弘扬和光大中华文化，因为它博大精深，有五千年的渊源厚重的底蕴，但是我们绝不应因此而成为狭隘的民粹主义者，中外文化各有所长，也各有所短。欧洲的文艺复兴以及它所展示的人文精神成为资产阶级革命和推动资本主义生产力的巨大动力，而这恰恰是我们所缺乏的，也是我国近代经济社会发展落后于世界列强的最根本的原因。改革开放近三十年来，我们在指导思想上一个巨大的成就就是改变了对西方意识形态不分青红皂白一概排斥的武断的态度，认识到资本主义制度下的优秀文明成果是全人类共有的文明成果，我们同样要借鉴和利用。同样，我们也有责任和义务把博大精深和源远流长的中华文化传播到全世界去。“人字桥”学术著作系列就是要对中外文化进行比较，在比较中获得启迪，在比较中获得发展，最终获得融贯中外东西的世界眼光和国际性的研究成果。

其三，学术研究是人类独具的思想性活动，是非常艰苦的社会活动。它需要传承，需要积累，需要多少代人的努力。历史和学术活动的实践证明，任何一项不朽的学术成就，都是社会性成果，都不可能是单个人的纯粹创造，都只能是站在千百个巨人和无数的普通人的思维成果上的耀眼的闪光。“人字桥”学术著作系列就寓含这种以“人”架桥的精神。就是说每一项学术成果绝不仅仅是展示个人的聪明才智，只认识到这一点是比较渺小的。它的根本意义在于为人类一步步认识自然、认识社会、认识自我的普遍规律砌好铺路石，搭好阶梯。至于谁能达到当时认识的最高峰，其实并不重要。一个真正有良心的学者都应该懂得这一点，因而自觉地为高尚的、人类独有的学术活动竭尽全力，作出最大的奉献，这就是“人字桥”学术著作系列的最高和最根本的精神。

如前所述，红河学院是一所名不见经传的年轻的大学，它目前的学术活动的规模和学术研究的成果还不是很大，与国内、省内的许多大学相比还自觉惭愧，但是它所推崇和实践的“人字桥”学术精神，将随着红河学院的成长而成长，随着红河学院的壮大而壮大，其每一部学术著作的出版都是红河学院成长壮大的一个坚实的脚步。

以“人字桥”命名红河学院学术著作系列提出者的睿智让我钦佩，应该感谢他们！

红河学院党委书记

2006 年 5 月 22 日

序　一

马超群

今天，我们处在一个伟大的历史变革时代，我们的祖国正和平崛起。全国各族人民在以胡锦涛总书记为首的党中央领导下，落实科学发展观，加速进行社会主义物质文明、政治文明和精神文明建设，共同构建社会主义和谐社会。经济要腾飞，社会要进步，各项事业的发展，都离不开强大的精神力量的支撑，文化精神是须臾不可缺少的东西。我们既要弘扬中华民族优秀的民族文化精神，又要虚心学习、吸收和借鉴各种外来文化精神中优秀的、有益的成分，取长补短，才能完成我们的历史使命。因此，对古今中外的各种文化精神，特别是中西文化精神作全面的、系统的分析比较和探讨，成为我们当前迫切的、必不可少的研究课题。王玉芝同志的这部专著正是应时代的要求而作，具有重要的现实意义。

文化是社会发展的基础，文化精神是文化的升华和提炼。要了解一个民族发展的内驱力，就必须了解民族文化的精髓——文化精神。在当今西化浪潮席卷全球的形势下，一个民族要崛起，要迎接西化浪潮的挑战，就必须对自身固有的文化精神和西方的文化精神进行对比研究，探寻本民族经济、文化滞后的原因和西方经济、文化崛起的根本，在比较其文化的精华与糟粕中加以借鉴，弘扬中西文化精神之精华，在借鉴中推陈出新，创建一种适应现代社会可持续发展的新型的文化精神，在比较中创新，在比较中探寻适合中国国情的可持续发展之路。利用西方文化精神中的优势，避免西方发展道路中所经历的弊端，在扬长避短中迈步前进。

在学术上，中西文化精神比较是文化比较中的一个重要科目。把中西文化作比较研究，早在几个世纪以前便开始出现。明末清初，利玛窦等传教士来华，随之带来一些西方的科学文化知识，即“西学东渐”。同时，他们也把中国的一些历史文化典籍带到西方。此后，西方开始有人对中西文化进行比较研究。从利玛窦到启蒙运动中的某些思想家，在中西文化比较中，对中国文化虽作了客观公正的评价，但对文化精神的比较还未涉及。在我国，对中西文化精神的比较是从戊戌变法时期才开始展开的，高潮却在20世纪“五四”新文化运动及新文化运动以后的30~40年代。“五四”新文化运动是中华民族文化的觉醒期，我国的有识之士纷纷以西方为楷模，主张全面学习西方，在民主与科学的旗帜下展开轰轰烈烈的新文化运动。起初，是强调西化占主导地位，以中国文化的弱势与西方文化的强势作比较。20世纪30~40年代，在这种比较中发展起来的新儒学一直延续至今。20世纪80年代，海外新儒学大师杜维明先生对中国文化中的儒家思想作了肯定，提出中华文明崛起之道在于面对西方文明的挑战，中华文明应在创新中迎战。这一观点也可以说是对“五四”新文化运动以来中西文化比较的升华和整合。然而，以往关于中西文化比较的论述虽不少，但对中西文化精神全面、系统的比较还显得非常稀缺。为此，年轻学人王玉芝同志的新著力图在前辈学者研究成果的基础上，专门对中西文化精神作出全面、系统的分析论证。

本论著从“文化”的定义入手，并对中国文化和西方文化作了概述，进而以时间为经线、空间为纬线来比较中西文化精神，既概述了中西文化的共性，又探索了中西文化的差异，特别是以现实的社会发展状况为前提，分析、论述了文化精神是社会发展的内驱力。作者在前人提出的中国文明是“静”的文明、西方文明是“动”的文明的基础上，论述了中国“守存文化”与西方“动感文化”在人类文明发展历程中所产生的不同效应。古典文明中的中华民族文化在“守存”中停滞，西方文化则在“动”中不断变革前进。作者提出的西方文化的“享乐与创造的文化精神”是西方社会发展的内驱力的论述有独到之处；对中华民族文化的精髓——“士文化精神”、“自强不息的民族精神”的论证入木三分；对中华民族文化中的“孝道文化精神”评述客观；在宗教精神的评述中，指出“祖先崇拜”所演绎出来的中华情节——炎黄情，是中华文明传承的主轴，是维系中华民族大家庭的精神纽带，这一论证符合中国的国情。

总之，这本新作在前人研究的基础上，把中西文化精神的研究大大向前推进了一步，同时，本书行文简明、流畅，通俗易懂，有可读性，有学术价值。

中西文化精神的比较研究，是一个涵盖面广、难度较大的课题，王玉芝同志以最大的勇气、惊人的毅力、苦苦的求索，辛勤笔耕，终于胜利完成这一课题的写作任务，把一本既有现实意义，又有学术价值的著作奉献给社会，以飨读者，这是件可喜可贺之事。中西文化比较研究还有许多课题可做，希望王玉芝同志今后沿着这个方向，继续前进，争取奉献出更多、更新的成果。

2005 年 10 月于云南师范大学

序　二

白　云

王玉芝君的新著《中西文化精神》就要出版了，这是一件令人十分高兴而值得庆贺的事情。玉芝君嘱我写篇序言，至为恳切，却之不恭，只好从命了。

王玉芝君，亦师亦友。我们相识于1989年，迄今共事已有17个年头。在日常教学、研究和工作中，读书、治学、为师、为人、为文……常成为我们交流的话题，还曾共同谋划筹建"读书会"，打算约上三五位情趣相投之友定期交流研讨，以求共同进步，并为营造良好的读书、治学氛围作点贡献。玉芝君好学敏求，治学严谨，在治学上有一种不断追求的精神。早些时候，对《孙子兵法》兴趣浓厚，潜心研究，发表过不少颇具新见的研究成果，其间可见其对中国传统文化的热爱。而后因教学工作需要，转而从事世界史、西方文化史的教学和研究，进而开始了中西文化的比较研究。

近二十年来，她的研究领域随着教学的需要而不断有新的开拓，取得了不少成绩。玉芝君治学还有一种讲求实际的精神，她常将教学与研究工作结合起来，将教学中的问题作为科研课题来做，又将研究的成果反馈于教学中，使教学与科研齐头并进、相得益彰。她的教学和研究早已得到了师友和同行们的一致赞誉。《中西文化精神》就是这样一部教学与科研有机结合的结晶。

关于中西文化及其精神的比较，一直是近百年来中国思想界讨论的热点。自16、17世纪以来，起源于西欧的资本主义体系以其先进、强大的经济和军事力量向全世界扩展，这种比较就已经开始。在“鸦片战争”中，英国用坚船利炮打开了清王朝封闭的大门，西方的科学文化思想学说如潮水般涌入中国，开始了中西文化碰撞融汇的历史进程。从魏源提出“师夷之长技以制夷”，中经洋务派与维新派的“体用之争”、“五四”新文化运动及20世纪20年代到30年代的“西化派”与“国粹派”的论战，到20世纪70年代末80年代初以来中西文化比较与论争的热潮，持续了百余年的中西文化比较研究已经取得了显著成绩，人们对中西文化的基本精神、主要特点都逐步加深了认识和理解，对中西文化精神之差异、优劣也有了相对比较客观的评价。然而，由于人们进行比较研究的立场、角度和方法等的不同，对许多问题的看法和观点不尽一致，甚至针锋相对，尤其是中西文化精神的系统比较研究还显得十分薄弱。因此，为合理继承祖国文化的优秀遗产，合理吸收西方文化的优秀成分，更好地促进中西文化交流，更好地建设和发展中国新文化，有必要继续深入展开中西文化精神的比较研究和探讨。

2003年，红河学院组建了人文学院，人文学院积极探索人文学科人才的培养模式，构建了人文学院的学科平台，设计了13门学科基础课，实行按学科大类组织教学。13门学科基础课都是颇具特色又极富挑战性的课程，“中西文化精神”就是13门学科基础课之一。玉芝君欣然接受了“中西文化精神”课的教学任务，开始了中西文化精神的教学和研究。由于玉芝君已有中国传统文化研究和西方文化研究的坚实基础和长期积累，所以短短两年时间即完成了新著《中西文化精神》。

玉芝君的《中西文化精神》一书界定了“文化”、“文化精神”；扼要勾勒了中国文化的发展轨迹和西方文化的发展脉络；简要分析了中西文化精神的时空背景；详细探讨了中西文化精神，对中西文化精神作了比较研究，揭示了中西文化精神的内涵、特点、共同性和差异性，分析阐述了中西文化精神是社会发展的内在驱动力。尤其重点探讨和比较了“中西文化的人文精神”、“中西文化的精神生活”、“中西文化的宗教精神”、“中西文化中的天人关系”、“中西文化的科学精神”等。人是文化的存在物，任何人都只能存在于一定的文化状态之中。是人创造了文化，不同的人创造了不同的文化，而不同的文化又造就了不同的人。文化是有差异性的。文化的差异性是由文化精神的差异性铸就的，因而，“要对中西文化进行实质性的比较，就必须了解中西文化精神”。这正是作者撰写《中西文化精神》的旨趣所在。

在中西“人文精神”的比较中，作者指出：由于地理环境和人文环境的不同，中西人文精神的表现、张扬的程度、走向也就不同。中国传统人文精神所强调的人是社会性的、群体性的伦理之人，由此在中国政治文化的传统中使活生生的人被异化，使中国的人文丧失了活力，人的独立性格被束缚在传统的社会教条中。而西方的人文精神强调的是具有情感、意志、理智的独立的个体。人之所以为人，是因为人既是生物的，又是社会的。人既是独立的个体，又是群体的一部分，这使得西方的人文具有了充分的活力。

在中西“文化生活”比较中，作者认为：不同的自然环境和人文环境，使中西文化的精神生活有着很大的区别。在社会结构上，中国是血缘与地缘二重组合的社会结构，西方则是完整的地域关系的社会结构。不同的社会结构造就了不同的政治文化生活精神，中国是崇尚权威的家天下的家国一体集权专制的政治文化，有大一统的社会意识、平均主义的小农意识以及守存与节制的礼治文化精神。西方则是多元的经济结构和政治结构、动感的文化精神、创造与享乐并行的文化精神等。

在中西文化“宗教精神”比较中，作者揭示了二者不同的发展趋向，即中国的趋向是入世，西方的趋向是出世；中国集中于人的限定性与现实性，西方集中于人的超越性与拯救；中国是成熟的实践理性居主导地位，西方是超越的思辨性居主导地位。

在中西文化“人与自然的关系”比较中，作者提出：中国从“天人合一”到“天人合德”的发展，呈现出的是人与自然的和谐，是一种亲和性的文化精神，故崇尚“中庸”，奉行“睦邻友好”，追求“和谐”之美。西方则将人与自然相分离，强调人对自然的作用，加剧了人对自然的征服和人与自然的对抗。

在中西“科学精神”的比较中，作者阐发了由于中国自然环境的优越而致使人们对自然缺乏真正的敬畏和深究的兴趣，客观主义、理性精神、科学态度、实证方法无从发轫。西方则由于自然条件的不尽如人意，不得不在征服自然中生存，加深了对自然的探索，进而形成了理性主义、科学主义的思维和方法。

通观全书，我感觉有这样几个突出特点值得重视：

一是新颖。在以往中西文化研究成果的基础上，作者紧紧抓住了中西文化的灵魂——文化精神，详为探讨比较，选题新颖，揭示了中西文化精神之内涵、特点、共同性、差异性及其影响等，往往有独到的见解。

二是系统。中西文化之比较虽持续了百余年，中西文化精神的比较也偶有所见，但对二者的系统比较研究还比较薄弱。本书作者系统阐述了中西文化的基本精神，这是一件十分有益的工作。

三是广泛运用了比较研究的方法。比较是一种认识事物的基本方法，所谓“有比较，才有鉴别”。比较更是一种研究的路径和方法，向为研究者所重视。作者在书中通篇运用了比较研究的方法，从中西文化发展轨迹的比较到中西文化时空背景的比较，从中西文化精神的总体比较到各个精神层面的比较等。通过这些比较研究，剖析了中西文化精神的异同以及它们的异中之同和同中之异，有利于人们在体会异中之同和同中之异之间更好地加以借鉴，探寻新知。

四是学术性与通俗性的有机统一。本书论证较充分，认识客观公允，行文简洁，通俗易懂，既可供中西文化研究者参考，更可作为学习中西文化的简明读本。

作为本书的最初读者，我获益良多，相信读了本书的朋友也都会有不少的收获。

是为序。

2005 年 11 月 12 日于一得斋

前　言

中西文化精神是从中西文化中提炼出来的精髓。要对中西文化进行有意义的比较，就必须了解中西文化精神。要了解中西文化精神，首先要理解文化和文化精神。

文化是人类智慧的结晶，它蕴涵着各民族文化精神。由于地理环境，以及其所造就的不同的人文环境，各民族文化间存在巨大差异。在文化差异中造就出了不同的民族精神。中西文化不同，中国人就是中国人、西方人就是西方人的差别不仅仅是黄皮肤与白皮肤的差别，它是一种内在的差别，即精神差别，这种差别不是一朝一夕形成的，它是多年文化积淀的结果，这种结果是文化的内核——文化精神造就的。所以，我们要了解为什么西方人就是西方人，中国人就是中国人，就必须了解中西文化精神。

对中西文化精神的比较，首先在绪论中对文化和文化精神这两个问题作了研究阐述，概述了文化定义、属性、前人对中西文化所进行的比较研究以及文化精神等一系列问题。由于文化精神是文化的本质，是文化的提炼，所以“中西文化精神”的论述分上下两篇。

上篇简单概述了中西远古到现当代的文化主线及中西文化精神产生的时空背景。

中国是人类文明的发祥地之一，元谋猿人揭开了中华民族发展的序幕，以后整个中华大地上的原始文化就递进发展：夏、商、周时期中华民族文化不断演进发展。春秋战国时期是中华民族人文精神的弘扬期，它奠定了中国文化发展的基础。中国第一个统一的封建王朝——秦朝为中国文化的进一步发展奠定了基础。两汉儒家文化在复兴和整合中发展为官方思想，儒教在中国文化中的主流思想地位开始确立。魏晋南北朝时期是中华民族的民族大融合期，这时的中国文化在民族大融合中继续发展。隋唐时期是中国文化再次繁荣发展期，无论是政治、经济、思想和外来文化都得以全面发展。宋元时期是中国传统儒学哲学化和白话小说的产生期，也是中国科举制的僵化初始期。明清是中国文化的转折期，中国文化在崛起的西方文化挑战面前，面临着全新的变革。

西方文化源于早期的克里特·迈锡尼文化，以后经过了由神话和英雄史诗构筑的时代，这是西方文化的第一次大整合时期。克里特·迈锡尼文化的文化遗迹与南下的古希腊人原始文化最终整合为繁荣的古典文化，这是西方文化的辉煌繁荣期，这一时期奠定了西方文化的基础。以后，西方文化的发展就是在这一时期的文化基础上阔步前进。西罗马帝国灭亡后，西方文化进行了再一次的文化大整合——基督教文化、日耳曼文化与西方古典文化整合，基督教文化成了主导，在整个文化领域基督教文化成了西方中世纪的主流文化，基督教会不仅控制着思想，而且控制着文化教育，甚至政治。西方的文化在中世纪的封建社会中形成了一种综合文化体系，后来在封建制确立，城市经济发展的基础上，产生了与基督教文化相交错的骑士教育、骑士文化和城市大学、城市文化，以后的西方文化就是在这种综合文化体中随着经济的发展不断变革。14 世纪文艺复兴运动发生、16 世纪宗教改革运动出现、17 至 18 世纪启蒙运动掀起，这是西方与经济发展相伴随的三次渐进的思想解放运动。这三次文化革命运动为西方社会的发展变革奠定了思想基础，为资本主义政治制度的建立提供了政治理论基础。随着资本主义制度的建立，西方的文化革命运动更加自由开放地发展，古典主义、狂飙突进运动、浪漫主义、批判现实主义、现代主义等不断登场，西方文化进入到全新的动感文化时期。

中西文化是人类文化中两个重要的文化圈，它们有着人类文化的共同性，同时又存在差异性。文化差异性的实质是文化精神的差异，中西不同的文化精神是由中西不同的时空背景铸就的。

中华民族文化发源于长江黄河流域，是典型的农业文明，这种农业文明的经济基础是以一家一户为主体的自然经济，自然经济基础上是血缘与地域二重组合的社会结构和中央集权的君主专制政治结构。民族心理是一种崇尚权威的文化心理，宗教是与血缘关系紧密相连的祖先崇拜，也即在这种经济、政治、文化心理的主导下，中华民族的文化成了世界上罕见的绵延传承的线性文化。

西方文化产生于连接欧、亚、非三洲的文明交汇地——爱琴海区域。这里是人类文明汇集之地，便利的海上交通更加快了文化的交融。西方文化是典型的海洋文化，海上交通的便利，使西方初始的文化就是一种动态文化，海外的殖民、居民的不断迁徙，瓦解了西方古老的原始血缘社会结构，在文明之初，西方就完全用地域社会结构取代了血缘社会结构。在航海殖民、商贸活动中，西方较早产生了工商业经济，原生的自然经济被破坏。在这样的社会经济基础上，西方进入文明社会后产生的是多元的政治结构，同时也就是在居民的不断迁徙中，西方的文化也在不断整合，形成了一种不断整合的动感文化。

下篇就中西文化精神展开详细的探讨。

第一，中西人文精神。

文化是人创造的，也是人与动物的根本区别。由于有了文化，人也就成了符号动物、政治动物、理性动物、历史动物。这些都是限定词，在文化中，文化的创造者——人，成了受限者，在自然、社会中的人处于什么位置，就成了文化精神的主导。这样，在文化精神中，以探讨人的位置为核心的“人文”成了文化精神的主轴，所以，比较中西文化精神首先要比较的就是“人文精神”。

中西文化中都有人文精神，只是由于地理、人文环境的不同，中西文化精神的表现、张扬的程度、走向也就不同。总的说来，中西人文精神的差异在于：中国的人文精神自孔圣人创立儒教以来就已确立，其文化视野注重的是现实世界，关注的是人。中国传统文化的主流——儒家学说就是关于人与人相互关系的伦理学说，是一种以人为本的人生哲学，所以，其人文中所强调的“人”是社会性的、群体性的伦理之人，也由此造成在中国政治文化传统中活生生的人的个体被异化，使个体的人丧失了活力，人的独立性格被束缚在传统的社会教条之中。而西方的人文精神自古希腊至今所强调的是具有情感、意志、理智的独立的个体。人之所以为人是因为人既是生物的，又是社会的；既是独立的个体，又是群体的一部分，也就是马克思所说的“直接地是自然存在物”，“是社会存在物”。西方人文的核心首先是确认了人的个体性，以个体性为前提来确认人是社会关系的总和，这是与中国人文精神的根本区别。它突出的是个性的、主体的、自我的人，这种认知使得西方的人文精神具有充分的活力，为西方社会的更新和发展提供了一个良好的机制。

第二，中西文化生活比较。

中西人文精神的差异造就了中西不同的人文环境。在不同的自然环境和人文环境中，中西文化生活有着很大的区别。

在社会结构上，由于中华民族生存在沃野千里的东亚大陆上，土地资源丰富，有足够的空间容纳新增殖的人口，一般都固定生活在祖辈世代生存的空间中。血缘家族成为中华民族社会结构的主体，中央集权专制政治体制的形成、郡县制的推行，使得中央对地方的管理日益加强，但由于地方血缘家族的广泛存在，在中国形成的是隐性的家法与国法并重，儒教的纲常伦理把上至国家、下到家庭的整个社会自觉地纳入到一个有序的社会秩序中。王权与族权共存、家庭与国家同构是中国专制集权政治体制的特点。中国的社会结构也就是血缘与地缘二重组合的社会结构。西方文明源于岛屿、半岛，土地贫瘠，但优良的港湾，便利的海上交通，周边发达的古埃及、两河流域文明带为其发展提供了条件。为了生存，这里的居民不仅有发达的手工业和商业，而且远航四方，进行商贸和殖民，这种流动性的生活瓦解着西方古老的血缘关系。在工商业发展的基础上，历经不断的革命和变革，原生的血缘关系的社会结构逐渐被摧毁，代之以完整的地域关系的社会结构。

中西不同的社会结构造就了不同的政治文化生活。中国的血缘社会结构形成了专制集权的土壤，中国的政治文化生活是崇尚权威的家天下的家国一体集权专制的政治文化。在整个社会生活中居主导地位的是大一统的社会意识，无论社会如何变迁，都无法改变这种根深蒂固的民族传统，所以，在整个中华民族史上统一是无法阻挡的历史潮流。与此同时，与血缘社会相适应的是小农经济，这是一种所有权模糊的原生经济结构，它在中华文明史中一直居于主导地位。这种经济结构中养成的是均平主义的小农意识。均平观念一直支配着中华民族的思维，从中央王朝的土地政策——均田制以及历代民众起事所追求向往的都是均平。这种思维在早期调节社会矛盾、实现社会的稳定中起过积极作用，这也是几千年中华帝国稳步发展的因素之一。但均平的小农经济在近代社会转型时期却成了中华民族社会变革的巨大障碍，使中国近代失去了资本积累的社会经济条件，阻碍了资本主义经济的成长。三纲五常的社会伦理生活、孝道文化精神、礼治社会的传统，使中华民族固守在守存与节制的文化生活中不能自拔，这使中华民族丧失了冒险、创新精神，也即失去了近代社会转型的原动力，使中华文化处于停滞之中，民族活力因此而丧失。礼治文化精神使中华民族缺少了近代法制社会所需的土壤，尽管中华民族有着传统的“士”文化精神与自强不息的民族精神，众多仁人志士为了中华民族的振兴而赴汤蹈火，但始终没有构建起一个让中华民族重新屹立于世界文明之林的振兴机制，这种状况一直持续到新中国诞生。

西方文明是在海洋文化的波涛中诞生的文明，这是一种动感文化中产生的动态文明。自远古的克里特·迈锡尼文明起，整个西方社会都处于动态发展之中。远古时期的西方文化孕育出的是动感文化精神，古希腊时期的航海殖民活动瓦解了古老的、原生的血缘社会结构，在一系列动态的变革中，西方在文明起源之时，就以完整的地域社会结构取代了原生的血缘社会结构。与此同时，由于手工业、商业、航海殖民的发展瓦解了原生的自然经济结构，在西方文明起源之时建构起的是农、工、商并行的多元经济结构；多元的经济结构基础之上建立起的是多元的政治结构。西方古典时代的动感文化精神成了西方社会的传统文化精神，纵深到西方文化的大动脉中，使西方人生活在民主与法制的社会生活中，西方人崇尚的是冒险拓展，他们遵循的是创造与享乐并行的文化精神。西方文化中的这种精神，经过中世纪基督教文化、日耳曼文化、古典文化的整合，发展为一种具有基督人道精神，具有日耳曼自由豪爽、冒险忠贞的骑士精神，具有古典自由、平等精神等多种要素的综合文化体。这个文化体具备文化精神发展和更替的机制，近现代西方在这种文化机制中进行了一系列革命，最终建构起一个具有民主、法制、自由、平等、人道等文化精神的文化肌体。

第三，中西宗教精神比较。

中西文化精神的差异在宗教精神方面非常突出。文化与宗教有着天然的联系，各地区、各国文化与宗教的关系是不相同的，中国与西方在宗教精神上差别很大。

人类历史上的宗教在起点与历程中，都有从非理性的原始宗教向理性的文明社会宗教发展的共同点，中西文化中的宗教精神也是基于这样一个共同点发展起来的，但两者却在“轴心时代”沿着不同的趋向发展。雅斯贝斯所定义的公元前 800 年 ~ 公元前 200 年的“轴心时代”是人类智慧的大发展时期，是人类思想的第一个闪光期，整个世界的文化群星璀璨，“在中国，孔子和老子非常活跃，中国所有的哲学流派，包括墨子、庄子、列子和诸子百家都出现了。像中国一样，印度出现了《奥义书》和佛陀，探究了一直到怀疑主义、唯物主义、诡辩派和虚无主义的全部范围的哲学可能性。伊朗的所罗亚斯德传授一种挑战性的观点，认为人世生活就是一场善与恶的斗争。在巴勒斯坦，从以利亚经由以赛亚和耶米利到以赛亚第二，先知们纷纷涌现。希腊圣贤如云，其中有荷马，哲学家巴门尼德、赫拉克利特和柏拉图，许多悲剧作家，以及修昔底德和阿基米德。在这数世纪内，这些名字所包含的一切，几乎同时在中国、印度和西方这三个互不知晓的地区发展起来。"①这就是史学家雅斯贝斯对这一辉煌时代的论述，宗教的思想基础也是在这一时代奠定的。"这一时期所有主要的宗教选择——它们构成认识终极者的主要的可能方式——都已被确认和建立，自那以后，人类宗教生活中没有发生任何类似的具有新的意义的事情。"②就是在这个世界各地文化精神的确立期，中西文化的宗教精神也朝向不同的路径发展。中国宗教的趋向是入世，而西方却是出世；中国宗教集中于人的限定性与现实性，西方则关注的是人的超越性与拯救；中国宗教是成熟的实践理性居于主导地位，而西方却是超越的思辨理性占主体。

中国的宗教从祖先崇拜到宇宙观的实践人格化，使得中国文化中的宗教精神完全是现世的、人生的和实践的。它不仅从超越中解脱出来，而且还把思辨的超越整合到实践理性中来。中国的祖先崇拜和宇宙观与人生观整合而成的"天人合一"、"天人合德"的儒教理论，是祖先崇拜中形成的政教合一的宗教理论，是中国传统文化的核心。儒教的理论核心"三纲五常"就是在祖先崇拜中形成的政教合一的教理。这样，中国文化中的宗教精神与西方文化中的宗教精神存在很大的差异性。中国的宗教是实践理性宗教，西方的是形而上的思辨宗教。

信仰是一个民族的灵魂和归宿。信仰有宗教的和哲学的，宗教也好，哲学也罢，其追寻的都是主客体的终极，灵魂的归宿。二者的区别是情感与理性的区别，联系也是情感与理性的联系，情感的撞击产

---

① 雅斯贝斯：《历史的起源与目标》，第8页，华夏出版社，1989年版。

② 约翰·希克著，王志成译：《宗教之解释》，四川人民出版社，1998年版。

生宗教，宗教的发展使情感走向理性；理性的思考产生哲学，理性的发展不断激励着哲人们的思考。正如狄德罗说的：“没有激情的理性是没有臣民的国王。”“只有情感，而且只有大的情感，才能使灵魂达到伟大的成就。”① 中华民族的宗教信仰，既是情感的激荡，又是理性的选择。宗教的构成要素是多元的，包括情感范畴的情感、信仰和仪式，理性范围的礼仪、教义和社会功能等要素。中华民族祖先崇拜的宗教信仰把这些要素有机地整合为一个完整的政教合一体系。

西方文化中的宗教精神是奠基在它的文化传统之上的。在西方文化中，其思维以思辨为主导，这种思维模式在“轴心时代”就已奠定。西方在远古是多神崇拜，与之相伴随的宇宙观是自然、思辨的宇宙观，“在神话的观念中已经出现哲学思想的胚种，即做某种解释的愿望，纵然这种要求植根于意志，很容易为想象的图景所满足”②。同时神话的人文主义性示意着西方人的觉醒，在情感与理智中，理性高于一切，“人是万物的尺度”。到了古典时代的后期，多神崇拜和自然的宇宙观逐渐被思辨的宇宙观所取代，形而上的思维占主导地位。在这样一种思维模式中，西方超越的宗教精神也逐渐形成，许多哲学家所专注的是神或者“存在”以及“逻各斯”问题，正像苏格拉底在《申辩篇》中宣称的：“雅典人啊！我尊敬你们、爱你们，但是我将服从神而不服从你们。”伟大的哲学家苏格拉底的认知是形而上的神，这种形而上的思想到亚里士多德那里发展为宇宙的第一推动者。西方“轴心时代”形而上的观点，到中世纪与基督教结合发展成一套完备的形而上的神学体系。

西方的宗教精神是一个变异和发展的过程，其神话时代凸现出的是多神崇拜和“灵”与“肉”分离的观念。古典时代灵与肉分离观升华为哲学理论，到斯多葛派时完善为一套哲学体系，成了西方文化中

---

① 《狄德罗哲学选集》，第1页，商务印书馆，1983年版。
② 梯利著，葛力译：《西方哲学史》，第7页，商务印书馆，1995年版。

信仰与科学的传统逻辑，以后的理性主义、神秘主义以及哲学、神学、文学、科学都遵循这一逻辑发展，宗教更为突出。

灵与肉的认识，这是宗教的一般问题。对这个问题的认识，中西既有共同之处，又有相异点。共同之处在于，有神论者都承认灵魂的存在，无神论者都认为人死神灭。不同点在于，中国人的灵魂观是流动转移的，人死，只是肉体的消亡，灵魂在生中流动转移，这不仅仅是佛教“轮回说”的思想，也是中国传统文化中祖先崇拜和灵魂转移的思想，这样，在中国的灵魂观中，灵与肉实际上并未完全分离。西方人的灵魂观是完整的“灵”、“肉”相分的来世观，认为人死后，灵魂进入彼岸世界，这是一个永恒的世界。西方的灵与肉完全分离，西方人生活在形而上的宗教信仰中。

灵肉分离的形而上的思想对西方人的宗教信仰产生了巨大影响，为以后基督教在西方的传播和发展奠定了思想基础。源于东方巴勒斯坦的基督教，在罗马帝国后期发展为西方人的宗教信仰。基督教是一种形而上的宗教，他们的三位一体的上帝是世界的创造者和主宰者，人们向往的是来世天堂的永生。现实生活是暂时的，人活着是为了信仰上帝和拯救自己的灵魂，人只不过是上帝实现自己目的的工具。信仰和拯救的实践是：爱上帝万有之上，爱人如己。这就是基督的人道，它深深地植入了西方的文化土壤中，与古典时期世俗的人文精神融合后成为西方近现代的文化精神。

西方形而上的基督教信仰是历史的和发展的。16 世纪，随着西方资本主义的发展，基督教经过改造，发展为资本主义的新教。以后，随着西方经济和科学技术的发展，基督教不断变革发展，一直作为西方文化要素的重要部分渗透到西方文化的各个领域中，其形而上的思想一直引导着西方人去认识世界，推动着西方科学精神的发展。

第四，中西人与自然的关系比较。

人与自然的关系，就是人们在生存中与自然和谐相处的同时，又改造自然、征服自然的行为过程所构成的一种生存态势。这种生存姿态由于西方和中国所处的地理环境不同，人与自然的关系也就不同。

由于中国文明源于气候温暖、地厚土肥的大河流域，优越的自然环境使人与自然的关系是相互依存的，即人只要顺应自然，在自然的赋予中应用自然就可以生存，人与自然的关系是和谐对应的协调关系。从远古的“天人合一”不断深入发展为与社会相关联的“天人合德”，整个中华民族文化呈现出的是人与自然的和谐。这是一种亲和性的文化精神，中华民族的和谐观始终贯穿在生活的各个领域中。社会中盛行的是中庸之道，对外关系上中华民族一直是一个著名的礼仪之邦，推行的是睦邻友好政策。在生活中的审美观也以“和谐”为主旋律。

西方文化的思维模式，自古希腊起就将人与自然相分离，强化人对自然的作用，以善恶来划分世界，从而加剧了人对自然的征服和对抗。所以，古希腊文化在培育民主政治与科学精神的同时，也促成了人与自然的疏离。这与中华文化中强调人与自然的亲和性形成了鲜明的对比。

西方的天人关系是一个由复合型到对立型的过程。在荷马时代，西方处于野蛮原始向文明的过渡期，这时的天人关系是一种复合型的关系，既有神人同形同性的人格化了的自然——拥有神圣权威的神与人合一的一面，即人与人格化的自然之神的往来和交融，甚至产生了自然神与人的爱情结晶——英雄，这是天人合一的表现，同时“和一”中又有对立。古代西方的天并不被视为完全自然的客观现象，它把客观的自然赋予到形而上的神祇身上，这些神祇高高凌驾在人之上，但世间的人并不驯服地接受神的主宰，即接受自然的主宰，这无论在天界的神位变化中还是在人间都生动地反映出来。西方人文精神中人的主体地位的作用并没有因为宗教的渗透而消解，反而在宗教的圣坛中不断弘扬。人是世界的主宰，《圣经·创世纪》上说：“凡地上的走兽和空中的飞鸟，都必惊恐，惧怕你们。连地上一切的昆虫并海里一切的鱼，都交付你们的手。凡活着的动物，都可以做你们的食物，这一切我都赐给你们，如菜蔬一样。”人的主体地位被神圣化。

这种文化精神到了近代以急风暴雨式的势头在西方长足前进着，一方面是西方人的征服欲望由自然向人类延伸，他们在战胜了海洋的狂风恶浪后，把视野投向了对同类的征服，这样整个世界成了人与自然、人与人之间对立与较量的相互征服的世界，这时的西方完完全全把自己放到了支配和征服自然的超然主体中。

第五，中西科学精神比较。

中华文明源于大河流域的冲积平原地区，地肥土厚，又处于温带，与源于岛屿、半岛的西方文明相比，自然环境优越。人们只要遵循自然规律劳作就可以生存，这样，温带大陆气候环境中的农耕民族形成了对自然缺乏真正的敬畏和深究的兴趣，使中国文化中的客观主义、理性精神、科学态度、实证方法无从发轫，中华民族的创造力主要体现在人文科学的辉煌灿烂上，自然科学只注重实践理性中的理论研究，并且思辨理性也不发达，中华民族辉煌灿烂的文化中也就缺少了以自然科学作为文化大厦的根基，这是中华民族文化近代转型受阻的原因之一。

西方人则反之，由于自然条件的险恶，他们不得不试图征服自然以求生存，在此过程中加深了对自然的探索，进而形成理性主义、科学主义的思维和方法。这种状况在古代和中世纪主要体现在不断向外扩展上，如发展工商业、远洋航行、殖民掠夺等。近代则体现在科学的创新及科技在生产领域的应用等方面。而中国尽管也有各种发明创造，但多是技艺型的，没有形成系统的科技理论和科学方法指导，而且自然科学是为儒学服务的，处在从属的地位，这就是中西文化中科学精神差异之源。

不同的地理环境还造就了不同的思维方式。中国的这种人与自然和谐相处的思维是一种整体领悟、类比联想、立体、真实、模糊的思维；西方则是构造分析、逻辑演绎、线性、虚拟、准确的思维方式，不同的思维模式引导着人们的认知水平。这使得“轴心时代”的科学及科学方法在古代希腊产生。

中华民族古代文化的特点是重文轻理，这种文化精神在近代以前一直占主导地位。西方的自然科学知识是在其思辨理性的文化精神中发展起来的，西方的古典文明是在征服自然的基础上发展起来的，与自然的较量、与人类的竞争都离不开对自然的认识、对人类的思考。在周边古埃及、巴比伦、印度、波斯文化的影响下，古希腊时代的西方就已具备了形成科学精神的条件，在这种驾驭自然、了解外界中不仅认识到自然科学知识的重要性，而且把它提升为生活的坐标。中世纪的神学孕育着观察自然、了解自然的科学方法，训练着进行自然科学研究的思维。即使在宗教信仰中也贯穿了对宇宙的探索精神，蕴涵着西方传统的科学精神，使得西方在中世纪仍然出现了哥白尼的“太阳中心说”。

文艺复兴运动和宗教改革运动使西方世界理性主义复苏，理性主义、功利主义和经验主义的传统结合使西方的科学精神大大弘扬。特别是新教的出现更推动着科学的发展，西方近代是一个科学张扬的时代，这时的西方把宗教信仰与科学理性结合，在信仰与理性中不断探索，推动着自然科学的飞速发展，在这种科学精神的鼓励下，西方社会获得了长足的发展，实现了超越，在驾驭自然方面取得了优势。科学、宗教、法制精神成为现代西方文化精神的三大主流。

绪　论

一、文化

“文化”首先在人文学科领域使用。康德在《判断力的批判》中在哲学意义上给文化一词下的定义是：“有理性的实体为了一定的目的而进行的能力之创造。”这涉及精神与物质两个方面。以后又出现了160多个关于文化的定义。具有代表性的是：

英国人类学家E. B. 泰勒在其《原始文化》中下的经典定义是：“文化就其在民族志中的广义而言，是个复合的整体，它包含知识、信仰、艺术、道德、法律、习俗和个人作为社会成员所需的其他能力及习惯。”①

新康德主义者恩斯特·卡西尔认为：“人不再生活在一个单纯的物理宇宙之中，而是生活在一个符号宇宙之中。语言、神话、艺术和宗教则是这个符号宇宙的各部分，它们是组成符号之网的不同丝线，是人类经验的交织之网。人类在思想和经验之中取得的一切进步都使这个符号之网更为精巧和牢固。”“对于理解人类文化生活形式的丰富性和多样性来说，理性是个很不充分的名称。但是，所有这些文化形式都是符号形式。因此，我们应当把人定义为符号的动物来取代把人定

---

① E. B. Tylor：*The Origens of Culture*，P1，Harper and Brother. Publishers，New York，1958.

义为理性的动物。只有这样，我们才能指明人的独特之处，也才能理解对人开放的新路——通向文化之路。”①

怀特认为，在低于人类的动物群落中，其联合体结构和行为类型，“乃是他们各自的生物机体的函数：$S=f(o)$。但在人类中，在其符号行为的层次上，情况就不同了。无论是普通个体方面还是社会方面，人类行为都不是机体的功能。人类行为并不随机体的变化而变化，而是随着超机体的文化因素的变化而变化。人类行为是文化的函数：$B=f(c)$。随着文化的变化人类行为也将发生变化”。“全部文化（文明）依赖于符号。正是由于符号能力的产生和运用才使得文化得以产生和存在；正是由于符号的应用，才使得文化可能永存不朽。没有符号，就没有文化，人也就仅仅是动物而不会成其为人类。”“文化是人类学包括心理学、精神分析学、精神病理学、社会学、应用人类学、历史学等多种学科。一个贴着‘人类学家’职业标签的人整天忙于定义‘人类学’，那一点也不是开玩笑的事”②。说到底，他认为人与动物的不同在于文化，而文化的实质在于符号或符号能力。因为文化的特点就在于用文化的术语对文化作出解释，术语由符号系统构成，而人类的重要符号就是语言，人也由此成了符号动物。

中国古代典籍中也有“文化”二字。

“文”字的本义，是指各色交错的纹理。《易·系辞下》云：“物相杂，故曰文。”《礼记·乐记》云：“五色成文而不乱。”许慎《说文解字》曰：“文，错画也，象交叉。”由此原始之义衍生，文遂有文字、文籍、文章、文学之义。《尚书·序》称伏羲画八卦，造书契，“由是文籍生焉”。进而“文”字有了与“质”、“实”相对的精神修养和美、善、德行之义。《论语》称：“质胜文则野，文胜质则史，文质彬彬，

---

① 恩斯特·卡西尔：《人论》，第4页，上海译文出版社，1985年版。

② L. A. 怀特：《文化科学——人和文明的研究》，第382页、第31～32页、第387页，浙江人民出版社，1998年版。

然后君子。”郑玄注《礼记》曰：“文，犹美也，善也。”

“化”字本义指事物动态的变化过程。《易》曰：“男女构精，万物化生。”《礼记》曰：“赞天地之化育。”后又引申出造化，由自然万物造化的生成、变异引申出伦理德行的化成。

“文”、“化”合用，见于《易·贲卦》“刚柔交错，天文也。文明以止，人文也。观乎天文，以察时变；观乎人文，以化成天下。”这里，天文与人文相对，天文是指天道自然，人文指社会人伦，即有文明教化之意。

从以上对文化内涵的不同理解可以看出，西方主要强调的是物质，而中国强调的是精神。但不管何种解释，总体强调的是“自然的人化”，核心是人，为人创造，用之于人，服务于人，造就于人。故西方的“culture”一词就被译为“文化”。

克莱德、克拉克洪在《人类之镜》中把文化逐次定义为：（1）一个民族的全部生活方式；（2）个人从他的社会群体中获得的社会遗产；（3）思维、感觉和信仰方式；（4）来源于行为的抽象；（5）人类学家关于一个群体的真正行为方式的理论；（6）集中的知识库；（7）对多发问题的一套标准化适应方式；（8）习德行为；（9）调节和规范行为的机制；（10）适应外部环境和其他人的一套技能；（11）历史的沉淀。

总之，只有人类对客观事物进行符号加工，而且在对客观事物的符号加工中产生了文化。符号加工是在主体与客体中进行的，是人类主体行为的过程，所以文化是人类精神的产物，是人类的特质。人是文化动物，符号动物，文化是人的独创，是芸芸众生中人的高贵与伟大之所在，它使人类生存的空间由自然空间转化为文化空间，人也由大自然的自由造物变为了具有精神内涵的客体，文化使人完成了由生物向人的转化。

二、文化的属性

文化是由人创造的，人既是文化的创造者、主宰者，又是文化的受限者。因为人创造了文化，人就成了文化的动物，文化动物的人被放入了一个受限体系中，就成了所谓的符号动物、政治动物、理性动物、历史动物。这些文化的综合把人带入到文明时代，文化的属性决定了文化与人类的生存方式相伴随。世界文明史中，任何一个民族的文化起点都是相同的，即原始文化的共同性——石器时代、原始群到氏族的血缘组织。进入文明社会后，世界各文明体系的差异性就会由于地理环境和人文环境的不同而显示出来。所以，文化也由一元发展为多元，文化也就有了共性与个性，这种共性与个性的核心差异在于文化的精髓——文化精神。

三、中西文化差异简述

有了文化，文化的差异性比较也就出现了。早在古典时代，希罗多德在其《历史》一书中就对当时的视线区域内的世界各民族的文化作过比较，我国伟大的史学家司马迁的《史记》也对当时各地区各民族的文化生活作过比较。到近现代，比较学逐渐发展为热门，其中文化比较是主流。

中西文化比较在西方是从 17 世纪随着中西文化在传教士的传教活动中发展起来，来华的传教士一方面把西方的一些科技带到中国，另一方面把中国的文化典籍《大学》、《中庸》、《论语》、《易经》等带到西方。在这种相互了解和交流中，西方学者从传教士带回的文献和记载中认识了中国文化，在与西方文化的比较中，17 世纪展现在西方人面前的是一个人文、繁荣、富强、发达的中华帝国，西方人是怀着敬慕的眼光来审视中国文化的。

18 世纪启蒙运动时期，启蒙思想家们充分肯定了中国文化的积极性，如沃尔夫肯定了中国文化中人与自然和谐的一面及儒家的理性精神。在人与自然的关系问题上，法国重农学派的代表人物魁奈更是对中国这样一个传统重农国加以称赞，在《中国专制政治论》一书中说道："中国在天理天则的名称下，遵守了自然法……故中国四千年中永续其繁荣的状况。”“中国尊重直接与人类有关的学问之结果。”肯定了中国的人文精神，指出：中国的数学、物理学、天文学、地理学等自然科学不如文学、史学、政治学、伦理学等人文学科发达。孟德斯鸠中肯地评价了儒教的无神论和礼教积极的社会功能，认为：“在这些生活中不断唤起一种必须铭刻在人民心中的感情，而且正是因为人人都具有这种感情才构成了一个帝国的统治精神。”①

19 世纪，世界文明史在逐渐改写，对中国传统文化的赞誉在西欧开始发生改变，最典型的是黑格尔，他一方面遵循辩证发展的观点在论述世界文明，另一方面积极弘扬中国传统文化中任人唯贤的典范——科举制，但在其《哲学史讲演录》中对儒学大师孔子思想中的哲学要素作评价时完全从伦理学上升到西方纯思辨哲学，认为：“孔子是一个实际的世间智者，在他那里思辨哲学是一点也没有的——只有一些善良的、老练的、道德的教训，从里边我们不能获得什么特殊的东西。”这是科技时代世界发展趋势对文化的不同估价结果。在此基础上，以后对中国文化精神的认识走向了另一极端，“女人文化”，“东亚病夫”成了 19 世纪中后期对中国传统文化的认同。这种状况一直持续到第一次世界大战之后才对中国传统文化精神作了反思。罗素作了总评，认为西方文化的长处是在科学方法上，中国文化的长处是在对人生目标的看法上。而在当今多元文化的环境下和西方文明受到质疑的时代，中国的文化精神似乎又成了医治西方工业化弊病的良方之一。

中国人对中西文化的比较热潮主要在戊戌变法前后至 20 世纪前期，当时为了富强，为了促进政治变革，康有为、梁启超、严复等人对中西文化精神进行过深入的比较研究。严复认为中西文化的差异是②：

---

① 孟德斯鸠：《论法的精神》，第 34 页，转引自焦树安《比较哲学》，中国文化书院，1987 年版。

② 严复：《论世变之亟》，第 222 页～第 223 页，转引自《文化冲突的抉择》，湖南人民出版社，1999 年版。

> 中之人好古而忽今，西之人力今以胜古；中之人以一治一乱、一盛一衰为天行人事之自然，西之人以日进无疆，既盛不可复衰，既治不可复乱，为学术政化之及则。……中国最重之三刚，而西人首明平等；中国亲亲，而西人尚贤；中国以孝治天下，而西人以公治天下；中国尊主，而西人隆民；中国贵一道而同风，而西人喜党居而州处；中国多忌讳，而西人众讥评。其于财用也，中国重节流，而西人隆开源；中国追淳朴，而西人求欢虞；其于接物也，中国美谦屈，而西人务发舒；中国尚节文，而西人乐简易。其于为学也，中国夸多识，而西人尊新知；其于祸实也，中国委天数，而西人恃人力。

严复客观地从整体上论述了中西文化的差异性，是戊戌变法前后最具代表性的中西文化观。

在这种比较中，中国文化人不断深入拓展中西文化的研究领域，“五四”新文化运动期间是中国文化发展的转折期，现代西方文化的弊端在第一次世界大战中暴露无遗，无论是西方还是中国的知识分子都对西方文化进行反思，中国传统文化的“和”与“中庸”成了追求人与自然、人与人和谐相处的准则，对中西文化的再认识成了中国文化人研究的热点。集中表现在是全盘西化，还是中体西用或是中西调和。中国“五四”新文化运动中的文化人在这种大环境中，一面倡导西化，一面对中西文化的精神作比较，这使得中西文化的比较又一次进入新的热潮中，在这种比较热潮中涌现出了一大批成熟的思想家，产生了一系列对峙而又有深刻内涵的观点，这种中西文化比较的争论一直持续到30至40年代。其主要代表人物有：陈独秀、李大钊、胡适、梁漱溟、杜亚泉、唐君毅、丁文江、张君劢、陈序经、冯友兰、贺麟等人。

“五四”新文化运动的倡导者陈独秀在《东西民族根本思想之差异》一文中对中西文化思想作了比较，把中西文化思想的差别归纳为三方面：第一，西洋民族以战争为本，东洋民族以安息为本；第二，西洋民族以个人为本，东洋民族以家族为本；第三，西洋民族以法制为本，东洋民族以感情为本，以虚文为本。①

胡适认为中西文化的差异是“古今之异”，他在《我们对于西洋近代文明的态度》一书中论述，东洋的特点是“知足、安分、安命、安贫、乐天、不争、认吃亏”。而导致“知足的东方人自安于简陋的生活，故不求物质享受的提高；自安于愚昧，自安于‘不识不知’，故不重视真理的发现与技艺器械的发明；自安于现成的环境与命运，故不想征服自然，只求乐天安命，不想改革制度，只图安分守己，不想革命，只做顺民”。西方人则反之，“不安分”、“不安贫”、“努力奋斗”、“不知足”，“神圣的不知足是一切革新一切进步的动力”。

李大钊认为西洋文明主动，东洋文明主静，具体为：自然与人为，安息与战争，消极与积极，依赖与独立，苟安与突进，因袭与创造，保守与进步，直觉与理智，空想与体验，艺术与科学，精神与物质，灵与肉，向天与立地，自然支配人间与人间支配自然。常乃悳认为东西的差异在：重阶级与重平等，重保守与重进取，重玄想与重实际，重宗教与重科学，重退让与重竞争，重自然与重人为，重出世与重入世。② 李大钊、常乃悳从整体到个体较全面地比较了东西民族文化的差异。

唐君毅则从思想信仰上对中西民族进行比较，认为“西方文化之重心在科学宗教，中国文化重心在道德艺术”③。杜亚泉在其《静的文明与动的文明》中把中西文化之差异概述为：从根本上说，西洋社会

---

① 引自《回眸〈新青年〉，哲学思潮卷》，第 299 页、第 300 页，河南文艺出版社，1997 年版。

② 李大钊：《东西文明根本之差异》，第 24 页，转引自张岱年、程宜山《中国文化与文化论争》，中国人民大学出版社，1990 年版。

③ 唐君毅：《中西文化精神之比较》，第 31 页，载郁龙余编《中西文化异同论》，三联书店，1989 年版。

为动的社会，中国社会为静的社会，由动的社会产生动的文明，由静的社会产生静的文明。西洋人重人为，中国人重自然；西洋人生活是向外的，中国人生活是向内的；西洋人崇尚竞争的胜利，中国人崇尚与世无争。从效果来看，西方人生活日益丰裕，东方人生活日益贫瘠，但是，“丰裕与安闲孰优孰劣殊未易定”。东西文明是“乃性质之异，而非程度之差。而吾国固有之文明，正足以救西洋文明之弊，济西洋文明之穷者”①。杜亚泉从地理环境到人文的差异对中西文明进行了比较，对中国文化持肯定态度，从长时段的历史眼光来展示中国文化的超前性，对中国文化持积极乐观的态度，是新儒学思想的典型代表。

这一时期中西文化比较处于一种由弱势向强势转化的过程，从戊戌变法到“五四”运动，中华民族的文化精英主要用中国文化的弱势与西方的强势作比较，胡适把中国文化简言为：裹小脚加鸦片烟，西方文化简言为：民主、科学、自由、人权；鲁迅认为中国民性是奴性，西方人的反抗心理则是其个人独特个性的表现，竞争体现其社会年轻，充满活力。这种弱势比较方法到20年代发生了变化，以梁启超、梁漱溟为首的文化精英开始采取强势比较，用中华民族传统的“仁”中的“民本思想”，墨家的“兼爱”、“非攻”、“寝兵”中的“和平主义”，老庄的“天人合一”、“天德合一”与西方科学巨轮下社会中人与自然，人与人的对立、残杀作对比，展示了中华民族文化的精华，用中华民族文化的强势与西方文化的弱势作比较。从此开启了中西文化比较的另一途径，即用中国文化的优势与西方文化的劣势比较，一分为二较全面较客观地比较中西文化，也就是在这种比较中产生了新儒学理论。

新儒学以梁漱溟、唐君毅、牟宗三、徐复观、张君劢、马一浮、熊十力、冯友兰、贺麟、钱穆等为代表，他们立足于儒学，融合中西，力图在本土文化的基础上实现创新。梁漱溟将原始的儒学提升到哲学的高度，把人的直觉与孔子的仁、孟子的良知良能结合，升华为一种

---

① 《东方杂志》第十三卷，第10号。

与理智相对的求善本能哲学，在提升人们直觉要求的同时，提倡孔子的礼、乐、孝、悌，从个体与整体的觉悟与规范中实现以“仁”为准绳的社会生活。张君劢则是一方面批判封建专制，倡导民主政治；另一方面积极弘扬宋明理学。他认为宋明理学是儒家的基本价值理念，是中华民族文化环境中加强道德建设不可缺少的传统理念。马一浮把《诗》、《书》、《礼》、《乐》、《易》、《春秋》等“六艺”作为中华民族文化的精髓加以推崇，认为这是中国心性道德学的集大成硕果，是人类社会生活规范的准则。熊十力则以佛儒融合研究归于儒道而弘扬中华民族文化，并参照西方哲学提出了“新唯识论”，以“性善论”的儒家理论阐释了客体与主体互通的现实道德论。冯友兰发展了宋明理学，借用西方的新实在论、实用主义、逻辑经验主义来重构传统的“理”、“气”、“道体”、“无极”、“太极”等理学理论，弘扬儒家的“舍生取义”、“尽伦尽责”、“公而忘私”等伦理。贺麟虽极力反对中国文化本位思想，但仍以传统的儒家思想为主导，他的心物论、知行论、方法论、文化观深深打上了儒家思想的烙印。钱穆充分肯定了儒家文化的价值及它对中国文化的奠基作用以及它对中华民族文化精神的影响。

新儒学理论对中华民族的传统文化作了新的评估，力图把中华民族的传统文化与现代化结合，找到新的切入点，在创造中一方面弘扬中华民族的传统文化，另一方面利用西方的科技发展社会生产力，利用西方的民主加强政治建设。他们强调西方文化在中国文化重建中的价值，梁漱溟主张用西方文化中的“一个便是科学的方法，一个便是人的个性申展，社会性发达”①。来救治中国的物质文化，希望在弘扬中华民族道德文化的同时，把西方的科学、民主、自由、责任精神引进中华民族文化中。唐君毅把西方的民主、科学精神应用来重建中国的人文。牟宗三用康德的哲学思想来对儒家思想作哲学分析，突出儒家哲学的主体性和内在道德性，建立道德的形而上学，提出了道统、学

① 梁漱溟：《东西文化及其哲学》，第 29 页，商务印书馆，2000 年版。

统、正统并建，贯穿内圣外王的新儒学思想。徐复观从系统的人性论来阐释新儒学。冯友兰对西方文化主张采取自觉吸纳的“化西”法，即在自觉融合中吸收与扬弃结合，在精选中实现超越。马一浮、熊十力、钱穆等新儒学家都是在充分了解西方文化的基础上，在比较中提出自己的看法和观点，都比较客观公正。

20 世纪 80 年代，全面发展新儒学的代表是海外的杜维明先生，他提出的关键性问题是“传统文化能否对西方现代文明所提出的挑战有创建性的反应”①。针对这一问题，杜维明以中国儒家文化的研究来解答。他以佛教为例，说明中国文化的吸收、融合能力，假定“西方文化中被消化了的价值到中国后能播种、发芽、开花结果”②，像佛教那样，那就意味着面对西方文化的挑战中国做出了有创建性的反应，“就能引发其源头活水，使之成为中国文化的一部分”③。

杜维明对中国的儒教传统文化进行了深入辩证的分析，肯定了其积极的一面，也分析了其消极的一面，对民主思想的分析是：“最强的民主思想也不过是孟子的‘民为贵，社稷次之，君为轻’的民本思想”，但“没有西方那种民主思想的建构”。对科学精神的分析是：“中国的科学已是历史现象，不是有生命的科学。”④ 这些都是“五四”中西文化比较以来的核心问题。这种文化差异是在轴心时代就已经形成的，因为“轴心时代的文明有不同的源头活水，不同的精神资源，不同的潜在力，不同的发展脉络”⑤。由此构建出不同的文化，提炼出不同的文化精神，有了不同的价值体系，即“不同的文化有不同的价值，

---

① 《中外文化比较研究》，第 90 页，载《中国文化书院讲演录》（第二集），三联书店，1988 年版。
② 同上，第 90 页。
③ 同上，第 92 页。
④ 同上，第 91 页。
⑤ 杜维明：《文明的冲突与对话》，第 192 页，湖南大学出版社，2001 年版。

不同的生命力”①。

杜维明的分析是客观的、现实的，他用现代化中新崛起的儒教国家为依据分析儒教与现代化的问题，也即传统儒教文化精髓在西化中的积极性是：“儒家信奉通过努力而改善自身境遇的观念；信奉家庭为社会基本单位，家庭伦理为社会安定之基础的观念；信奉道德教育的内在价值；信奉自力更生、相互帮助；信奉无止境扩张的关系网络结为有机整体的观念。这些信念为东亚民主体制发展自己的特色提供了丰富的文化资源。”②

杜先生还把儒家传统与儒教中国作了区分，认为：“儒家传统和儒教中国既不属于同一类型的历史现象，又不属于同一层次的价值系统。”③“尽管从发生学上来看，儒家传统的形成与以农业为基础的自然经济、以家长为标准的官僚制度和以家族为中心的社会关系密切，但却不可以把儒家思想还原为‘以农立国论、家族主义或官僚主义’。”④“‘儒学基本的精神方向，是以人为主的，它所代表的是一种涵盖性很强的人文主义。这种人文主义，和西方那种反自然、反神学的人文主义有很大不同，它提倡天人合一、万物一体。’这种人文主义，是入世的，要参与现实政治，但又不是现实政治权势力的一个环节，它‘有相当深厚的批判精神，即力图通过道德理想来转化现实政治，这就是所谓“圣王”的思想。从圣到王是儒学的真精神’。”⑤ 所以“对传统要以开放的心灵进行反思”⑥。对儒家思想的认识要澄清，即“问题并不是在儒家思想本身，而是由于儒家思想在运作过程中遭到污染和扭

① 杜维明：《文明的冲突与对话》，第 188 页，湖南大学出版社，2001 年版。
② 同上，第 177 页。
③ 同上，第 298 页。
④ 同上，第 198 ~ 199 页。
⑤ 同上，第 10 页。
⑥ 同上，第 209 页。

曲，由此形成了‘政权化’和‘政治化’的儒家”①。我们现在弘扬传统所要做的是“把中国传统文化中受政治化最彻底、受批判最惨烈而且争论性最大的传统也提到学术、知识和文化界的日程上，为关切中华民族文化认同的中外人士多提供一个对话的课题”②。认为未来中国文化在现代化中的整合是“马列、西化和传统儒家人文思想三者健康的互动，三项资源形成良性循环”③。同时提出：“要发扬儒学的真精神，必须首先发扬‘五四’精神。”他“希望中国文化能实现其现代化与世界化，希望中国传统文化中的‘内圣之学’得以发扬”④。可以说杜维明先生的新儒学对“五四”以来中西文化的优劣比较的争论和中西文化融合作了总结，提出了新论，是当代比较有影响的新儒学思想。

这些比较集中反映出文化的差异性，这是文化多元化的结果，这种文化的差异除了地理环境、历史原因之外，最主要的是由民族文化的创造者“人”决定的，文化的真正差异是在精神上，文化在塑造一个民族的性格的同时就是赋予一个民族精神的过程——文化精神，文化的差异下蕴藏着的是精神的差异，它是文化的本质。

四、文化精神

精神指人的意识、思维活动和一般心理状态；总而言之，精神是文化的提炼。

文化是人创造的，是动态的、发展的、历史的，是复合体。从原始到现在，人是以不同的群体在不同的区域生存、发展，生存和发展的过程即文化创造的过程。“一方水土养一方人”，不同的文化所蕴涵的精神是不同的，就拿文化符号来说，各国各族都有不同的符号，最

---

① 杜维明：《文明的冲突与对话》，第209页，湖南大学出版社，2002年版。

② 同上，第222页。

③ 《当代》第39期，1989年7月。

④ 《人性与自我修养》，第143页，中国和平出版社，1997年版。

大的区别就是字母文字和象形文字的差别。文化符号下面所蕴涵的文化精神差异更是千差万别，在文化产生之时，就由于地域的不同孕育出不同的文化精神。

文化精神是文化的内核、文化的驱动力和发展源泉。如西方文化中的经济的、力量的、技术的聚合力，中国的礼仪的、伦理道德的聚合力，就可从上述中西“文化”二字的释义上体会到。张岱年先生说：“文化的基本精神就是文化发展过程中精微的内动力，也即指导民族文化不断前进的基本思想。”一般从研究范围来说，是文化学者用以描述价值系统整合性的一般模式和发展趋向的重要范畴，将每一个文化内部复杂的价值体系减少为影响价值体系各个方面的几个基本模式，并说明诸如经济、道德、法律和审美价值之间的一致性。

对此本尼迪克特在其《文化模式》中作了阐释①：

> 一种文化就像一个人，或多或少有一种思想与行为的一致模式。每一文化之内，总有一些特别的，没必要为其他类型的社会分享的目的。在对这些目的的服从过程中，每一民族越来越深入地强化他的经验，并且与这些内驱力的紧迫性相适应，行为的异质项就会采取愈来愈一致的形式。当那些最不协调的行为被完全整合的文化接受后，它们常常通过最不可能的变化而使它们自己代表该文化的具体目标。我们只有先理解那个社会情感与理智的主要动机，我们才能理解这些行为所采取的形式。

这就是为何要解读文化精神的原因。

民族文化精神决定着一个民族的思维模式、生活态势、发展趋向，在自然中的位置，在社会中的能力，在全球的定式。中华民族和西方

① 本尼迪克特：《文化模式》，第36页，华夏出版社，1987年版。

民族从文明之始到如今都是东西世界代表着不同文化模式的两个最具代表性的文化圈，这两个文化圈的文化虽然都是人类文明的精华，但各具特色，这种特色是由中西文化起源的不同地理环境，不同地理环境中营造的不同的人文环境导致的，其差别的核心就是文化精神。因为人类都是按各自不同的文化精神来看待和理解这个世界，来理解人，按各自的文化精神来建构客观世界和主观世界，这就使得不同文化区域的人们在各方面出现了差异。当然，要解读文化精神首先必须了解文化，要理解中西文化精神得先学习中西文化。不同的地理环境营造出不同的人文环境，不同的人文环境打造出不同的文化模式，不同的地理环境和不同的人文环境营造出不同的文化氛围和塑造出不同的文化精神。无论是中国文化还是西方文化，其表象上是物质文化和精神文化，在相互交流中所进行的也只是表象的物质和精神文化的交流，不管是借鉴还是学习中的交融都无法达到完全融合，中国人还是中国人，西方人还是西方人的区别不仅仅是肤色等外貌特征，更为重要的是内在的气质——文化精神的区别。

中西文化是产生于不同地域，由不同民族创造的文化，由不同的符号表示。它们既有共性又有异性，共性都是文化，都是人类文明的成果。由于地域、民族、符号的不同又产生了差异性。这种差异性不仅仅是外在的，而更为深厚的是内涵，也即文化精神的差异。

上篇　中西文化精神发展的文化背景

第一章　中西文化简述

第一节　中国文化简述

一、人类文明的发祥地之一

中国是人类文明的发祥地之一，源于黄河、长江流域，一系列的考古发掘材料证明了这一史实，古人类的遗迹遍布中国大江南北。

1965 在云南元谋发现了距今 170 万年的晚期猿人化石；1961 年，在山西芮城县发现了距今 180 万年的旧石器时代早期遗址；发现较早、材料丰富的是北京周口店龙骨山的北京猿人遗址。除早期的猿人遗址——元谋人、蓝田猿人、北京猿人外，还有大荔人、丁村人、许家窑人、周口店人、马坝人、长阳人，新人文化遗址有水洞沟文化、萨拉乌苏文化、柳江人、资阳人、山顶洞人、裴李岗文化、磁山文化、大地沟文化、李家村文化、仰韶文化、马家窑文化、河姆渡文化、红山文化、大汶口文化、龙山文化、齐家文化、屈家岭文化、良渚文化等，这些文化遗址充分反映了我国文明发展的脉络。

山顶洞人的生产工具有了巨大改进，发现了骨针，能用兽皮缝制衣服，会佩戴饰物，发现了赤铁矿和海蚶壳等。黄河流域的仰韶文化是已知的新石器时代较早的文化，分布在黄河中游一带，时间约公元前 5000 年到公元前 3000 年，生产工具是先进的磨制石器，农业发达，有了耐旱的粟，已饲养家畜，手工业也发展起来，用石纺轮纺线，用线织布，陶器业发达，有容器、食器、炊器、汲水器等，种类繁多，有瓮、罐、钵、盆、盘、碗、瓶等，颜色以红色和红褐色为主，加上黑色、赭红色、白色的彩绘，草泥混建的房屋。

龙山文化是继仰韶文化之后的黄河中游的原始社会新石器时代的文化遗址，这时生产工具获得了进一步的发展，出现了石木复合工具，渔猎工具增加，轮制陶器增多，以灰陶、黑陶为主，增加了鬶、鬲、斝等器物，外表印有篮纹、方格纹、绳纹，房屋分圆形和方形，外涂白灰，生产力较之前期有了显著发展，社会组织也由原始母系过渡到了父系氏族阶段。

长江下游的河姆渡文化遗址和良渚文化遗址处于公元前5000年到公元前2000年期间，河姆渡文化遗址发现了水稻，手工业有了竹编业和丝织业、玉器业等。从黄河中游的仰韶文化到长江下游的河姆渡文化和良渚文化都有规整的刻画在陶器和岩石上的图画符号，并呈递进发展的趋势，良渚文化遗址的图画符号比仰韶文化遗址的文化符号有显著进步，已成图像文字。这些不仅充分证明中国是人类文明的发祥地之一，也说明中国文化源远流长，递进发展。

盘古、炎、黄、尧、舜、禹的传说更丰富生动了中国的远古文化。《韩非子·五蠹》记载的有巢氏“构木为巢”、燧人氏“钻燧取火”，《左传·昭公十七年》记载的黄帝发明衣服、舟、车，《易系辞》记载的炎帝神农氏“斲木为耜，揉土为耒，耒耨之利，以教天下”，伏羲氏发明网罟、画八卦，蚩尤“以金作兵器”等的英雄创举使得中华文明更加丰富多彩。

从以上文化遗址和神话传说中可以窥视中国文明发源地的地理环境和人文环境，是了解中国文化的基础。中国文化是发源于大河流域的农业文明和水利文化，这是一种具有强大生命力的内陆的统一的集权文化，这成了中国文化的传统。

二、象形符号下的远古文化——甲骨文、金文

中国文化的符号是象形文字，早在新石器时代的仰韶文化和良渚文化时代就有了图画文字，现在所能见到的中国最早的文字是甲骨文，这是殷商时期刻在龟甲、兽骨上的，用于占卜的巫术文字，就是《史记·龟策列传》中记载的“灼龟观兆，变化无穷，是以择贤而用占焉，可谓圣人之重事者乎”。甲骨文是汉字的起源。19 世纪在殷墟发现，1899 年被穷秀才王襄、孟定生辨认出，名曰“古简”。1899 年由王懿荣开始收集，1903 年由刘鹗编辑成《铁云藏龟》一书出版。这些象形符号文字大体都出自河南安阳殷墟，记载了殷商的社会情况。

金文旧称钟鼎文，铸或刻于商朝和周朝钟鼎一类的青铜器上，与甲骨文一样，同为象形文字。现已编汇出版的有《三代吉金文字》、《陕西出土青铜器》、《殷商金文集成》。

甲骨文和金文奠定了中国汉字的基础，以后中国文化的发展就一直在这种象形文字的符号中运行。

甲骨文和金文所反映的是中国的商朝和周朝时期的文化。在商朝中国已有比较丰富的文献典籍，一千三百多字的《盘庚》三篇语言生动简练，记言记事，是商代历史的重要资料和文学佳作。历法的置润方法奠定了中国传统历法的基础；殷墟出土的司母戊大方鼎更显示了商朝青铜文化的发达，当时的商朝已是世界文明大国。

西周在商朝文化的基础上进一步发展着，青铜器增加，分布地区广泛，房屋开始用瓦建筑，出现了车辆制造和玉器的应用。形成了“敬天”、“保民”、“明德”思想。产生了探讨自然的朴素唯物思想，出现了把水、火、木、金、土等五种物质要素作为万物根源的“五行”学和把天、地、雷、火、风、泽、水、山等“八卦”作为万物根源的朴素唯物观。西周时中国的教育获得发展，“礼、乐、射、御、书、数”等“六艺”是基础教育科目。数学发展显著，《周髀算经》中“勾三股四玄五”的勾股定理据说是周公提出的，这虽是传说，但它间

接印证了西周数学发展的情况。西周时天文中的二十八宿已完全确定，这为后来《甘石星经》的编著奠定了基础。我国最早的“土圭观测日影法”也在西周建立，有了中国公元前776年9月6日的日食的最早记录。西周金文记载的文献更加完整，史官保留下来的文献更加丰富，《尚书》中的《周书》、《逸周书》等就是这一时期的文献，中国最早的诗歌总集《诗经》中的《周颂》、《大雅》、《小雅》、《周南》、《召南》、《豳风》等是西周时的作品。这时在诗歌与音乐的结合中发展起了音乐艺术，出现了编钟、编镈、编磬打击乐器和琴、瑟、笙、竽管弦乐器，在宫、商、角、徵、羽等五音阶发展的“六律六吕”中形成了中国传统的律吕学。

商周时甲骨文和金文中发展起来的中国文化为春秋战国时期世界“轴心时代”中国文化的发展繁荣奠定了坚实的基础。

三、中国文化的奠基时代——先秦诸子百家

先秦时期，即春秋战国时期是中国文化的奠基时代，这就是与世界文明相始终的雅斯贝斯提出的“轴心时代”，这个百家争鸣的黄金时代奠定了中国文化的传统基础，以后的中国文化就在这一时期奠定的基石上不断发展。

春秋战国时期是中国社会的转折发展期，这一时期生产力获得了大发展，不仅青铜器广泛使用，而且开始使用铁器和牛耕。在社会的大变革时期，中国的文化也进入“百家争鸣”的繁荣期。春秋战国时期是中国文化的第一次启蒙，这一时期的百家争鸣使中国文化进入到繁荣阶段，产生了一系列杰出的思想家，提出了各种各样符合中国文化传统逻辑的经典理论，这些理论承上启下地发展了中国文化。

中国文化的思想传统和文化精神在这一时期形成，中国传统的儒教文化就是在这一时期由孔子创立。孔子（公元前551年—公元前479年）是中国伟大的思想家和教育家，他继承和发展了中国西周以来的文化思想，在“敬鬼神而远之”、“未能事人焉能事鬼”的现世人文思

想的主导下，发展了周礼，给外在的“礼”赋予了新的内涵“仁”。在此基础上创立了一套适合中国社会的儒教理论，同时提出了“学而不厌”、“诲人不倦”、“有教无类”和“因材施教”、“温故知新”、“举一反三”、“知之为知之，不知为不知”的教学理论和教学方法。春秋战国的“百家争鸣”中不仅产生了儒教思想，而且出现了一系列杰出的诸子学说和思想。

春秋末年的墨子创立了墨家学说，提出了尚贤、尚同、节用、节葬、非乐、非命、天志、明鬼、兼爱、非攻等实用功利的思想；老子和庄子创立了清净无为、小国寡民、回归自然、祸福相依的自然主义思想和朴素辩证法；孟子和荀子则从性善与性恶两个侧面发展了孔子的儒教思想，孟子提出了“仁政”的民本思想，荀子提出了“制天命而用之”、“平政爱民”的人本思想。

与“仁政”相对的法制思想也在这时产生，韩非子是著名代表，他从人趋利避害的本性出发，提出了以法治国的主张，认为“以过受罪，以功致赏，而不念慈惠之赐，此帝王之政也”，“明主之国，无书简之文，以法为教，无先王之语，以吏为师”。韩非子的思想成了秦朝的治国之策。

在春秋战国的战乱中，中国产生了一流的军事家和军事著作，《孙子兵法》不仅是古代和中国著名的军事著作，也是世界和现代杰出的军事名著。先秦的诸子百家创造出了辉煌灿烂的文化，留下了流传千古的名著。

传世的文献资料有：《周易》、《尚书》、《逸周书》、《诗经》、《春秋》、《仪礼》、《周礼》、《礼记》、《竹书纪年》、《国语》、《左传》、《楚辞》、《战国策》、《山海经》、《穆天子传》、《世本》等。这些著作是记载中国文化启蒙时期哲学思想、历史地理、文学、史学、军事等的文化经典理论。

这一时期也是中国文学的辉煌时期，出现了最早的诗歌总集《诗经》；伟大的拥有民族意识的诗人屈原——《楚辞》、《离骚》、《九歌》、《天问》；传世最早的散文文献《尚书》以及各诸子散文；出现了我国最早的一部编年史《春秋》；第一部真正意义上的史学名著《左传》及一系列有名的史学著作。

科学技术取得了新成就，有了各种手工作坊及众多具有专门技艺的号称“百工”的工匠，诸子百家的著作记载了农事和农业技术。

数学知识获得发展，应用到土木工程上。天文历法有了很大的进步，《春秋》非常翔实地记载了日月食情况，在242年间，记录日食37次，其中有30次证明是可靠的，最早的一次是鲁隐公三年二月己巳日（公元前720年2月22日）的日全食，比西方的记录早135年；鲁文公十四年（公元前613年）秋七月记“有星孛入于北斗”，天文学家公认这是“哈雷彗星”在世界上的最早记录，比西方的记载早了六百七十多年。有了比商朝精确的十九年七闰的方法，比西方早一百七十多年。而甘德、石申发现了金、木、水、火、土五个行星的出没规律，木星的三号卫星，这比西方的伽利略、麦依尔的同一发现早近两千年，他们绘制了世界上最早的恒星表。这时出现了世界上最早的指南仪器——司南，它是指南针的雏形。医学上已采用切、望、闻、观的方法诊断病人，出现了用阴、阳、风、雨、晦、明等六气分析病因的病理学，并发展为以后中国中医的风、寒、暑、湿、燥、火等六气说，成了以后医学名著《内经·素问》的重要依据；出现了《黄帝内经》等医学专著。

春秋战国时期的文化奠定了中华民族文化的思想基础和文化精神。

四、中国文化的确立期——秦汉文化

秦汉是中国的大一统社会的确立和发展期，也是中国文化的确立期，大一统的疆域和政治促进了文化的融合和发展，这一时期文化的融合主要从两部文献中反映出来——《吕氏春秋》、《淮南子》。《吕氏春秋》既吸收了儒家的民本思想，又吸收道家清静无为之说，并把其贯穿到政治理念中作为为君之道。它肯定了法的重要性和变法的必要

性，贯穿着重农思想。《淮南子》吸收先秦儒家“仁者爱人”的原始人道思想，发挥了商鞅、韩非的历史进化观。同时秦始皇把中华民族各地相异的文化符号——象形文字统一起来，从此把中华民族文化纳入了完整规范的符号系统，这是中华民族文化发展、交流、传承的主轴。同时度量衡的统一，郡县制的设置，从经济、政治上加强了中华民族国家的统一，为中华民族文化的传承发展奠定了基础。

其次是老道、儒学的发展，产生了黄老思想，其“无为而治”的思想，为西汉初年经济的恢复和发展、社会的安定创造了条件。在董仲舒“独尊儒术”的倡导下，孔孟的儒家学说在汉朝得到了整合和发展，董仲舒“天人合一”、“天人感应”的思想综合发展了中国传统的人与自然和谐的思想，并把其应用到政治中，与“君权神授”结合，完整地整合了孔孟创造的儒家学说，提出了统摄社会上下的“三纲”、“五常”伦理学说，奠定了以后儒家学说作为官方经典信仰的基础。

在文化整合中出现了历史上中国文化与外来文化的初次交流，印度佛教由中亚传入中国，并在中原地区传播开来，与中国文化交融。与此同时道教产生，中国的宗教进入一个全新发展期。

文学上，新文体汉赋和乐府诗兴盛，代表作为《古诗十九首》、《孔雀东南飞》，散文流行，出现了贾谊、枚乘、司马相如、扬雄、东方朔等汉赋家，重要的代表作有《吊屈原赋》、《鹏鸟赋》、《子虚赋》、《上林赋》；新诗体五言诗流行；著名的散文家是贾谊、晁错、刘向，代表作有《过秦论》、《贤良对策》、《言兵事疏》、《说苑》。

史学上，产生了伟大的史学家司马迁及其著述的中国第一部纪传体通史《史记》，刘歆、刘向父子的《七略》和《别录》，班固著述的第一部纪传体断代史《汉书》，荀悦的编年体史书《汉纪》，赵晔的《吴越春秋》，无名氏的《越绝书》。

在今古学派的论争中产生了记诵解释儒家经典的经学，在古文经学的训诂和注释方面，成就最大的是许慎、马融、郑玄，代表作是《说文》、《三传异同》。

艺术上，汉代绘画和雕刻发展起来了，绘画主要是壁画，雕刻主要是石雕，乐舞和角抵戏是汉代的音乐和舞蹈艺术。

科学技术进一步发展，出现了杰出的科学家张衡，他是“混天说”的代表人物。他既是理论家又是实践者，撰有阐述天文现象的《灵宪》一书，还制造了测量地震方位的候风地动仪。汉代记载了周天二十八宿的名称和部位，推算出一年的二十四节气；出现了我国第一部算学著作《周髀算经》及《九章算术》，这标志着中国古代数学的完整体系的形成，《九章算术》在世界数学史上占有重要地位；农业上不仅农业技术改进，有了区种法，并且出现了农学著作《氾胜之书》、《四民月令》；医学上，西汉最后写定了我国最早的医书《黄帝内经》，东汉出现了我国第一部完整的药物学和植物分类学的著作《神农本草经》，针灸业发达，出现了著名的神医张机和华佗，张机被称为“医圣”，其《伤寒杂病论》是后世医家的重要经典，华佗的“麻沸散”和“五禽戏”开了后世麻醉和运动疗法的先河；中国在汉代还在炼丹术中产生了化学。汉代对人类最杰出的文化贡献是造纸术的发明和运用，中国的造纸术后来传入朝鲜、日本和中亚各国，经阿拉伯人传入欧洲，对世界文化的发展作出了重要贡献。

汉朝在文化各领域都发展了先秦时期开创的文化，承上启下地传承和发展了中国的传统文化。

五、胡汉文化融合期——魏晋南北朝文化

魏晋南北朝是中华民族大融合时期，在社会动荡与文化交流和融合中，中国的文化仍以传统文化为主流，不断地吸收周边各民族文化和外来文化发展着。

魏晋南北朝是中国儒、玄、道与外来的佛文化等多元文化相互在震荡中整合的发展期。玄学是这一时期兴起的哲学，由于社会的动荡，儒家思想的社会作用受到冲击，儒家无力解决当时的社会问题，儒家思想受到冲击，这时名家、法家、道家思想复兴，特别是儒道糅合发

展，《老子》、《庄子》、《易》“三玄”糅合，形成一种新的哲学体系——玄学，其代表人物是何晏、王弼、嵇康、阮籍、向秀、郭象等人，著作有何晏的《论语集解》、王弼注的《易》和《老子》。何晏、王弼从哲学上探讨了自然和“名教”的关系，认为“名教”出于自然，主张“无为”；嵇康、阮籍崇尚自然，提出“非汤武而薄周孔”的主张，希望恢复到“清净无为”的自然中；向秀、郭象发展了何晏、王弼“贵无”的思想，并把其应用到政治中。魏晋南北朝的玄学清除了两汉儒学的谶纬说，以新的思想和方法探讨本体论和认识论问题，确立了一种新的人生观和价值观。由于玄学远离政治和实际生活，抽象的哲理性强，对逃避或钝化当时残酷权力斗争的部分知识分子有很大的吸引力，这使玄学成了魏晋时期占统治地位的思想，玄学的出现推动了中国哲学的发展。

社会的动荡，“非儒之风”和玄学的兴起为佛教的全面发展创造了良好的思想条件，同时佛教在中国传统文化的挑战面前逐渐中国化。东晋时出现了将佛教同儒家的政治伦理和道家的出世哲学协调起来的慧远大师。他认为佛教与“名教”，如来与尧、孔，在出世与处世上或有差别，但最终目的都是服务于王权和社会，这标志着佛教在儒教、道教的深层冲击和融合下，逐渐中国化，向多元化发展，并持续扩大影响，此时的佛教在东传融合与西进求法中交替发展。中国传统道教得到发展，出现了以葛洪、寇谦之为代表的道家。葛洪一方面把“玄”（道）视为宇宙万物之源，在理论和实践上加强道家的炼丹术，写下了道教经典《抱朴子》；寇谦之把儒家的伦理纲常糅合到道教教义中，把道教政治化。

文学在两汉的基础上，在民族大融合中有很大的发展。以五言诗创作为主题的“建安文学”独树一帜，曹氏父子和“建安七子”是杰出的诗人。王粲的《七哀诗》、陈琳的《饮马长城窟行》揭露了军阀混战给民众带来的苦难，女诗人蔡琰的《悲愤诗》叙述了流离的惨痛，是传世名作；田园诗获得发展，陶渊明的《桃花源诗》和诗序《桃花源记》虚构了一个怡然自得、田园风光的世外桃源世界，以此为精神寄托，与现实的苦难世界形成鲜明对比。东汉的乐府民歌这时在民间发展起来，两晋南北朝时，南方和北方乐府诗交相辉映地发展起来，南方主要是吴声、西曲，北方除了汉族的乐府民歌，还有鲜卑人和其他少数民族的民歌，脍炙人口的有《敕勒歌》、《木兰辞》。表现文学特质的骈文、骈赋大量涌现。在文学发展的基础上，文学理论获得发展，诞生了影响深远的文学理论家刘勰，其著作《文心雕龙》是一部不朽的文学理论名著，阐述了文学创作的方法和文学批评的观点；此外还有钟嵘的《诗品》，论述了诗体源流，评论了历代诗人的艺术风格和成就，奠定了中国后世诗评的基础。

史学上产生了与《史记》、《汉书》合称“四史”的《三国志》（陈寿著）、《后汉书》（范晔著）。地理学获得发展，出现了郦道元的《水经注》，在丰富的资料和实地考察的基础上，详细著录了全国一千二百五十多大小河流的流向，不仅著录了水道，而且对水道经过的山陵、城邑的地理沿革、风土人情、建筑名胜、历史故事和民间传说等都作了生动详细的叙述，是一部具有重要价值的地理名著。杨衒之的《洛阳伽蓝记》是一部城市地理专著；在地图绘制方面得到改进，裴秀创制了《禹贡地域图》，总结前人的制图学理论，提出了“六体制图法”，这是历代地理的沿革制图方法，两部地理学著作在地理、历史、文学方面都有很高的价值。

这一时期文化交流发展中最突出的是宗教艺术的兴盛，在佛教的传播与发展中，宗教艺术也随之产生，在雕刻上出现了流传千古的云冈石窟、龙门石窟、敦煌莫高窟；绘画艺术也达到全新水平，出现了杰出的大画家顾恺之及其代表作《女史箴图》、《洛神赋图》；书法上出现“二王”——王羲之、王献之；在音乐舞蹈艺术上，由于民族的融合，一方面是江南的吴声、荆楚的“西曲”进入乐府，称之为管弦流行起来，另一方面是西域和外国的“胡乐”东传，开始在中国古典乐舞中引起大变革，中国古音乐中大量参用“胡声”，胡乐的乐章、乐器、乐舞，在民间也开始流行。

魏晋南北朝时期自然科学获得发展。在算术和历法上取得突破成就，祖冲之的圆周率在3. 1415927和3. 1415926之间，达到了很高的精确度。直到1427年中亚数学家阿尔卡西才打破祖冲之的记录，把其精确到十六位数值，欧洲到1573年才由德国数学家得出精确的推算，比中国晚一千多年。祖冲之不仅是数学家，也是天文学家和机械学家，他把岁差应用于历法，制定了《大明历》，规定一年为365. 24281481天，与近代科学测量的日数相差不到50秒；祖冲之还制造了千里船，用机械轮动，日行百里。同时期的马均发明改进织绫机、改进了翻车、制造了指南车，但这些技术后来逐渐失传。

医学上，出现了王叔和的脉学理论专著《脉经》；皇甫谧的《针灸甲乙经》，这是中国第一部针灸学专著；葛洪对《神农本草经》作了增补，整理成《本草经集注》，应用分类法把730种药物分类为七大类，这成了中国古代药物的标准分类法，应用了一千多年。

魏晋南北朝时期，农学获得发展，出现了总结农业生产技术的专著——贾思勰的《齐民要术》，他收集总结周朝到秦朝的农业生产知识，汇集为中国现存的第一部完整的农书，其内容广泛，包括了谷物种植法、蔬菜瓜果种植法、种树法、家禽饲养法、养鱼法、酿造法、做菜法等，还记载了外来植物品种，具有很高的价值。

魏晋南北朝文化的交流与融合，为隋唐时期中国文化的繁荣奠定了坚实的基础。

六、中国文化的繁荣期——隋唐文化

隋唐时期是中华帝国再次大一统时期。国家的统一不仅推动着经济的发展、社会的进步，而且也为文化的交流与繁荣创造了安定的社会环境，而隋唐帝国海纳百川的胸怀，为中华民族文化的发展提供了人文环境。在这样一个祥和安定的环境中，中国文化进入了又一次大规模融合外来多元文化的发展期与繁荣期。

多元文化体现在多种宗教并行不悖的发展上，这时佛教在中国大发展，佛教传世各宗派在这一时期形成，同时佛教完成了其中国化的进程，中国也成了佛教文化中心，佛教以中国为中心辐射到朝鲜、日本；祆教、摩尼教、伊斯兰教、基督教相继传入中国，并在中国发展开来。

外来宗教在中国发展的同时，隋唐统治者仍然以中国传统的儒教为主导思想，为了反对佛教，韩愈提出了儒家的道统，其核心是传先王之教，“正心而诚意者”，其目的是“治其国”而“明明德于天下”，以此加强儒教的道统社会功能，维护儒教在中国的统治地位，韩愈的天命唯心思想及其新建的儒教理论经宋朝程颢、程颐、朱熹等人发展为儒教完备的哲学体系。

隋唐文化中，最杰出的贡献是政治文化上科举制的创立和完备。魏晋南北朝以来，中国的官员大多出自“高门权贵”子弟，这使官僚机构腐化无能，而许多出身卑微有才干的贤德者不能得到任用。为了改变这种弊病，隋朝的开国皇帝隋文帝开始用分科考试的方法来选拔官吏。他命令各州推举人才，然后通过考试，合格者任用为官。这种通过考试任用人才为官的制度到隋炀帝时获得发展，隋炀帝正式设立进士科，考试加入应试者对时事的看法，然后按考试成绩选拔人才，按成绩任命官职，这标志着中国的科举制正式诞生。

这种制度到唐朝得到不断发展完善，唐太宗十分重视人才的培养和选拔，他扩大国子学的规模，新建学舍，增加学员，以此发展科举人才；武则天一方面开殿试，另一方面还增加了“武举”，命令各州选拔武艺高强者参加考试，选拔优秀者为将才；唐玄宗增加诗赋为进士科考试的主要内容。隋唐科举制的确立发展，为中国政府的政治文明开了先河，以后这种选官制度成了中国历朝历代选拔官员的体制延续下来。它不仅影响中国的官僚体制，而且影响到儒教文化圈的各国，甚至近代西方文官制的改革。

隋唐科举制的确立和发展推动了经学的发展，经学一个是考订经文，另一个是解释经意，为了考证和理解儒家经典，为科考服务，唐朝的经学十分发达。颜师古考订了《周易》、《尚书》、《毛诗》、《礼记》、《左传》五经，撰成《五经定本》；郑覃校订六经，刻成了著名的《开成石经》。这些考证消除了五经文字歧义的弊病。为了统一儒家思想，唐朝对儒教经义进行解释，孔颖达在采摘南北朝经师义疏的基础上编订出《五经正义》，基本上统一了儒教经义。这些考证和注疏，为儒教的传承创造了条件。

中国文化灿烂的花朵——诗歌在这一时期发展到顶峰，产生了一大批前无古人后无来者的伟大诗人——陈子昂、王翰、王维、王之涣、孟浩然、李白、杜甫、杜牧、李商隐、白居易等。他们创作了不胜枚举的脍炙人口、流传千古的著名诗篇。这是一个诗歌繁荣的黄金时代，流传下来的唐诗，清朝时所编的《全唐诗》共收集了二千三百多个诗人的四万八千九百多首诗，这种数量众多、内容丰富、风格流派多样、充满自由豪放情怀的诗歌时代是任何朝代都无法比拟的。

唐朝经济的发展推动着文学的变革，为了消除南北朝骈文的影响，唐朝出现了以自由质朴、注重内容的新散文体来代替已经陷入绝境的骈文的文化运动，由于这次运动名义上要求恢复周秦两汉的古代散文体，故被称为“古文运动”，但这实际上是在继承古代散文优秀传统的基础上，企图使文体、文风和文学语言比较适应时代要求的文化革新运动。古文运动的奠基者是陈子昂，以后经过李华、萧颖士、独孤及、元结等发展为以儒家思想为依据，在体裁形式上以两汉散文为榜样的理论。唐代古文运动的主将是韩愈，他力图在古代散文的基础上，创造出一种更便于表达思想的新散文体。他提倡继承和吸收从六经到司马迁、司马相如的古文成果，主张“宜师古圣贤人”，但在《答刘正夫书》、《答李翔书》中提出“师其意，不师其辞”，“唯陈言之务去”，“必出于己，不袭盗前人一言一句”，做到“文从字顺各识职”。古文运动为中国散文和传奇文学的发展提供了理论和表达方式。

唐朝的传奇小说不再以鬼神为主角，而是以现实生活中的人为主角，具有丰富的社会内涵，写作应用的是新散文体，中国的古典小说由萌芽进入发展阶段。在宣讲佛教的过程中，唐朝发展出“变文”，变文把佛经故事、历史故事、民间传说、当代人物传记等体裁转化为一种新的文学体裁，就是后来的话本。这种弹词说唱的文化体裁后来在民间广为流传，推动了中国文化在民众中的普及发展。

随着唐史馆制的确立，中国史学获得大发展，除了官修史书外，史学理论发展起来。刘知几的《史通》是中国第一部史学批评理论专著，在这部书中，刘知几对过去的史学著作，从体例、史料、语言文字到人物评价、史事记述，进行了全面的分析批判，为中国史学的发展奠定了理论基础。杜佑的史学专著《通典》，不仅有极重要的史料价值，而且为后世的典章制度分类专史开了先河。唐朝还出现了历史地理专著——《元和郡县图志》、《蛮书》，《元和郡县图志》记述了各郡县的户口、物产、山川古迹、地理沿革等内容，是研究唐代历史和地理的重要著作；《蛮书》又名《云南志》，记述了云南各少数民族地区的历史情况、政治制度、社会经济、山川地理、风土人情等，是研究云南少数民族史的宝贵资料。

唐朝的强大和繁荣为艺术的发展创造了条件，这时雕塑、绘画、书法、音乐、舞蹈获得很大发展。随着佛教的传播和发展，唐朝出现了多姿多彩的石雕和泥塑，著名的有洛阳龙门石窟。四川乐山大佛是中国最大的石佛像，唐太宗墓前的昭陵六骏显示了高超的艺术水平，敦煌的千佛洞更是世界上罕见的艺术宝库。出现了被称为“塑圣”的著名雕塑家杨惠之。唐朝绘画不仅名家辈出，而且题材丰富，画技精湛。隋唐时期，书法和绘画艺术进入新阶段，书法出现了传世的颜真卿“颜体”，柳公权的“柳体”，怀素的“狂草”；绘画方面的传世名作是阎立本的《历代帝王图》、《步辇图》，出现了号称“画圣”的吴道子。

由于与西域各国的交流，唐朝的音乐舞蹈在吸取西域文化的基础上创新发展，胡琴、胡舞流行。中国文化的多样性和统一性在这一时期交相呼应，同时中国文化也不断向外辐射到朝鲜、日本，儒教文化圈形成。

唐朝科技获得发展。数学上，出现了唐初王孝通的《缉古算经》，第一次应用了解三次方程式的方法来解决复杂的工程计算问题，是一部比较高深的算术专著，唐高宗时还专门派人审定注解了十部算经，作为算学教本。天文方面出现了杰出的天文学家僧一行，他创制了黄道游仪，测量黄道坐标，在世界上第一次发现了恒星位置变动的现象，比英国的发现早将近一千年，在世界上第一次测量了子午线的长度。在这些实践的基础上，僧一行还编出了《大衍历》，这是当时先进的历法，其编写方式一直延续到明末。

隋唐医学已采用分科法，并出现了医学专著，“药王”孙思邈的医学专著《千金方》，收载了八百多种药物，内容丰富。唐政府组织编纂的《唐本草》记录药物八百四十四种，这是世界上第一部由国家编定颁布的药典。还有蔺道人著的《仙授理伤续断秘方》，是我国现存的最早的一部伤科专书；昝殷著的《经效产宝》，是我国现存的最早的妇产科专书。唐朝出现了我国最早的印刷术——雕版印刷术，这为我国印刷术的发展打下了基础。

七、中国文化的发展期——宋元时期儒教的哲学化

宋元是中国民族融合、经济文化自主交流的发展期。这一时期的文化以儒学为主导不断深入发展，特别是哲学方面成果显著，儒学被进一步哲学化，上升到理学阶段，出现了程朱理学的哲学体系。

理学又称“道学”，是在佛教、道教的发展和影响下对传统儒家学说的发展，把传统儒学思想上升到本体论和认识论的层次。理学的先驱和奠基人是周敦颐，他提出了“有生于无”的唯心主义的“无极而太极”、“太极本无极”观。以后程颢和程颐、朱熹继承和发展了周敦颐的学说，提出了“天理”，并运用于社会伦理规范，发展出一套封建政治“道统”。也就在客观唯心论和主观唯心论中，中国哲学得到发展，构建起中国封建社会最精致、最完备的哲学形态，使儒家哲学发

展为一个完备的哲学体系。

这本来是中华民族文化的又一次启蒙和发展期，但是中国文化的传统——文化政治化，使得新发展的儒学再次被官方御用，程朱理学成了宋朝以后历代封建王朝的教条，成了学人们进身的阶梯，这样儒学的完善和启蒙发展并没有使中华民族文化在思想上实现创新，反而为强化中华民族文化政治化提供了理论工具。

文学上是词的兴起和民俗文化（小说家话本）的发展，出现了柳永、晏殊、欧阳修、李清照等一大批著名词作家，流传下了众多脍炙人口的传世名作。白话小说得到发展，出现了在民间广为流传的《错斩崔宁》、《快嘴李翠莲记》、《种瓜张老》、《菩萨蛮》、《花灯轿连女成佛记》、《西游记平话》。在宋朝文学的基础上，元朝文学上的突破是产生了元曲，出现了关汉卿、白朴、马志远、郑光祖等杰出的元曲四大家及传世名作《窦娥冤》、《梧桐雨》、《汉宫秋》、《倩女离魂》、《西厢记》。元朝少数民族文化获得发展，出现了蒙古族的《元朝秘史》、藏族史诗《格萨尔王传》。

史学上修成了四部正史——《旧唐书》、《新唐书》、《旧五代史》、《新五代史》。司马光编撰了中国第一部编年体通史巨著《资治通鉴》；袁枢的《通鉴纪事本末》，创立了纪事本末体，是中国第一部纪事本末体的历史著作；还有郑樵的《通志》和马端临的《文献通考》均是着重叙述历代典章制度沿革的分类通史；胡三省的《通鉴注》是后世读《通鉴》必不可少的一部参考书。宋元时期志书、类书编修完善，出现了一系列重要的地方志书和类书，重要的类书有《太平御览》、《太平广记》、《文苑英华》、《册府元龟》。

出现了史学新园地——金石学，金石学对古器物及古器物拓本进行搜集，对古器物进行鉴定，对金石文字进行考释，并以古器物及金石文字来考订历史记载，这为中国史学的研究提供了新的可靠资料。

艺术上再创辉煌，大众戏剧艺术兴盛，有傀儡戏、影戏、杂剧，还出现了歌舞讲唱的戏曲，为元曲的发展奠定了基础。绘画艺术上五代出现的画院到宋朝时获得发展，宋朝在宫廷建立起翰林画院，产生了山水画家荆浩，花鸟画家黄荃和徐熙，人物画家周文矩、顾闳中、李公麟、李嵩、刘松年等，杰出的风俗画家张择端及其代表作《清明上河图》。元朝主要以山水画为主，重要的画家有赵孟頫、钱选等。以元曲为主导的戏剧发展起来。

宋元科学技术有了突破，表现在印刷术、指南针和火药三大发明的完成和发展上，毕昇的活字印刷术对世界文化的发展作出了不可估量的贡献；指南针的发明和使用改变了航海技术，使郑和下西洋、西方新航路的开辟成为可能；火药的发明和使用标志着人类开始告别冷兵器时代，使开山辟路成为现实，这是人类历史上划时代的进步。

数学上成就显著，出现了朱世杰的综合叙述解多元高次方程组的专著《四元玉鉴》；元代产生了珠算，开始了中国以珠算为主要计算工具的新时代；这时还由于元朝与西方的交往，中国开始接触到西方的数学专著《几何原本》，阿拉伯数学知识也传到中国。

医学上，在中国传统医学基础上发展的同时，宋朝时外国药物大量传入中国，《开宝本草》记载的药比《唐本草》增加了一百三十三种，并且不断递增到六百二十八种。医药分科更加完备，法医学出现，宋慈的《洗冤集录》是世界上第一部司法检验专著。出现了养生的饮食专著《饮膳正要》及对后世影响重大的针灸学专著《十四经发挥》。

在中外交流中，中国的中医外传到西方，外界的医学也传到中国，这丰富和发展着中国的医学。

在建筑上出现了建筑技术专著，李诫编著的《营造法式》，这是中国建筑技术发展的标志。

宋元时期天文学的成就表现在天文仪器的制造及理论科学的发展上，北宋天文学家苏颂和韩公廉等人创造了世界上第一座结构复杂、自动运转的“天文钟”——水运仪象台，并有详细的说明书《新仪象法要》。而沈括的《梦溪笔谈》涉及各科学领域，其科学成就突出表现在天文历法方面，他主修《奉元历》以365.24358日为一回归年，比当时通行的历法精确。元朝杰出的天文学家郭守敬，他用多方位的测验来编制新历，在宋朝《统天历》的基础上，于1280年完成了历法的改造，编定了新历《授时历》，以365.2425日为一年，和地球绕太阳的周期只差26秒，这是中国古代最精确、使用时间最长的历法。

地理学上，由于元帝国的统一和广阔的疆域，交通的发达，当时的旅游业发展起来，对各地山川、水文、民情的了解深入，地理学也相应获得发展，其成就是出现了朱思本的《舆地图》及官修的《大元一统志》，这为明代地理学的发展打下了基础。宋、元、明期间还出现了记录域外风土民情的《真腊风土记》、《岛夷志略》、《诸蕃志》、《瀛涯胜览》、《星槎胜览》等记录东南亚、中亚、阿拉伯半岛风土民情之作。

与此同时，水利工程学出现，有《重订河防通议》、《河防记》等水利专著。

农业科学方面，为了推动农业生产的发展，元政府组织编纂了总结农业生产经验的《农桑辑要》，出现了重要的农业科学著作《农书》，这是元朝统一帝国恢复和发展中原农业生产的突出贡献。

八、中国文化的转折期——明清文化

明清是中国封建文化由繁荣到衰落的转折期，在社会大动荡、政治大变革、西方文化侵入之时，中国出现了启蒙思潮，即倡导自由，反对专制的民主思潮萌芽；出现了经世致用、唯物主义哲学派别，中国政治、哲学开始走向多元化。

明清时期的文化往往又被界定为中华民族文化的启蒙期，因为这一时期出现了一系列具有科学与民主精神的反专制的思想家，最具代表性的就是李贽、王夫之、戴震、顾炎武、黄宗羲等。

针对宋明理学“存天理、灭人欲”泯灭个性的儒学思想，李贽提出了“私心说”、“迩言为善”的价值观，肯定了人性及人的物质利益。

针对“三纲五常”的不平等，李贽提出了平等观和个性自由说，

《李氏丛书·解老》中阐述的思想是："致一之理，庶人非下，侯王非高；在庶人可言贵，在侯王可言贱，特未知之耳。"

他主张男女平等的思想在《焚书·答以友人学道为见短书》中是："谓人有男女则可，谓见有男女可乎？谓见有长短则可，谓男子之见尽长，女子之见尽短，又岂可乎？设使女人其身而男子其见，乐闻正论而知俗语之不足听，乐学出世而知浮世之不足恋，则恐当世男子视之，皆当羞愧流汗，不敢出声矣。"

他大胆地针对"饿死事极小，失节事极大"的封建伦理提出挑战，在《藏书·司马相如传论》中主张寡妇再嫁："徒失佳偶，空负良缘。不如早自抉择，忍小耻而就大计。"认为卓文君的改嫁私奔是"正获身，非失身"，这是对封建伦理的挑战。他希望把人们从礼的束缚中解放出来，实现人性的自由。

他认为现实的礼教束缚了人的个性，对此他在《李氏文集·明灯道古录》中作了阐述："今之言政、刑、德、礼者，似未得礼意，依旧说在政教上为了安能使民格心从化也?"这种礼教从根本上违反了"物情"，约束了人的个性，"欲强天下使从己，驱天下使从礼"，这是"拂人之性"，"礼""本是一个千变万化活泼之理"。其理想的模式应该是《焚书·论政篇》中的"因乎人者恒顺于民"的"致道无为，至治无声，至教无言"政治模式。

在李贽启蒙思想的引导下，涌现出了一批冲击封建教条的文化精英。王夫之直接痛斥封建教条是"以理杀人"。《读四书大全说》中提出了"性日生则日成"、"习与性成"的人性论，"性者，生理也"、"仁义自是生"的思想，阐述了人的自然性与社会性，把人性纳入后天的主观努力。在"理"、"欲"观上，他认为二者是统一的，《正蒙注》中论述为"天下之公欲，即理也；人人之独得，即公也。道本可达，故无所不可，达之于天下"。《读四书大全说》提出"人欲之各得，即天理之大同；天理之大同，无人欲之或异"的思想，"天理"和"人欲"是统一的，"天理"必须通过"人欲"而体现出来，离开"人欲"

就不可能独存“天理”，这是中国传统文化中“天人合一”的最高体现，这是一种人文的“天理”，把已经在政治化的儒教中被泯灭的人文精神再次唤醒。戴震也在其“血气心知”的人性论上提出“理者存乎欲”的理、欲统一观。

在批判封建教条的基础上，到黄宗羲时则直接对封建君主专制进行了批判，提出了“天下为主，君为客”的民主思想。他在《明夷待访录》中提出“我之出而仕也，为天下，非为君也；为万民，非为一姓也”的仕途目标，中华民族文化中传统的家天下思想受到了挑战。这是中华民族文化变革的前奏，但由于这些思想还有很大的局限性，虽然对传统集权专制的批判触及了中华民族的政治痼疾，但没有突破创新，仍在“平天下者，均天下而已”的小农均平思想的主导中，所以未形成全新的思想观念；由于这种文化思潮仅仅是在小部分知识精英中出现，没有在社会上引起反响，没有像西方的文艺复兴、启蒙运动那样席卷整个社会，它仅仅是启迪了一小部分进步的知识分子，成了变法维新时期资产阶级启蒙思想中很小的一部分本土资源，对整个中华民族文化并没有产生创造性的影响，这也是近代中国资产阶级革命和变革夭折的内因。

明清时期，文学上的辉煌成就是小说和戏剧，涌现了一大批杰出的作家，产生了古典章回小说——罗贯中的《三国演义》、施耐庵的《水浒传》、吴承恩的《西游记》、无名氏的《金瓶梅》、吴敬梓的讽刺小说《儒林外史》、曹雪芹的《红楼梦》。戏曲作品有汤显祖的《牡丹亭》、洪昇的《长生殿》、孔尚任的《桃花扇》；小说有冯梦龙的三言——《喻世明言》、《警世通言》、《醒世恒言》和凌濛初的二拍《初刻拍案惊奇》、《二刻拍案惊奇》，蒲松龄的《聊斋志异》等不朽名著。

艺术上出现京剧。绘画方面，主要是山水画、花鸟画、人物画，著名山水画家王绂的墨竹被称为“明朝第一”，明朝崛起了沈周、文徵明、唐寅、仇英等“吴门四大家”。清朝更是名家辈出，有清初的王石敏、王鉴、王翚、王原祁、恽寿平、吴历等六大家，清中期的“扬州八怪”金农、郑燮、罗聘、李鲜、黄慎、李方膺、高翔、汪士慎等，他们各有千秋的山水、人物、花鸟、梅竹画独具特色各成一体，是中国绘画艺术史上的新流派。

明清时的史学发展表现在，除官修的《明实录》、《清实录》、《元史》、《明史》、《大明一统志》、《大清一统志》及续三通、清三通外，私人著史也兴盛，有谈迁编纂的《国榷》、毕沅的《续资治通鉴》、谷应泰的《明史纪事本末》、高士奇的《左传纪事本末》以及黄宗羲的《宋元学案》、《明儒学案》，地方志的编纂也很兴盛，还有杂史和笔记。

史学兴起了考据学，清代称为汉学或朴学，主要是从文字音韵、名物训诂、校勘辑佚方面对经书古义的考证，并由此扩展到其他书籍。乾嘉考据学派分吴、皖两大派，吴派杰出的是惠栋，著有《古文尚书考》、《九经古义》等书，皖派杰出的是戴震。清朝考据学的名著有钱大昕的《廿二史考异》、赵翼的《廿二史劄记》、王鸣盛的《十七史商榷》等三部。

明清两朝政府还组织大批学者编纂广博浩繁的类书和丛书，出现了古典文献总汇——《永乐大典》，这是中国历史上最大的类书，《古今图书集成》是继《永乐大典》之后的又一部大型类书，清朝组织编修了绝无仅有的巨著《四库全书》。这些都是中国宝贵的文化遗产，有着很高的史料价值。

明清自然科学虽然在清后期出现滞后状况，但在前期仍然有发展，特别是明朝中后期、清朝前期，由于经济的发展，科学技术获得发展，出现了许多杰出的科学家和科学专著。

医学方面突出的成就是明朝出现了杰出的医学家李时珍及其医学著作《本草纲目》。李时珍总结了中国历代的医学经验，用毕生经历编著了《本草纲目》，重新精密地审订了前人鉴定过的一千五百五十八种药物，增加新药三百七十四种，并加入插图一千多幅，附有处方一万一千零九十六则，对药物的名称、性能、用途、制作作了说明，是中国医药宝库中的珍贵遗产；《本草纲目》还是一部植物学、动物学、矿物学的重要著作，对整个世界都有影响，已分别被译为日文、拉丁文、法文、德文、英文等多种外文流传世界。清朝的医学主要是乾隆时官修了《医宗金鉴》，对中国传统医学经典《金匮要略》、《伤寒论》进行考订。王清任著有《医林改错》一书，通过对尸体的解剖研究，对人体构造作了较为科学的说明。

在天文历法上，清朝做了大量工作，取得不少成就，康熙帝把中西天文历法结合研究，在这个基础上梅文鼎在其《古今历法通考》中对回历和西洋历作了许多研究，是中国的第一部历学史。王锡阐精通中西历法，肯定了西洋历法的先进，也指出了其缺点和错误，在中西互补中，他作了独创性的研究，著有《晓庵新法》和《五星行度解》等天文著作，他首创日月食的初亏和复圆方位角的计算方法，所创的金星凌日计算方法达到十分精确的程度，在当时世界上居独家地位。

明朝时由于西方传教士的到来，西方的科学知识也随之传到中国，中国这时的一些知识分子积极吸收外来文化。在数学上，徐光启和意大利的传教士利玛窦合译了西方古典数学名著《几何原本》，不仅把欧洲数学介绍到中国，还为中国近代数学的科学名词奠定了基础，徐光启还参译了介绍西方三角术和球面三角术及新公式的《测圜八现表》。

清朝历法与数学并进，当时在数学上作出杰出贡献的是历算学家明安图，他在其著的《割圆密率捷法》中用解析方法对圆周率进行研究，这在中国还是第一人。

明清农学获得大发展，明朝的徐光启在研究生物学、农学的基础上著述了中国农学名著《农政全书》，这部著作不仅总结了中国历代农业生产经验，而且还融合了外来的一些农业知识。徐光启在中西融合中研究农业，他在和意大利传教士熊三拔合译介绍西方 17 世纪初西方水力学原理和新式提水工具的著作《泰西水利》时，把中国的《水利》部加入其中。

这时还出现了总结当时农业和手工业生产技术的科学家宋应星，其著述的《天工开物》是一部接近近代科学研究方法的名著。清朝农学出现了总结南方生产经验的《补农书》。

明清的地理学有了突破，一个是出现了中国最早的野外考察记录的地理学名著《徐霞客游记》——一部研究中国民族和历史地理的珍贵资料；另一个是清朝地理测绘的发展，仅康熙时就组织了三十多次对中国大地的测量，制成了《皇舆全览图》，李约瑟在《中国科学技术史》中对这幅图的评价是："不但是亚洲当时所有的地图中最好的一幅，而且比当时所有的欧洲地图都更好、更精确。"乾隆时又两次派明安图到新疆测绘，制成了《乾隆内府皇舆全图》，中国第一次绘制出了新疆地区图。嘉庆时绘制的《重修大清一统志》的清朝疆域图，基本上反映了当时中国的版图。

建筑上随着明朝和清朝前期中央集权的加强、经济的发展、国力的强大而出现了一系列辉煌的建筑，北京的故宫就是明朝建筑的突出代表，此外还有佛塔、陵墓，南京报恩寺的琉璃宝塔、山西广胜寺的飞虹塔、北京昌平的定陵等都是明朝辉煌的建筑。

明朝园林业发达，特别是经济发达的江南一带胜景迭出。到清朝时中国园林业闻名世界，避暑山庄、圆明园、布达拉宫、雍和宫等都是闻名的园林建筑。

第二节　西方文化简述

一、西方文化之源——古希腊罗马文化

西方是个大概念的地域范畴，是指西欧及西化的美国、加拿大、澳大利亚等地区和国家。这些地区同属一个文化圈——西方文化圈。其特点是：工业化、城市化、基督教化。西方文化现在是世界文明社会多元文化中的主流文化，这支现代主流文化是经过几个世纪的吸收、整合发展而来的，其源头并不在现代发达的西方社会的某个地区或国家，而是源于爱琴海的周边地区，中心是古希腊地区。古希腊地区的

文化是在吸收埃及、西亚等早期近东文化的基础上产生和发展起来的，其最早的文化是源于克里特岛、迈锡尼的海洋文化——爱琴海文明。

这些远古文化首先是从神话中流传下来，后来谢里曼和伊文思的考古发掘证明了西方文化之源在克里特和迈锡尼。这里孕育了西方文明中的远古文化——青铜时代文化、早期文字、雕刻、绘画、思想基础、民族精神。以后的西方文化就在此基础上在不断的整合、变革演进中发展起来。

1. 克里特·迈锡尼文明（爱琴海文明）

西方文明之源，是以克里特、迈锡尼为核心发展起来的辐射到整个爱琴海区域即爱琴海诸岛、希腊、小亚细亚西部的文明地带，这是西方文明的发源地。早在公元前3500年左右，克里特就进入金石并用的时代。从公元前2000年~公元前1200年是西方的早期奴隶制文明。克里特文明以克里特岛为中心发展起来，早期王宫时代是青铜时代文化，考古发掘出青铜双面斧、长剑、短剑及精美的金碗和银碗，有了相当发达的青铜制造业，这时能用陶轮制陶，能生产出薄如蛋壳的绘有植物画的陶瓶，王宫建筑富丽堂皇，已由图画文字发展到象形文字。后期王宫时代是克里特文化的繁荣期，生产力进一步发展，农业上使用犁耕，农作物有大麦、小麦、大豆、芝麻，经济作物有橄榄和葡萄，海上贸易发达，爱琴海各岛屿之间贸易往来频繁，与古埃及、两河流域都有贸易往来，文化符号由图画发展到线形文字A。这是发达的奴隶制文明。公元前1400年克里特文明毁灭。

迈锡尼文明是继克里特文明之后在南希腊的派罗斯、迈锡尼、太林斯等地出现的早期奴隶制城邦文明，以迈锡尼为中心。这是受克里特文化影响发展起来的文明，文化水平总体上没有超过克里特文明，只是文字符号这时出现了线形文字B，后来证明是希腊语。有了巨大的王宫城堡，迈锡尼城墙的石头城门就是著名的“狮子门”，这时奴隶制已相当发达。公元前12世纪的特洛伊战争后，迈锡尼文明逐渐衰落毁灭。

克里特·迈锡尼文明虽然毁灭，但它奠定了西方文明的基础，以后的西方文化就是在这个文明的蛹体中整合演进发展出来的。

2. 神话与英雄史诗构筑的荷马时代

西方文化的发展不是直线的，它是一个不断断裂与整合的曲线发展过程。克里特和迈锡尼的繁荣既没有持续下去，也没有在主流中直线整合发展，而是出现了断裂，这个断裂与整合时代就是以神话和英雄史诗为导向的“荷马时代”。克里特和迈锡尼文化由于多利亚人的南下而毁灭，西方社会进入了原始野蛮的所谓黑暗时代，但黑暗中不是没有星星月亮，爱琴海文明时期的繁荣通过史诗和神话在民间经竖琴诗人之口代代相传，最后由盲人诗人荷马收集整理为流传千古的史诗——《荷马史诗》。这样，西方在公元前 21 至公元前 9 世纪的黑暗时代也就被称为“荷马时代”，爱琴海文明时期的文化也由于有了《荷马史诗》而得以重现。

“荷马时代”是由神话和英雄史诗构筑的时代。这是西方又一次原始社会解体的军事民主制阶段，这一时期是西方古文化复兴时期，在克里特·迈锡尼文化的基础上，西方文化开始重新发展。这时的希腊由青铜时代向铁器时代过渡，在墓葬中发现了公元前 10 世纪的铁制工具和铁制武器、铁斧、铁刀、铁矛头、铁马衔等，手工业发达，有了铁匠、瓦匠、木匠、皮革匠、陶工等，酿酒业发达。新的文化符号被创造出来，整个社会处于再次由野蛮步入文明的时期。随着文明时代的再次到来，整合中的西方文化又逐渐步入辉煌。

3. 古典文化——古希腊罗马文化

古典时代是西方文化的繁荣和启蒙时期，这一时期文化的启蒙和繁荣不仅延续的时间长，而且与世界文明同步进入了雅斯贝斯所说的“轴心时代”，古典文化奠定了西方文化发展的基础。这与中国的春秋战国时期的文化一样有着同样的辉煌和效用，古典文化具有多方面的成就，达到高度发展水平，这一时期产生了历史上的文化大家，对西方文化的发展产生了深远的影响，铺垫了整个西方文化大厦的基石。

这一时期，西方文化在文学、哲学、法学、史学、艺术、自然科学等领域都取得辉煌成就。

西方古典文化的源头活水是神话，古希腊神话由神的故事和英雄传说两大部分构成。神的故事在公元前8世纪由赫西俄德整理为《神谱》，《神谱》把古希腊各地的神话整理为一个以奥林匹斯山为中心，以宙斯为主神的神系大家族，整个神话是一部充满人文色彩的神人同形同性的世俗神话，它所蕴涵的是西方文明之初的社会状况，有天地万物之源头，有自己的祖先战天斗地的光辉业绩，有神与人的情感放纵。这是希腊民族征服自然，与天、地、命运抗争的民族精神的写照。英雄传说由盲人诗人荷马整理为《荷马史诗》。《荷马史诗》是古典时代最早的文学作品，是西方最早的一部史诗，是古希腊文学的最高成就。它由《伊利亚特》、《奥德赛》两部充满英雄主义色彩的战争场面和英雄的冒险历程构成。赫西俄德的教谕诗《田功农时》是古希腊最早的一篇以现实生活为题材的长诗，它反映了当时社会各方面的情况，记述了农民的生产和生活经验，是研究公元前8世纪希腊社会的重要文献资料。被柏拉图称为“第十位文艺女神——缪斯”的萨福是古希腊最著名的抒情诗人。民众的智慧由奴隶伊索的《伊索寓言》反映出来。

西方的古典时代是一个光辉灿烂的创造时代，这时不仅人们的认识完全从自然界的束缚中解放出来，而且由于经济的发展、政治生活的民主，公民们的文化积极性的活力得到充分发挥，哲学界的成果引导着人们在各领域的发展。

在自然哲学观和人生哲学发展的基础上，古典时代的人们把神话引入生活，神话与社会生活结合，产生了戏剧，涌现出一大批杰出的戏剧家，悲剧三杰——“悲剧之父”埃斯库罗斯、索福克勒斯及舞台上的哲学家欧里匹得斯，三位戏剧家把古典时代的繁荣、局限、弊病、衰落的迹象有机地整合到戏剧中，让人们透视到社会的真相。三大喜剧家克拉提诺斯、欧波利斯及“喜剧之父”阿里斯托芬则以嬉笑讽刺的形式把古典时代的社会弊病及古希腊社会衰落的原因、人民和妇女的疾苦、社会的矛盾、对战争的谴责和对和平的向往展现出来。

古典时代的罗马在继承古希腊文化的基础上，产生了杰出的文学家，共和时代第一位诗人是希腊人安德罗斯库，他把《荷马史诗》中的《奥德赛》译成拉丁文，这是第一部拉丁文《荷马史诗》。出现了著名喜剧家普劳图斯和拉丁散文家大加图及其最著名的散文家西塞罗，西塞罗的作品被视为拉丁文学的典范。与西塞罗同时的恺撒不仅是政治家、军事家，而且是著名的历史学家和散文家，他的《高卢战记》、《内战记》不仅是对古日耳曼人生活的历史记述和对古罗马共和时代后期罗马社会、政治、军事的记述，而且是生动活泼的散文佳作。奥古斯都时代是罗马文学的黄金时代，出现了杰出的诗人维吉尔、贺拉西和奥维德，把古罗马文学推向了高峰。

这一时期西方文化启蒙的最大成果是人与自然完全分离。古典时代的人们完全以世界主宰的身份来认识世界，探讨自然、人自身、人类社会等一系列形而上的和现实的问题。对自然界提出了种种的物质构成要素说，其中有西方第一位哲学家泰勒斯的“水”为万物之源说，阿那克西曼德的万物之源是“无限者”之说，阿那克西美尼的“气”为万物之源说，赫拉克利特的世界本原为“火”说及“逻各斯”理论，最后，万物之源物质说，即德谟克利特的万物由最小的物质元素“原子”构成的原子论，上升到成熟的自然哲学观。除了这些唯物世界观外，与之相对立的有唯心主义哲学家毕达哥拉斯的“数”是万物本原说，塞诺芬尼的“神”论，巴门尼德的“存在”论。

在对自然的探讨中，古代西方的哲学不断发展完善，逐渐由对自然的外部世界的探讨转向对人类自身的内部世界的探讨，并在这种探讨中把客体与主体有机结合起来，出现了西方历史上的“哲学三圣”——苏格拉底、柏拉图、亚里士多德。

苏格拉底是古典时代哲学领域承上启下的哲学家。他改变了古希腊哲学在自然界中寻求世界终极原因的传统，首创了在内心世界寻求终极原因的哲学体系，他使西方的古典哲学由外部世界的探索转为对人内部世界的探索，使哲学从宇宙学、物理学变成了伦理学和人学。从此古代西方哲学有了新的发展。苏格拉底述而不作，他的哲学思想主要从其弟子柏拉图的著作中完全展示出来，其哲学思想是一个庞大的唯心主义体系，对世界、对人的认识上升到了一个极高的形而上阶段，为西方传统的哲学奠定了思想基础。以后西方的哲学不管怎么超越，都无法走出苏格拉底和柏拉图创立的理性的理论框架。

亚里士多德是西方古典时代文化的集大成者。他不仅是哲学家，还是古希腊最博学的学者，是西方的“科学之父”。在哲学领域，他批判地继承了苏格拉底和柏拉图的学说，形成了一套介于唯物主义与唯心主义之间的形而上学体系。他的实体论、逻辑学、修辞学、伦理学、政治学、物理学、生物学、心理学、美学一直影响着西方文化的发展趋向，他的逻辑思维和科学认识事物的方法启迪着西方人去思考、去认识，推动着西方科技的发展。

罗马哲学主要是在后期出现了发展希腊哲学的卢克莱修、西塞罗等哲学家。卢克莱修继承和发展了古希腊的原子唯物论，他认为自然界是由唯一真实的物质——原子所构成的，原子既不能被创造也不能被消灭；同时人由意志支配，而非命运和神。西塞罗则是神秘的唯心主义者，他坚持“灵魂不灭”，宣扬天命观和禁欲思想。在这个基础上，罗马帝国后期产生了悲观绝望、宗教神秘、宿命、禁欲的新斯多噶派和新柏拉图主义，这为以后基督教在西方的传播以及中世纪西方文化宗教化奠定了思想基础。

古罗马对西方文化的最大贡献是法制和法制精神。古罗马是在平民反贵族的阶级斗争中建立起法制体制和确立起法制精神的。古罗马的法律与世界各民族一样，在原始时期及文明初期以习惯法维护社会秩序。但这种状况随着文明的推进而发生变化，最终由法治取代原始的人治。在平民反贵族的斗争中，古罗马的法制逐步健全起来。第一部成文法是《十二铜表法》，以后逐渐建立起涉及人民经济、政治、文化生活诸方面的法律体系，并随着世界帝国的形成最终形成了完备的管理世界各族人民的罗马法。罗马法学也随之发展，出现了著名的法学家西塞罗和“自然法”法学理论，为近代资产阶级自由、平等的人权法提供了理论基础。查士丁尼时代整理的《罗马民法大全》汇集了古罗马的法学成果，收集了罗马哈德良皇帝以来历代皇帝所颁布的法令和条例，删除了过时和矛盾的部分，整理成10卷本的《查士丁尼法典》，收集历代法学家的论文编成了50卷的《法学汇纂》，颁布了阐明法学理论、学习罗马法的教材《法理概要》，把查士丁尼颁布的法令汇集成《新法典》，作为《查士丁尼法典》的续篇。这些法律文本统称为《罗马民法大全》，它是欧洲历史上第一部系统、完备的法典，对近现代世界各国的立法都产生了巨大的影响。现代司法程序和术语大部分源于《罗马民法大全》，这是古罗马文化贡献给人类的宝贵遗产。

古典时期古希腊和古罗马的立法、斯多葛思想造就了西方社会法制的传统和宗教的传统，为以后西方社会的自由、平等、博爱、民主等世俗的和宗教的人文思想奠定了广泛的社会思想基础。

史学上，古典时代成就辉煌，产生了西方“史学之父”希罗多德及其名著《历史》（《希波战争史》）。这部著作虽然是以希波战争为主题的历史著作，但内容广泛，叙述了当时希罗多德视线所及之地，包括希腊各城邦、小亚细亚、黑海沿岸、叙利亚、腓尼基、两河流域和埃及，在当时是一部广博的世界史，同时其内容丰富，各地的社会情况、生活习俗、山川地理等均有记载。这不仅是西方第一部叙述体的历史著作，而且也是第一部系统的文化史，其记载的许多传说及民俗，到19世纪随着考古学、民族学、民俗学的发展而得到证实。此外还有军事历史学家修昔底斯，以及他具有批判精神的史学著作《伯罗奔尼撒战争史》；多产史学家色诺芬，其代表作有历史著作《希腊史》，军事史著作《万人远征记》，政治史著作《拉西第梦人的政治》，经济史著作《经济论》、《雅典的收入》等。古罗马最早的历史作品是年代记，后来在希腊文化的影响下发展起史学。早期著名的史学家是波里比阿，主要著作有《喀提林阴谋》、《朱古达战争》、《历史》等。罗马帝国时期史学获得发展，出现了著名史学家李维及其史学名著《罗马史》，塔西佗及其史学名著《编年史》、《历史》、《阿古利可拉传》、《日耳曼尼亚志》等，普鲁塔克及其《传记集》——为西方的传记体的史书树立了榜样，是一部古希腊罗马的重要著作，保留了大量的珍贵材料，阿匹安的《罗马史》是一部有重要史料价值的历史著作。

西方古典时代的艺术主要表现在建筑与雕刻上，在艺术上达到了很高成就。建筑艺术从神庙建筑上体现出来，风格以雕刻的石柱为主，形式有多利亚式、爱奥尼亚式、科林斯式，著名的建筑是雅典卫城及其卫城高处的帕特农神庙。

古典时代的建筑在罗马表现得更加突出。罗马城是后世欧洲各大都市的建筑标准，罗马的圆形神庙最著名的是“万神殿”，杰出的建筑是科罗赛姆大圆形剧场，罗马建筑技术的贡献是高架引水道，这是实用工程与优美建筑的结合体，对后世西方建筑产生了巨大影响。

雕刻是西方写实主义艺术的典型代表，以人物为主题，在雕刻中把人的体魄、精神、外貌和内部特征真实生动地统一起来。考古发掘出的克里特时期的绘画就已经显示出西方文化之源的艺术是人文写实的开放性艺术，这种艺术特色到希腊古典时期得到发扬光大，进入高峰期。这一时期杰出的雕刻代表作是米隆的《掷铁饼者》，刻画了运动员掷出铁饼之前引而未发的紧张的瞬间运动姿态，把一个运动员健美的身躯、青春的活力、运动的姿态尽善尽美地再现出来，是一个典型的写实主义作品。波里克布利特的《持矛者》刻画的是运动员持矛进入运动场的生机勃勃的形象，是古典时代又一个现实主义作品，长期以来被人们誉为人体雕塑的样板。古典人文雕塑显示在神人同形同性上，代表作是希波战争胜利后显示民族自豪感的菲狄亚斯的《雅典娜雕像》，把人间的智慧与正义和希腊民族的威严都集中到这尊女神雕像上。古典时代写实主义作品与社会的态势紧密结合，古典时代后期，由于长期战乱，给人民带来了无尽的痛苦，这也反映到雕刻上，这时的雕刻艺术转到刻画人物心理矛盾、沉痛的形象和人体的曲线美上，普拉克西特的《尼多斯的阿芙洛狄特》生动地展现了人体的曲线美；希腊古典艺术最后一位著名雕刻家的代表作《尼阿贝群像》，从人物外部表情的刻画，展现了当时动荡社会中人们内心的绝望、哀求、悲愤等痛苦的情感。而后期罗德斯岛的雕刻艺术是古典时代雕刻艺术尾声的惊叹号，《太阳神像》被誉为古代世界七大奇迹之一；《拉奥孔群像》展现的是拉奥孔与巨蛇搏斗时的痛苦挣扎，绝望中的全身肌肉的颤抖更是一直震撼着世人的心灵。古典时代写实主义的艺术风格成了西方艺术的传统。

西方古典时代的自然科学成就辉煌，在科学理论上达到了古代世界自然科学的高峰。在吸取古代东方文化的基础上，古希腊人创造性地发展起自己的独立文化，这不仅在思想艺术文化领域实现了创新，在自然科学上更为突出。由于文化的交流，民族的交往融合，古希腊具备了得天独厚的人文环境，世俗的、开放的人文环境为自然科学的发展创造了条件。

西方天文学在古典时代的希腊就已奠定了坚实的科学理论基础，从哲学家中产生了天文学家，西方第一位哲学家泰勒斯也是一位天文学家，他不仅预言了公元前585年的一次日食，而且还是第一个研究星象学的人，他发现了小熊星座。他的传承弟子阿那克西曼尼提出了“地是在空中，没有什么东西支撑它”的宇宙观，认为月亮的光来自太阳的反射，不是本身发光，太阳是一团绝对纯粹的火。恩培多克勒和阿那克萨哥拉认识到日食形成的原因，阿那克萨哥拉还对月食作了正确的解释，认为银河是由许多远处的星星所发出的光构成的，月亮上有山有谷。毕达哥拉斯派认为整个宇宙系统是包含日、月、星辰等一系列小圆球的大圆球，宇宙的中心天体是“中心火”，地球、月亮、太阳和五大行星都环绕中心火运行，恒星群是不动的；到阿里斯达克时，他不仅是第一个试图测定日月与地球距离之比以及日月与地球大小之比的学者，认识到太阳比地球大，而且还提出了太阳中心说，认为太阳和恒星都是不动的，地球和行星都环绕着太阳旋转，地球又绕自己的轴每天自转一圈。这是西方后来太阳中心说的先驱，为后来哥白尼的太阳中心说奠定了初步的理论基础。阿里斯塔克利用几何的推理解释太阳表象的运动，提出了地球中心说，以后经托勒密的继承和发展成了西方15世纪以前占统治地位的天文学学说。

数学与天文学一样是由哲学家们发展起来的，古典时代希腊最早的数学家也是最早的哲学家泰勒斯提出并证明了几何的基本问题，毕达哥拉斯及其哲学派别证明了勾股定理，即著名的毕达哥拉斯定理。柏拉图使古典数学更加理论化，此后，古希腊数学取得巨大成就，出现了欧几里得及其数学名著《几何原本》，该著作应用到近代，至今仍是学术界肯定的经典著作；阿基米得这位伟大的科学家在数学上进行了多方面的研究探讨，留下了杰作《论星图》、《论球体和圆柱体》等，把古希腊数学推到了顶峰。

物理学到亚里士多德时成为独立学科，亚里士多德所著的《物理学》一书是世界上最早的物理学专著。古希腊最伟大的物理学家是阿基米得，他是力学和流体力学的奠基人，发现了“阿基米得定理”，论证和发展了机械学的基本原理，特别是杠杆原理，他理论与实践结合，发明了杠杆、滑轮和螺旋等机械，阿基米得的研究已具备了近代科学的研究方法。

地理学在整体中发展，著名的地理学家埃拉托色尼著有《地理学概论》一书，第一次推测从西班牙沿同一纬线航行，最后可抵达印度，还根据大地是球形的正确推断和埃及南北两地日倾角的差数，计算出地球的周长约为3.96万公里，十分接近实际约4万公里的长度。斯特拉波所著的《地理学》是古典时代地理科学的杰作，他对地理研究的对象、从事地理学研究所应具备的理论修养提出了自己的观点，著作中对当时的整个世界地理，欧洲、亚洲、非洲进行了概述。

生物学上作出最大贡献的是亚里士多德，他的著作有三分之一是关于生物学的，记载了五百种动物，至少解剖了五十种，并对动物作了分类。其弟子提奥弗拉托在植物学上作出了贡献，他对植物进行描述和分类，研究植物与地理环境和植物生态的关系。

在医学上出现了古希腊“医学之父”阿尔克芒，他是古希腊最早研究人体解剖的人，发现了视觉神经，认识到大脑是感觉和思维器官；古典时代最著名的医生是希波克拉底，他的医学著作涉及许多内科疾病，对癫痫、腮腺炎、败血症、热病作了水平较高的记录。在这一基础上，到古希腊后期，以亚历山大里亚为中心，发展起一个医学派别，著名的医生是赫罗非拉斯，他是第一个区别动脉和静脉的人，对人的神经系统和肝脏作了深入的研究，认为大脑是思维的器官；欧得谟对神经系统、骨骼系统、胰腺和胚胎都作了研究，这使解剖学说成了西方医学的传统。

农学到古罗马时期获得发展，出现了农学家和农业著作。加图的《论农业》是古罗马第一部农业著作，总结了经营和管理农业的经验，提出了对待奴隶和剥削奴隶劳动的意见，这是研究公元前2世纪意大利中部农业生产和奴隶制发展状况的重要资料。瓦罗的《论农业》是用对话体的形式对农业生产技术作了总结和探讨，提出了一些放宽对奴隶束缚的意见。科鲁麦拉的《论农业》是为农业的衰落而著述的改善农业经济、农业技术及管理的著作。

古典时代后期著名的科学家老普林尼综合了古罗马的科学成就，写成了三十七卷本的《自然史》，内容丰富，是包括天文、地理、农业、手工业、医药卫生、交通运输、语言文字、物理、化学、绘画、雕刻、矿物、冶金等方面的百科全书，是研究古代罗马科学史的重要文献。

古典时代文化科学的辉煌成就，为西方近代文化科学的发展奠定了理论和思想基础。

古典时代的西方还创立了体育文化，现在的奥运会就是源于西方的古希腊，奥林匹克运动会的名称出自南希腊伊利斯的奥林匹亚丛林。古希腊人把这里献给了他们的最高主神宙斯，在这里建立了雄伟的宙斯神殿，古希腊人在宙斯神殿举行庆典时要进行各种竞技活动。后来为了制止战争，实现和平，要求在举行竞技赛期间必须停止一切战事，同时这种竞技活动也把人们的体魄、精力奉献在竞技场上，把对荣誉的追求由战场转入竞技场。这使奥林匹亚运动会经久不衰，并成了人们共识的文化精神活动，每四年举行一次。

第一届奥林匹亚竞技会大约在公元前776年举行。竞技会期间，战事平息，无论敌友都在竞技会上和平竞赛，获胜者拥有至高无上的荣誉，在众人的欢呼声中戴上桂冠，获胜运动员将被用大理石雕刻成雕像或把名字刻写在石碑上，以此纪念他们的辉煌业绩。这种和平竞赛的体育文化一直延续到公元394年才被罗马皇帝狄奥多西下令停止，这样，历时1170年的古代体育文化消失了，直到1896年才重开近代世界奥林匹克运动会。这是古典时代留给人类生活的文化精品。

二、中世纪文化的整合

中世纪指的是西方公元5世纪到15世纪近一千年的时代。西方古典时代到罗马帝国晚期进入了衰落期，社会的崩溃导致文化的衰落，文化衰落导致社会分崩离析；这使得充满生命力的西方古典人文传统丧失，道德败坏，罗马人处于淫靡无度的空虚生活中。在这种社会和文化危机的困境中，东方的基督教传入西方，教会的集体生活，死后灵魂升天堂的许诺抚慰着罗马帝国统治下的失去归属感的臣民，基督教的宗教人文关怀给罗马民众带来了家园，这样东方神秘的宗教逐渐与西方古典后期的斯多葛思想融合，成了西方民众的精神寄托。

东方的基督教文化进入西方之时，罗马周边的“蛮族”也进入罗马帝国，其原始野蛮的日耳曼文化生活流入了罗马，西方的古典文化再一次面临全新的挑战。罗马帝国的动乱使西方古典文化丧失了其继续发展的活力和战胜、整合其他文化的社会基础，在这种社会环境中，基督教文化随着基督教上升为罗马帝国的国教而逐渐占据主导地位。随着罗马帝国的灭亡，西欧处于群龙无首的混乱之中，各蛮族王国不断更替，苦难的西欧民众只有在教会中才能找到归属，基督教会成了凝结西欧民众的精神纽带。

“蛮族”的皈依进一步加强了基督教会的实力，在古典文化、基督教文化、日耳曼文化三种文化的整合中，基督教文化取得了支配地位，这样，中世纪的文化就在以基督教文化为主的文化整合中发展起来，建构了一种宗教文化，这种宗教文化最终发展为西方文化的重要组成部分，以后所说的西方文化就是这种世俗的古典文化与宗教的基督教文化、粗犷的“蛮族”文化整合而来的综合文化。

中世纪的综合文化在基督教文化主导下形成三个分支，即基督教文化、骑士文化和城市文化。

1. 基督教文化

基督教于公元1世纪在巴勒斯坦地区兴起，并向小亚细亚、北非传播，2至3世纪传到罗马，4世纪得到罗马帝国的认可，4世纪末期成了罗马帝国的国教。东方的小教派终于与西方古典文化整合，被西方人接受，发展为西方人的宗教信仰，这在人类文化史上是一个奇迹，它给西方乃至以后的整个世界带来了不可估量的影响。一方面是西方的文化又一次被整合，在整合中，是宗教完全渗透到文化领域，在整个中世纪形成了一种基督教文化；另一方面是渗透到西方文化中的宗教因素尽管后来又经过几次大的文化革命，都未在重新整合中消解宗教要素，宗教成了西方文化中的重要元素，这种文化中的宗教精神随着西方文化的扩展又辐射到全世界，使基督教文化成了世界多元文化中重要的一元。

中世纪对于西欧来说是一个宗教的时代，整个社会笼罩在宗教权威之下，不仅西欧的政治、经济被教会控制，而且人们的思想意识也被教会垄断，基督教会利用文化为教会服务。经过法兰克时期的“文化复兴”，西欧被毁坏的文化在一定程度上得到恢复。但这种重新复兴的文化已经是经过整合后的基督教文化，学校统一办在修道院里，牧师即教师，所学课程以宗教为导向，是与宗教相关的文法、修辞、逻辑、算术、天文、历法、音乐等七艺。各种学科被置于宗教之中，违背宗教原理的各种学科被视为异端，横遭迫害和摧残。这样，西方传统的各种自然科学流失，科学精神被压抑，亚里士多德的学说被用来证明宗教教义和推导上帝的存在和主宰地位，由此西欧的中世纪被称为“黑暗的时代”。

不过这也不完全正确，基督教之所以在罗马帝国传播开来，除了当时的社会环境，还有西方古典时代的人文环境，基督的博爱、上帝面前人人平等、信仰上帝的自由的宗教人文与西方古典时代的世俗人文思想有共同之处，这是基督教在罗马帝国境内取胜的人文基础。基督教文化的兴起有它消极的一面，也有积极的一面。消极面在于它对与基督教精神相悖的各种学科知识的扼杀和压抑，诸如医学、天文等；积极的一面在于为西欧的文化复兴作出了贡献。经过几个世纪的动荡，西欧不仅古典时代的文化繁荣已不复存在，就连一般的文化人在民间也已很难找到，只有教士们保留和拥有文化知识，这些以传教为己任的教士们在宗教精神的主导下对古典文化的整理，对基督教义的论证，既保留了一部分古典文化，又为文化的传播创造了条件。教会教育的实施使西欧逐渐从野蛮中走出来，统一的拉丁文、统一的基督教思想在精神上维系着西欧的精神统一和民族认同，这在西方长时段历史中产生了不可估量的影响。

基督教的文化包括文化教育、慈善事业、基督教文学、经院哲学。这些文化的宗旨是为宗教服务，也就是在这种宗教教育、日耳曼精神、城市市民中孕育了接踵而至的封建骑士文化和城市市民文化。

中世纪基督教的文学分为圣经文学和灵修文学。《圣经》是基督教的经典，由《旧约》和《新约》两部构成，《旧约》是犹太教的经典，《新约》是基督教的经典，但由于基督教是由犹太教中分离出来的派别，所以《旧约》、《新约》是一体的。圣经文学有犹太民族先祖的原始神话、古代传说、民族史诗，有历史文学、传记文学、先知文学、启示文学、智慧文学，有小说故事、抒情诗等。灵修文学是圣徒和修道士修行生活经历以及进行宗教劝喻的文学作品及传播或实践基督教思想的文学作品，有希腊语和希伯来语两种，包括福音故事、使徒行传、教牧书信、启示录等，流传下来的有《忏悔录》、《朱莉安娜》、《哲学的慰藉》、《创世纪》、《巴拉姆和约瑟劳》、《反克劳狄安》、《玫瑰传奇》。中世纪基督教文化教育中发展起来的哲学是经院哲学，经院哲学是在修道院中产生的基督教的宗教哲学，由早期的教父哲学发展而来，创始人是奥里根。他在《原理论》中用古典时代新柏拉图主义和新斯多葛主义的哲学思想来论证上帝的存在，解释基督教教义，以后由基督教神学大师奥古斯丁发展为完备的宗教神学，奥古斯丁在《忏悔录》、《上帝之城》、《三位一体》等著作中建构了一套完备的基督教教义及神学体系，最后经过托马斯·阿奎那整理为完备的《神学大全》，建立起一套影响深远的宗教哲学体系。

2. 骑士文化

西欧的封建制是在扫荡一切旧的政治、经济、文化、社会结构的基础上，在宗教主宰一切的社会环境中确立的封君封臣的等级庄园封建制，在这种政治结构和社会环境中产生了一个庞大的既是封臣又是游民的骑士阶层。

这些封建社会中最低层次的封臣，他们无财产，是职业军人。为培养这些封建子弟，在西欧兴起了一种特殊的世俗教育——骑士教育，一般是低一级的封建主把自己的男孩送到比自己高一级的封建主家接受教育，学习的是武士技艺——投枪、下棋、咏诗、游泳、骑术、击剑、射箭等科目，这是一种世俗的教育，接受的是贯穿封建意识与基督教思想的训练。学成后，这些封建子弟就被加冕封为骑士，并开始他们的骑士生活，其职责是忠君护教、行侠仗义、冒险创业。与此相应的是骑士文学的出现，骑士文学是用来讴歌骑士们忠君护教、行侠仗义的骑士精神和各种冒险业绩的，著名的有《罗兰之歌》、《熙德之歌》、《尼布龙根之歌》、《伊戈尔远征记》、《亚瑟王传奇》等。这是封建的世俗文化，它所讴歌的是封建骑士们忠君护教、保家卫国、行侠仗义的英雄事迹，是凡人的忠烈冒险生活的写照，它摆脱了基督的传诵宗教史话、讴歌圣徒的文学内容和形式，就在这种封建的世俗骑士文化中孕育出了西方独特的骑士精神。

3. 城市市民文化

西欧经过“蛮族”大扫荡，古典时代繁荣的西欧北部、中部城市被摧毁，只有意大利中部、南部的城市被保留下来，随着西欧封建制的确立，封建经济的发展，西欧城市又逐渐复兴。特别是意大利中部和南部的城市发展繁荣起来，城市的复兴为世俗文化的进一步发展奠定了社会和阶级基础。基督教文化已不能满足城市经济发展的需求，为了经济的发展和城市的管理，许多新的知识要开辟，许多新的文化要学习。为此，在西欧发达的城市中出现了市民们自己筹办的学校——城市大学，西欧的世俗文化又有了一个新的发展空间，各城市大学所教授的课程不仅仅是宗教课程，而是与社会经济发展密切相关的法律、数学、医学、艺术等学科，教师也聘请了世俗教员。

这种经济发展需求中出现的大学像雨后春笋般遍布西欧各地，从11世纪末第一所大学波伦亚法律学校出现到14世纪，欧洲各国共有四十余所大学。西方早期的大学为西方近代文化的发展培养了人才，奠定了文化革命的思想基础。在大学普及的同时，世俗的城市文学也以讽刺的寓言的形式出现，产生了法国叙事诗《列那狐的故事》、笑剧《巴特兰律师》等具有反封建的市民文学。这种城市世俗文化的发展不仅普及了世俗文化，而且对西欧社会发展产生了巨大的影响，为以后西欧社会的文化革命奠定了坚实的社会、阶级、思想基础。

中世纪虽然基督教文化占主导地位，科学知识受到压制，但它仍然孕育着西方近代文化的种子。

中世纪的哲学是基督教的哲学，目的在于应用古典时代新柏拉图主义和新斯多葛主义论证基督教教义，论证上帝的存在和上帝的万能。在这种追求中，西方发展起基督教的经院哲学，产生了伟大的宗教哲学家。中世纪的宗教哲学在对上帝超人力量的逻辑争论中进入二难推理的谬误中，从理论上对上帝无所不能的超人力量产生了怀疑，在唯名论和唯实论的争辩中孕育了近代唯物主义和唯心主义世界观，也就是在教会大学中培养了一代论证天体运行规律的杰出天文学家，这些成就为西方近代的自然科学革命奠定了理论基础，培养了人才。同时，城市的兴起和发展不仅改变着西方中世纪的经济、阶级结构，而且也改变着文化模式和思维；不仅产生了城市文学和城市大学，改变着西方中世纪的文化结构，更为重要的是改变着人们的思想。在研究教会法的同时，世俗法——罗马法的研究也进入热潮，这为西方近代法治社会的建立创造了条件。

同时，中世纪建筑在继承罗马建筑的基础上，与日耳曼民族特色相结合，在追寻天堂的诱导下，产生了一种庄重、威严、神秘的哥特式建筑，它是中世纪骑士精神和基督教的玄思相互辉映的一种奇特产物。哥特式建筑最早最高的成就是大教堂的建筑，其建筑显示的是一种空幻的气象，充满神秘气氛，具有一种绚丽浮想的夸张风格，庞大而壮观的气势。典型的有法国的巴黎圣母院等，这种艺术对以后欧洲浪漫主义艺术产生了很大影响。

三、文化革命时期——文艺复兴、宗教改革、启蒙运动

1. 文艺复兴时期的文化

随着西欧社会经济、文化的发展，其思想意识也进入到了一个全新时期，特别是十字军东侵后及拜占庭帝国的陷落使西欧古典文化回归，在古典文化世俗闪光的人文思想面前，中世纪的基督教文化暗淡下来，这种结果恩格斯在《自然辩证法》中作了评述：

> 拜占庭灭亡时抢救出来的手抄本，罗马废墟中发掘出来的古代雕像，在惊讶的西方面前展示了一个新的世界——希腊的古代；在它的光辉形象面前，中世纪的幽灵消失了；意大利出现了前所未有的艺术繁荣。

在研究古希腊罗马文化的热潮中，西方一场全新的文化革命运动在复兴古希腊罗马文化的旗帜下展开了。

这就是14世纪从意大利开始的文艺复兴运动，西方的这场文化解放运动打开了中世纪基督教文化一统天下的宗教文化局面，开始了在古典文化基础上思想解放的文化革命运动。这是西方中世纪文化整合后的又一次全新的文化革命运动，但与中世纪的文化整合不同，它是要把人们从神学的束缚中解脱出来，回归和发展西方古典文化中的世俗人文精神，实现从以“神”为中心的宗教人文主义到以“人”为中心的世俗人文主义转移，这是一场全新的文化解放运动。在“巨人”们的文化创造中，西方社会及文化发生了大转折，开始由封建的基督教文化逐渐转向新兴的资产阶级文化。这是一个人性、人智解放的时代，各方面的文化巨匠们创造了前所未有的辉煌文化，无论是哲学、政治学、文学、艺术、天文学都在古典文化的辉煌遗迹中奋进。

文艺复兴时期的文化以“人文主义”为主导思想，文化各领域的巨匠们为时代的需求呐喊。

“艺术三杰”达·芬奇、拉斐尔、米开朗琪罗把生动的人的气息灌注到宗教神话中的人物身上，他们的绘画、雕塑将中世纪神秘阴森的宗教世界变成了生动的人性世界，把人类智慧的结晶汇集在画面上，把文艺复兴时期人们的追求投射到艺术中，用艺术再现生活，反映人们的追求、向往。

天文学家哥白尼、布鲁诺、伽利略、刻布勒用艰辛的劳动和生命捍卫真理，日心说、行星运行椭圆说、宇宙无限说不仅摧毁了天主教的宇宙观，而且为近代自然科学的发展做了披荆斩棘的工作。

哈维的血液循环说为揭示人自身的奥秘找到了钥匙。马基雅维里为民族的统一在幽谷中探寻。

但丁、彼特拉克、薄伽丘、塞万提斯、拉伯雷、莎士比亚等文豪用他们犀利的笔调揭示了中世纪基督教文化、封建骑士文化的荒谬、堕落，他们在积极追寻人性，用人道代替神道，用现实生活取代彼岸。他们把自己的情感播撒到大自然中，讴歌自然的美好、人性的光辉，披露教会的黑暗、腐化、堕落，宗教对人性的压抑和摧残。他们要把人从一切束缚中解救出来，还原人的本性，追寻人的真谛。

但丁，这位中世纪的最后一位诗人，新时代的最初一位诗人吹响了文艺复兴的号角，他的《神曲》在意大利燃起了文化复兴运动的烈火。但丁把其社会思想贯穿到《神曲》的《地狱》、《炼狱》、《天堂》三篇中，他把自己理想的君主安排在天堂，这是但丁爱国思想的反映，他希望通过贤明君主实现意大利的统一，而把腐化堕落、阻碍意大利统一的教皇安排在地狱里。但丁赞扬理性，要求思想解放，追求知识，主张在吸收古典文化的基础上发展人文主义的文化，这是萌芽中的资产阶级思想的反映，是时代的需求，文艺复兴运动先后在欧洲各国展开，这是个需要巨人而产生巨人的时代。

彼特拉克这位“人文主义之父”终于把人文主义思想完全在其十四行抒情诗中释放出来，这是一道被淹没了几个世纪的人类世俗精神的光芒，它照亮了欧洲中世纪黑暗的天空，欧洲文化进入了一个全新的变革时期。彼特拉克把人文思想投射到整个大地，他充满爱国热情和民族意识，一面缅怀古罗马的“光荣伟大”，一面指明意大利文艺复兴之路——实现意大利的和平统一。他是最早收集、研究古典著作的学者，开创了研究古典文化的新风，他对人文思想的大力倡导，极大地推动了欧洲人文主义运动。

薄伽丘把矛头直接指向罗马教廷，他的《十日谈》把罗马教职人员的虚伪、贪婪、淫荡等无情地披露出来，同时揭露了封建贵族的昏庸、卑鄙、残忍。他反对封建特权，歌颂资产阶级的个性自由、感官享受和个人主义。

14 世纪意大利兴起的文化解放运动并没有局限在意大利，而是遍布整个欧洲，15 ~ 16 世纪，德、英、法、西等国都加入到文化革命中，德国著名的人文主义思想家是伊拉斯莫和约翰 · 勒克林。伊拉斯莫以其讽刺作品《愚神颂》嘲笑教皇、枢机主教、主教、僧侣、经院哲学家等教会人员，抨击他们的贪婪腐化、奢侈淫荡、寄生腐朽、好战虚荣，赞美个性自由和个性解放，反对禁欲主义，倡导自由生活。勒克林在其《愚人书信集》中以同样的手法，揭露了教会的贪婪腐化，主张把教会驱逐出德国，通过骑士实现德国的统一。英国出现了伟大的戏剧家和诗人莎士比亚，他的《亨利四世》、《仲夏夜之梦》、《哈姆雷特》等作品以不同的题材、不同的形式描绘了英国由封建社会向资本主义社会过渡中的社会面貌，生动地把那个时代各阶层人物的形象、心理特征生动地展现出来。他的历史剧赞扬国家的统一，反对封建分裂，拥护王权，表现了当时资产阶级的政治思想；他的戏剧充满乐观主义情调，歌颂个性解放，赞美友谊和爱情，主张自由平等，表现了资产阶级人文的社会道德观，悲剧则在尖锐矛盾的戏剧冲突、复杂的心理刻画中反映新旧思想的冲突及其在冲突的血淋淋的悲剧中人们的觉醒，这是文艺复兴时期从各方面再现文化变革时期欧洲的社会面貌及人们觉醒的历程和代价，把整个欧洲文化革命运动的最终结局展示出来——文艺复兴运动涉及整个西欧社会的各领域各阶层，资产阶级的文化胜利是不可阻挡的潮流。法国拉伯雷的《巨人传》把文艺复兴时代需要巨人而且产生了巨人的文化态势展现出来，这是个渴求知识、追求真理的巨人时代；这是些要求改变现实文化教育和文化结构的巨人；这是些充满爱国情怀的巨人。西班牙的塞万提斯在《堂·吉珂德》中把西班牙现实社会贵族的破落、骑士制的过时落后、骑士文学的毒害、民众的苦难、封建制度的荒唐生动形象地加以揭露，既体现了人文思想，又把西班牙资产阶级的无力现实地反映出来，其中闪现了劳动人民的智慧和力量。

欧洲的文艺复兴是一次全面的文化革命运动，体现人文思想的艺术在以宗教为题材，在现实人物形象的画面中显示了人性、人道、人权。在技术上以科学为前提，在光学、力学、解剖学的科学指导下进行革新，乔托开创了欧洲现代绘画传统之后，欧洲人才辈出，达·芬奇、米开朗琪罗、拉斐尔把现代绘画推到高峰。达·芬奇的《最后的晚餐》、《蒙娜丽莎》既把现实的鲜活的人物形象融到宗教题材中，又用高超的科学画技展现了现实妇女由里到外的整体性形象，这种科学杰作成了后世研究的神秘画卷。米开朗琪罗这位杰出的雕塑家、画家和建筑师，倾其毕生的精力把宗教与现实，把其爱国情怀都浇灌在其艺术作品中。他的《大卫像》、《摩西像》体现了民族领袖和宗教先知坚忍不拔、刚毅不屈地领导民众从外族压迫下解放出来的领袖形象，而其《创始纪》和《末日审判》则把人类鲜活的人物形象应用到宗教题材中，赋予了神人文形象。拉斐尔的圣母像《草地上的圣母》、《西斯丁圣母》完全去掉了神秘和禁欲的呆板古怪形象，是人间理想化的美和完美的母性，《雅典学院》则是人类智慧的凯歌，这个画面汇集了古今东西方的智者，把人类文化杰出的创造者孜孜探索真理的精神生动地再现出来。

政治文化的革命运动处于欧洲各国政治经济状况不同，所提出的政治思想也各异。文艺复兴的发源地意大利处于政治分离、经济发展不平衡中，政治思想有代表资产阶级的马基雅维里，他在《君主论》、《佛罗伦萨史》中阐发了自己的政治思想，把意大利的统一、驱逐外国侵略者的任务寄托在强有力的王权上，他首创了不遵守宗教和道德规范的资产阶级政治学，他的思想是国家主义思想，他是资产阶级政治学的奠基人。同时产生了空想社会主义思想家康帕内拉，他在《太阳城》一书中阐发了其没有私有财产、劳动是人们需求、劳动财富为社会成员共同分享、由祭司兼哲学家管理的理想社会。英国这个资本主义经济快速增长、农村土地在圈地运动中迅速变革的国家产生了空想社会主义政治思想的奠基人托马斯·莫尔，他在《乌托邦》一书中设计了一个物产丰富、共同劳动、共同所有、各取所需的理想社会，他第一次提出了消灭私有制的问题。

文艺复兴的文化巨匠们在古典文化的基础上发展创新，他们要把人从神学的束缚中解放出来，用文化来为社会服务，为当时的资本主义经济发展鸣锣开道。文艺复兴运动开启了西方人的智慧，人们从压抑走向自由，从彼岸走向现实。对现实生活的追求和向往不断解放人们的思想，使西方的文化革命运动向纵深发展。这次文化革命运动是一次波及整个欧洲、涉及社会各阶层和社会各领域的文化创新，在上到宫廷王室、罗马教廷，下到广大的市民阶层等社会民众中引起了强烈的反响，欧洲的社会生活逐渐发生质变。由中世纪霉暗的压抑中解脱出来，特别是人的个性冲破束缚，人性代替了神性，人不仅是生活的创造者，也是生活的尽情享受者，人道、人权复兴，人们开始生活在阳光明媚的尘世。但是这次思想解放呈现出了人性初放时的任性。同时，宗教虽然遭到批判，但神圣的光辉未被扫荡，基督教的宗教信仰仍是欧洲根深蒂固的封建性传统，要进一步解放人们的思想，必须在宗教领域进行革命，在道德方面提供新的准绳，才能使文化革命运动深入发展，进一步地解放人们的思想，完成文化创新的使命。

2. 宗教改革运动

西方16世纪的宗教改革运动是文艺复兴运动的继续和发展，是西方思想解放运动在宗教领域的发展，是思想解放运动深入扩展到西方传统文化中的突破与创新。

宗教改革运动源于四分五裂的德国，这是德国资本主义经济发展的要求。德国国家的分裂为罗马教皇的搜刮提供了方便，德国财富的外流直接影响到的德国资本主义经济的发展，而德国成为教皇的奶牛也使各封建诸侯不满，他们垂涎教皇在德国的财产，教会的腐化堕落终于在贩卖赎罪券的贪欲中暴露无遗。马丁·路德1517年抨击教皇贩卖赎罪券的《九十五条论纲》一贴出，马上就在德国燃起燎原大火，马丁·路德成了德国各阶层及欧洲各国宗教改革的代言人。他一方面揭露天主教会的腐化堕落，另一方面为确立人的自由信仰而探索，他提出“唯信称义”的新教主张，认为信仰不是靠外在的教育或修炼，与上帝沟通不是依靠教职人员的中间媒介作用，任何人只要在阅读《圣经》中产生了虔诚信仰就能获得拯救，并与上帝沟通，救赎是上帝的恩赐，信仰是上帝恩赐的确认与保证，这就取消了教皇和教职人员的中间作用，把人的精神从教会的束缚中解救出来，实现了人的信仰自由，把人的信仰由外在的盲目转为内在的理性信仰，这为德国民众的精神解放指出了道路。《圣经》取代教会成了信仰的最高准绳，在自由信仰中实现的是民族的独立，为此，路德把《圣经》译成德文，推动了德国民族文化的发展。马丁·路德的宗教改革在西方引起强烈反响，不仅德国的诸侯国皈依路德新教，而且法国也出现了一大批追随者。

法国的加尔文在追随路德的过程中捍卫和发展了路德的宗教改革思想，把路德的新教进一步改造发展为更适合资产阶级需求的新型基督教，在发展“唯信称义”信仰的基础上，提出了“先定论”，认为人是否得救不是靠现世的各种宗教活动，现世的各种宗教活动无法改变人的命运，因为人是否得救是上帝在每个人出生之前就事先安排好的，但这不是经院哲学时期的宿命论，他被加尔文发展改造为上帝的“恩宠”。人是否得救是从后天的事业中显示出来的，如果一个人在后天从事有利于人类的事业时顺利，那上帝的光辉就照耀着他，他得到了上帝的恩宠，他就是上帝的选民，若反之就是上帝的弃民。这样加尔文给资产阶级的发财致富披上了神圣的宗教外衣，为资产阶级的发财致富提供了神圣的思想理论工具。同时在选民与弃民的缘起和标志上，加尔文否认了贵族特权，为资产阶级的剥削辩护。加尔文的共和制教会组织是资产阶级共和政治的雏形。

加尔文从思想上、组织上、经济上加入了资本主义经济发展所需要的政治思想和资本积累要素所需的全新的经济思想，从阶级结构上对西方传统的等级封建制和资本主义的剥削制进行了神圣的否定和辩护。这些宗教改革是遵循西方传统的宗教习俗和传统的逻辑思维进行的，所以它实际上是一场资产阶级在宗教领域的文化革命运动，基督教这一源于东方的宗教，在西方又一次顺应西方社会发展的需要，再次作为文化的重要要素被改造利用来为资产阶级服务，发展成了近代资本主义社会中的新教理论。

新教理论是一种全新的资产阶级的伦理，它给资本主义发展所需的理性主义、经验主义、功利主义披上了神圣的宗教外衣。正如默顿所评价的："清教是一种复合体，它包括赤裸裸的功利主义、世俗的兴趣、有条不紊的并且不懈的行动、彻底的经验主义、自由研究的权利乃至责任以及传统主义——所有这些都是和科学中的同样的价值观念一致的。"① 这次宗教改革运动对欧洲传统的信仰进行了全面创新，在保有根深蒂固的上帝观的前提下，把封建的基督教顺理成章地改造为资产阶级的新教，这种对传统思想文化的改造与创新在人类史上是一个创举。

3. *启蒙运动*

无论是文艺复兴还是宗教改革，都未完全抛弃宗教，随着资本主义经济的发展，资产阶级力量的增长，西方的文化革命运动又以新的面目出现。在法国这个西方典型的中央集权的天主教国家中，资本主义经济的发展加速了资产阶级与王权的矛盾，但羽翼未丰的资产阶级还不能直接与王权较量，他们只有在思想文化领域进行革命，加之法国又是天主教势力的强大中心，所以这次文化革命运动以反专制、反教权的"启蒙"形式出现。

启蒙运动高举"理性"的大旗，以启迪民众的智慧、反对封建专制、反天主教会为宗旨，涌现出孟德斯鸠、狄德罗、伏尔泰、爱尔维修、卢梭、梅里叶、杜尔果等一批杰出的启蒙思想家，他们向封建专制、封建教会猛烈开火，批判了专制的弊端、封建教会的黑暗腐朽，甚至完全否定天主教会。

孟德斯鸠是西方资产阶级"三权分立"政治理论学说的奠基者，他在《波斯人的信札》中揭露了封建专制的残暴和种种弊端、法国宫

---

① 默顿：《十七世纪英国的科学技术与社会》，第 201 页，四川人民出版社，1986 年版。

廷的腐化堕落，把其思想的内核集中到《论法的精神》一书中，他主张建立君主立宪政体，立法、行政、司法三权分立，在权力分散和制衡的基础上实现自由，“三权分立”奠定了资产阶级政权的理论基础。伏尔泰一方面揭露封建专制、封建赋税和等级特权的罪恶，另一方面还猛烈抨击天主教会的骗人学说，把其视为“恶棍”、“两族禽兽”，他想用开明君主制和伦理宗教取代封建专制和天主教会。他的作品涉及哲学、历史、文学和自然科学，主要著作有《论各民族的风俗与精神》、《哲学辞典》、《路易十四时代》。狄德罗、霍尔巴赫、爱尔维修等百科全书派则编辑出版《科学、艺术和工艺详解词典》来反映当时的时代精神，他们抨击封建专制和教会的黑暗，宣扬理性主义、科学精神、人道主义，希望用科技之光、人伦之道来启迪人们的智慧。

启蒙运动的高峰是出现了资产阶级民主思想的代表者和文学浪漫主义的先驱卢梭，他对人类不平等的问题进行了探讨，著述了《社会契约论》、《论人类不平等的起源和原因》、《爱弥儿》等，他倡导“社会契约”、“主权在民”、自由、平等，主张建立民主共和制政体，他把其思想贯穿在文学中，开了西方浪漫主义的先河。这些富有战斗精神的启蒙思想家的思想对西方文化产生了深远的影响，人们开始完全用人权取代王权、用人道代替神道、用理性指导宗教，西方在文化领域开始了漫长而艰巨的为理性和正义而奋斗的历程，这一历程的每一个足迹中都孕育着西方文化不断变革的种子。

西方的这三次文化革命涉及的社会面广，区域宽泛，学科领域多，不仅在文化思想领域，而且在自然科学领域也发生了转折，西方由此进入了近代自然科学革命时代，自然科学兴起，新哲学产生，人类科学史和哲学进入一个革命时代。

16 世纪自然科学领域中最早进行革命的是天文学，哥白尼的“太阳中心说”首先冲破基督教神学的世界观，哥白尼在《天体运行论》一书中提出太阳是宇宙的中心，地球只不过是绕着太阳运转的一颗普通行星，地球本身也在以地轴为中心自转。哥白尼的“太阳中心说”

推翻了古希腊—埃及天文学家托勒密的传统“地心说”，是对教会选定的地球作为宇宙中心的谬论和神学世界观的沉重打击，是自然科学从神学中获得解放的标志，为自然科学的发展开辟了道路。

以后经过布鲁诺的捍卫和发展，整个西方世界的宇宙观发生了革命。布鲁诺是意大利著名的天文学家和哲学家，他不顾教会的迫害，宣传和发展哥白尼的“太阳中心说”，他在《论无限性、宇宙和世界》中发展了哥白尼的学说，认为宇宙是无边的，因而没有中心，宇宙中存在着无数个像太阳系一样的天体，宇宙是物质的、统一的、永恒的，有自己的规律。地球只是无限宇宙中的一个微尘，地球绕着太阳转，太阳只是太阳系的中心，而不是宇宙的中心。布鲁诺从根本上对神学宇宙观的否定，给教会以沉重打击，教会对他进行多次迫害和利诱，要布鲁诺放弃其世界观，但布鲁诺坚贞不屈，最后为捍卫真理被罗马教皇以异端的罪名烧死在罗马的鲜花广场上。

捍卫真理的斗士还有伽利略和开普勒，他们都为捍卫哥白尼的学说而奋斗，伽利略用自制的望远镜观察星空，他在《星际使者》中把探索到的天空奥秘作了描述，用实证证明哥白尼学说的正确性，在《关于托勒密与哥白尼两大宇宙体系的对话》中，抨击了托勒密“地心说”的谬误，捍卫和宣传哥白尼“太阳中心说”的正确性，因此，伽利略虽受到了教会的迫害，但他毫不动摇地为捍卫真理而奋斗。开普勒在哥白尼的基础上又发现了行星运行规律，发表了《新天文学》、《宇宙和谐论》，提出了行星运行轨迹是椭圆、太阳则居于两个焦点之间的理论，这是对哥白尼学说的重大发展；他还发现了相等的时间内，行星和太阳的连线所扫过的面积相等；任何两行星公转周期的平方同轨道半径长的立方成正比。这就是开普勒三大定理。开普勒不仅用数学方法印证了哥白尼学说，还为以后牛顿发现万有引力定律奠定了基础。

医学的发展引发了欧洲生理学、医学的革命，它对基督教的神学权威提出了挑战。西班牙医生塞尔维特发现了血液在心肺之间的小循环，他指出血液从右心室流入肺部，经过新鲜空气净化后，鲜血再从肺部流入左心室。塞尔维特血液小循环的发现为全身血液循环的发现铺平了道路。塞尔维特反对基督教教义和三位一体说，1553 年被加尔文在日内瓦处以火刑，其著作也被毁。真理是无法战胜的，后来的英国医生哈维在研究中发展了塞尔维特的学说，他发现静脉和动脉中的血液沿相反方向流动；血液在全身沿着闭合的路线作循环运动，并预言静脉和动脉的末端，必有联结二者的微小通道。他著述的《心血运动论》论证了血液的循环运动。

自然科学的发展，揭示了物质世界的客观规律，冲击了基督教的神学统治地位和经院哲学理论，为欧洲哲学的新发展创造了条件。

哲学领域最早进行革命的是英国，产生了近代第一位唯物论哲学家弗兰西斯·培根，他是英国资产阶级和新贵族的思想代表。他在《学术的进展》、《新工具》等书中对经院哲学进行了有力的批判，反对经院哲学把物质世界神秘化，使人与自然隔离。他认为世界是由物质构成的，物质世界是有客观规律的，人们可以认识自然，发现客观规律，并依照客观规律征服自然，利用大自然为人类谋福利，而人们认识自然、改造自然必须依靠知识，所以他提出了“知识就是力量”的著名格言。这是英国资本主义经济发展在思想领域的反映，反映了资产阶级要发展生产力就必须依靠科学知识的愿望。

法国出现了杰出的哲学家笛卡儿，他是法国理性主义的创始人，他在《方法论》一书中阐述了自己的观点，认为人的心灵是获得真理的唯一手段，人必须在怀疑中探索，提出“我思，故我在”的命题。他反对经院哲学，否认教会权威。他强调理性，认为理性认识是知识的源泉，理性演绎方法是认识的武器，笛卡儿的思想是典型的唯心主义思想。笛卡儿的思想经过荷兰斯宾诺莎的发展，转变为唯物主义哲学。

斯宾诺莎是资产阶级民主思想的代表，他继承和发展了笛卡儿的思想，在其《神学政治论》、《伦理学》等著作中，把笛卡儿二元论的思想发展改造为一元论，他从自然界的客观存在出发，提出整个自然是个实体，自然是唯一的、永恒的、必然的，对“必然性的认识就是自由”。他从根本上否认了基督教神学的目的论和超自然的上帝创造世界的宗教神学宇宙观，对近代唯物主义哲学的发展作出了贡献。

四、近代资产阶级文化的兴盛

启蒙运动巨大的启迪了西方人的智慧，西方人从此在文化领域开始了不断探索与更新的全新动感文化时代。启蒙运动把文艺复兴运动以来的理性引到极端，文学上进入到新古典主义阶段，而在极端的理性主义和对古希腊罗马古典文化的崇拜热潮中使西方文化步入教条。在创作理论和创作实践上以古希腊罗马为典范，其创作原则布瓦洛在其《诗艺》里表达为“真、善、美”统一的原则，形式是：要用一地、一天内完成一个故事的“三一律”形式。新古典主义在法国盛行，悲剧的最高成就者是高乃依和拉辛；英国的是弥尔顿，其代表作是《失乐园》，他塑造的撒旦形象是一种超人，是具有权威勇气、领袖才能和政治家风度的人物类型，既有史诗英雄人物的崇高，又有文艺复兴以来对旧观念的强烈叛逆精神。这次文化运动虽然在主要情节的凝结、紧凑、集中上，在语言的规范、典雅和优美上有艺术价值和独到之处，但思想内容比较肤浅，说教味浓，人物性格模式化，这种教条对文学思想的发展形成了障碍。但经过了启蒙运动后的西方不可能再在极端的限制中停留，法国大革命的实践更加剧了西方思想文化领域的怀疑和变革。德国的狂飙突进运动把文化中表现自我个性的自由精神发展起来，他们把个性解放、性格解放、大胆坦露真情作为这次文化运动的主要特征，出现了歌德、席勒等杰出的文化狂飙者。歌德的《少年维特之烦恼》把一代青年真挚的情感、伤感的情调、细腻敏感的心理完全展示出来；社会的狭隘使青年感到压抑，他们感觉到自己既渺小又伟大，这种矛盾心理是社会变革的前奏在年轻人身上的折射。这种矛盾和困惑是一代欧洲青年的通病，“伟大又渺小、可爱而又可鄙的怪人”成了欧洲青年精神上的楷模。

这种矛盾心理和文化状况在欧洲瞬间即逝，文化革命的向导随之即出，维特时代接踵而至的是西方传统的自强不息的民族精神时代的到来。《浮士德》是西方自强不息的民族精神的象征，这位勇敢的文化战士自强不息奋斗的一生标示着西方文化新时代的到来。19 世纪与法国大革命相呼应的文化革命运动在西方文化领域全面展开，这就是对西方文化从形式到内容走向全面自由化的浪漫主义时代。这次文化运动标示着西方封建文化意识形态的完全瓦解，资产阶级文化登上历史舞台。这次文化运动是一种新文化确立与批判并行的西方特色的文化运动，在自由的资产阶级意识形态领域，文人学者们一方面在建构新文化思想，另一方面又在这种自由思想的支配下对现行的社会制度进行猛烈的抨击。无论是英国的“湖畔派诗人”华兹华斯、柯勒律治和骚塞，还是浪漫主义运动高潮的拜伦、雪莱和济慈，面对封建残余和顽固，资本主义社会的黑暗，他们在自由的呐喊声中进行着文化革命。《唐璜》是拜伦最重要的代表作，作品抨击了以神圣同盟为代表的欧洲封建反动势力及资本主义金钱势力，讽刺了各国的社会弊端。长诗气势磅礴，语言简练，诗人把自己反民族压迫、追求民主的心声融入诗中。主要文豪还有雨果、巴尔扎克、梅里美、夏多勃里昂等。雨果的剧本《欧那尼》1830 年上演，标志着浪漫主义对古典主义的胜利，其主要代表作有《巴黎圣母院》、《悲惨世界》、《笑面人》、《海上劳工》、《九三年》等，在其作品中既对物欲横流的资本主义社会进行披露，又把情感寄托在浪漫的中世纪田园情调和域外风光中。他们这种文化心理潜势已经孕育着又一种文化革命的波涛。

浪漫的情调，无限的忧伤呐喊在诱导了人们的自由神往后，逐渐走向华丽辞藻的无病呻吟中，各种社会现实没有从根本上加以揭示和解决。这样，自由思潮诱导中的又一次文化变革开始了——文学上的批判现实主义运动。文学上巴尔扎克、狄更斯、普希金、屠格涅夫、陀思妥耶夫斯基、车尔尼雪夫斯基、托尔斯泰、果戈理、契诃夫等大文豪对资本主义的社会现实进行了深入的透视和无情的揭露批判，使资本主义社会的真实状况从不同侧面、不同视角完全展示在世人面前，文人墨客们在追寻着理想的社会。

批判现实主义始于法国，它以反映社会生活的广度和深度使浪漫主义作品相形见绌，在这种反映现实的文化思潮推动下，一些浪漫主义作家也纷纷转向现实主义，使批判现实主义文学发展为强大的文学思潮。第一部批判现实主义的杰作是1830年司汤达发表的《红与黑》，小说通过雄心勃勃的年轻人于连的遭遇，强烈地批判了扼杀一切生机的复辟时代。法国批判现实主义的伟大作家是巴尔扎克，他的创作多产宏大，创作了包括《人间喜剧》在内的九十多部作品，重要的有《欧也妮·葛朗台》、《高老头》、《贝姨》、《邦斯舅舅》等。巴尔扎克在《人间喜剧》中通过二千多个人物形象展现了法国社会各阶层的风貌，中心画面是封建贵族的没落衰亡，资产阶级的罪恶发迹。

司汤达的“镜子论”和巴尔扎克的“典型论”成了批判现实主义文学的理论。英国批判现实主义文学的杰出代表是狄更斯、夏洛蒂·勃朗特，狄更斯通过《大卫·科波菲尔》、《双城记》等作品反映英国的社会，涵盖了贫民窟、孤儿院、上流社会和政府官员等社会全貌，他刻画了形形色色伤天害理、寄生腐朽的资产者形象，展示了社会每个角落的罪恶，批判了社会的丑恶和资产阶级对穷人的摧残，并把自己的人道主义思想贯穿其中。

俄国批判现实主义杰出的作家是普希金、果戈理，普希金的诗体小说《叶甫盖尼·奥涅金》被誉为“俄罗斯生活的百科全书”，是俄国批判现实主义的奠基作，果戈理确立了俄国批判现实主义文学的园地，他的《钦差大臣》深刻揭露了俄国官场的丑恶黑暗，《死灵魂》揭露了地主阶级的愚昧、卑劣和腐朽。

19世纪后期，批判现实主义的文学作品随着资本主义的发展而深入发展。法国以福楼拜为代表，其代表作是《包法利夫人》，深刻揭露了法国不健康的宗教和文化生活，庸俗丑恶的外省环境和腐化淫靡的社会习俗。英国这时最重要的批判现实主义作家是哈代，代表作是《德伯家的苔丝》，反映了资本主义侵袭下英国南部农村残存的宗法制的崩溃和乡镇人民的悲惨命运以及社会的道德偏见。

北欧挪威的批判现实主义的杰出作家是亨利·易卜生，他的《玩偶之家》提出了关于妇女地位、道德、法律和市政等社会问题，一方面无情地揭露资产阶级社会的腐败和虚伪，另一方面在作品中赋予了人道主义精神和妇女的觉醒意识。

俄国则由于社会矛盾的尖锐，批判现实主义文学大发展，涌现出了一系列杰出的作家，有屠格涅夫、冈察洛夫、奥斯特洛夫斯基、车尔尼雪夫斯基、陀思妥耶夫斯基、列夫·托尔斯泰和契诃夫，成就最高的是陀思妥耶夫斯基、列夫·托尔斯泰和契诃夫。陀思妥耶夫斯基的《穷人》、《被侮辱与被损害的》、《罪与罚》、《白痴》、《卡拉玛卓夫兄弟》等作品描绘了私有制下，人们肉体和精神的苦难，批判了渗透到社会生活各领域的资产阶级关系和个人主义世界观，同时把其宗教的人文关怀注入作品中。列夫·托尔斯泰的《战争与和平》气势磅礴地展现了俄国1805年~1820年的历史画卷和社会面貌，《安娜·卡列尼娜》、《复活》探索了俄国妇女对爱情的自由追求及孤独无援的处境，揭示了俄国农奴制改革后的社会变动状况，对俄国的专制制度、地主和资产阶级进行了全面有力的批判，但所有作品中充满了基督教的人道主义思想。契诃夫的《变色龙》、《套中人》、《第六病房》既揭露了社会的阴暗生活，又对人类的未来充满信心，相信人的创造力和理性精神。

美国杰出的批判现实主义的作家是马克·吐温和杰克·伦敦，马克·吐温的《哈克贝利·费恩历险记》表现了反对种族歧视的主题，《百万英镑》嘲笑了金钱败坏的美国社会现实。

19世纪是西方资产阶级文化全面登场的世纪，西方文化各领域成就辉煌，交相呼应，西方的古典政治经济学、古典哲学、资产阶级政治社会学说产生。

古典政治经济学在当时资本主义经济最发达的英国产生，创始人是亚当·斯密和大卫·李嘉图，他们创立了完整的政治经济学说体系，用科学抽象的方法，论证了劳动价值理论，探讨了资本主义社会的生产与分配问题。亚当·斯密在《国富论》中提出了劳动决定价值的理论，区分了商品的使用价值和交换价值，认为创造交换价值的是一般的社会劳动，这是他在经济学上的重要贡献。大卫·李嘉图发展了亚当·斯密的经济学理论，在《政治经济学及赋税原理》一书中，他一方面发展了亚当·斯密的经济学理论，对于价值决定于劳动时间的原理作了比较透彻的论述；另一方面在论证资本主义的分配问题中，发现了工人、资本家和地主之间在经济利益上的对立。亚当·斯密和大卫·李嘉图两位政治经济学家代表了正在形成中的工业资产阶级的利益和要求，比较客观地分析了当时资本主义社会的经济规律。

古典哲学在德国产生，创始人是康德，他主要从认识论、伦理学、美学等方面阐述了自己的思想，主要著作有《纯粹理性批判》、《实践理性批判》、《判断力批判》。他推翻了以往的形而上学，构建起一套先验唯心理论，认为“物自体”是独立于人的意识之外的超验的不可知领域，知识的源泉来源于人的感觉表象，这虽然突出了人的意识能动性，但这是先验的唯心主义。

这种哲学思想到黑格尔时获得发展，他创立了一套庞大的客观唯心主义哲学体系，在《精神现象学》、《逻辑学》、《哲学全书》、《法哲学》、《哲学史讲演录》、《历史哲学》、《美学》等一系列著作中阐述了他完整的客观唯心主义哲学体系。

黑格尔最大的贡献是内容丰富的辩证法理论，他第一个把整个自然的、历史的和精神的世界看做是一个过程，认为它处于不断的运动、变化、改造和发展中，并进一步揭示这种运动和发展的内在联系，他辩证地理解人与自然界的关系，认为人与自然是有机统一的和相互作用的整体，辩证地理解人类历史，认为劳动是人自我创造的手段，人的自我创造构成历史的内容。但是他把人的活动归结为精神活动，把整个世界的运动、变化、发展归结为绝对精神的异化和复归，在这个认识论的基础上，黑格尔构建起一个庞大的客观唯心主义哲学体系。与黑格尔相对立的是费尔巴哈，他提出了一套与黑格尔相对立的唯物主义哲学体系，在《黑格尔哲学批判》、《基督教的本质》、《未来哲学原理》、《宗教的本质》等著作中阐发了其唯物主义世界观。他认为人是思维与存在相统一的基础和主体，思维来源于存在，自然是独立存在的，人是自然界的产物，人能认识自然。他把黑格尔的唯心认识论颠倒过来，认为绝对精神不过是以精神的形式表现出来的上帝，他的唯物思想瓦解着黑格尔的唯心体系。以后，黑格尔的辩证法和费尔巴哈的唯物论被马克思和恩格斯继承和发展。

随着资本主义经济的发展，资产阶级政治学说也在不断完善，出现了与资本主义经济相辅相成的功利主义。

功利主义学说的主要代表人是英国的边沁，主要代表作《道德与立法原理》一书阐述了边沁的主要思想。他反对用抽象原理来评价人们行为的价值，主张把行为价值判断建立在“功利”的事实基础上——用人们行为带来的善恶结果作为衡量依据，提出“最大多数人的最大幸福”的功利原则，他代表了工业资产阶级的要求。约翰·密尔继承和发展了边沁的功利学说，在其《论自由》、《代议制政府》、《功利主义》等著作中论证了个人与社会的关系，认为个人自由是人类幸福和进步的必要部分和条件，社会应以保护个人自由为己任，主张贸易自由，扩大选举权，给妇女选举权和在爱尔兰进行土地革命，这是资产阶级民主思想的发展。

同时，在法国出现了实证主义社会学，创始人是奥古斯特·孔德，他创立实证学派，其主要著作有《实证哲学教程》、《实证政治体系》等。他反对神学和形而上学，提出作为实证科学的社会学，他以秩序和进步作为两个基本概念，把社会学分为社会静力学和社会动力学。

社会静力学把社会视为一个有机整体，研究保证社会和谐和秩序的社会机构——家庭、国家和宗教的结构和功能。

社会动力学则研究社会体系的历史发展，他把社会进步分为以人类精神发展为标志的三个阶段：神学阶段、形而上阶段、实证阶段。他主张建立一个以实证教会作为新的精神和道德权威的“工业社会”，孔德也因此成了西方实证哲学的鼻祖。

19世纪后期，西方理性哲学在黑格尔哲学高峰后，哲学界的发展开始了大突破，西方哲学、社会学和文学又一次进入全新领域，特别是哲学上的超理性、人的哲学兴起，对西方文化的再次革命提供了动力。哲学领域，叔本华开始举起了反理性主义的旗帜。叔本华是唯意志主义哲学家，他认为世界的本原和人的本质是意志，而不是理性。他的唯意志主义学说被尼采进一步发展，尼采用积极进取的人生观取代了叔本华悲观色彩的人生观，他把叔本华的“生存意志”发展为“权力意志”，尼采把“权力意志”作为人及万物的本质和动力，权力意志本质就是生命意志，由于权力意志的弘扬，历史才有生气。尼采认为基督教的道德是一种软弱的道德，是约束和驯服人们权力的奴隶道德，所以他宣称“上帝死了”，人们应“打倒一切偶像”、“重新固定一切价值”，创造新价值；提倡发扬人的权力意志，要人们积极地满怀战斗激情地生存。世界不应由上帝支配，而应由权力意志得到充分发挥的“超人”来统治。其主要代表作有《悲剧的诞生》、《查拉图斯特拉如是说》、《权力意志》、《善恶的彼岸》等。

这一时期，孔德的实证社会学和实证哲学获得发展，英国哲学家赫伯特·斯宾塞发展了孔德的学说，他著述了十卷本的《综合哲学》，包括《第一原理》、《生物学原理》、《心理学原理》、《社会学原理》、《伦理学原理》等。他认为进化的规律是事物的普遍规律，他把进化论应用到社会学，把社会学生物化，提出了社会有机体论，在生物有机体中，分子是为整体而生存，而社会则是为了自己成员的幸福而生存。社会是“超有机体”，他主张自由平等，公平竞争，适者生存。

19世纪，艺术上绘画和音乐不仅人才辈出，而且不断创新发展。与各文化领域交相呼应，古典绘画艺术风格得到发扬，在理想与艺术的结合中，出现了古典画家雅克·路易·大卫，其代表作是《荷拉斯之盟》、《布鲁塔斯》、《网球场誓言》、《马拉之死》等呼唤革命和反映法国大革命的杰作。继大卫之后的杰出的古典主义画家是安格尔，其代表作有《帕格尼尼像》、《托列尔小姑娘》、《泉》等旷世之作。同时已孕育着浪漫主义的思潮，由于古典创作的循规蹈矩引起年轻人的反感，在绘画领域出现新探索，出现了具有浪漫主义色彩的席里柯的《梅杜萨之筏》及有着“浪漫主义的狮子”之称的德拉克洛瓦，其代表作有《但丁的渡船》、《开奥斯岛屠杀》、《自由神引导人民》等充满寓意形象与现实形象的激情作品。

19 世纪中期，与文学相呼应，出现了现实主义潮流，法国主要是“巴比松画派”，代表人物是“巴比松画派”的灵魂柯罗，他的创作原则是“面向自然”、“对景写生”，他的艺术是献给“泥土上的英雄”——农民劳动者，代表作有《拾穗》、《播种者》、《扶锄者》、《晚祷》、《挤奶女》、《牧羊女》等。第一个举起现实主义旗帜的是库尔贝，他着力描绘的是劳动人民的现实生活，代表作有《打石匠》、《奥南的葬礼》等。这时俄国也涌现出杰出的现实主义画家列宾和苏里科夫，列宾的《伏尔加河纤夫》生动展现了伏尔加河上纤夫的贫穷辛劳和悲愤，《不期而至》赞扬了平民知识分子的奋斗精神，历史画《伊凡杀子》、《查波罗什人给土耳其苏丹写信》等蕴涵着俄国的历史画卷。苏里科夫的作品《近卫军临刑的早晨》、《女贵族莫洛佐娃》等反映了俄国人民的牺牲精神和痛苦及坚强不屈的本性。

19 世纪后期随着文化的变革，艺术领域也随哲学、文学一起步入以直觉为主的意象美术时期，标志是出现了印象画派。印象画派革新了传统的绘画技法，打破传统的“固有色”观念，真实地表现大自然丰富微妙的光色变化，抒发瞬间的感受，“光”成了印象画派绘画的主角。印象画派之名是由“伦敦雾的创造者”莫奈的《日出印象》的讥讽嘲笑之名而来，前期的杰出画家有莫奈、德加毕沙罗、西斯莱、雷诺阿等，后期是塞尚、梵·高、高更等。他们发展了印象画技法，不满印象派对自然的客观描绘，强调主观感受的再创，在素描的造型方法和色彩的运用上作了很大革新。塞尚注重物象的结构美、体和面的包含的韵律，把真实物象加以重新排列，创造出一种新的情绪和意境，他的中心在静物画上。梵・高以活跃的线条、突起的色彩表达他的主观感受和强烈情绪。高更追求的是东方风味和原始的美，以线条和浓郁凄艳的色块来勾画出东方的神韵和原始的美。他们为现代绘画艺术的发展做了披荆斩棘的工作，塞尚被称为“现代绘画之父”。

同一时期，雕塑艺术也获得发展，杰出人物是法国的罗丹，他突破传统的学院派艺术，大胆创新出既有现实主义内涵又有浪漫主义诗意的雕塑艺术，他雕塑的人物形象在丰富多彩的生动形象中透露出的是人类的力量和智慧，著名作品有《青铜时代》、《加莱义民》、《巴尔扎克》、《思想者》、《吻》及未完成的《地狱之门》。

音乐是西方19世纪资本主义经济突起的凯歌，这一时期群星灿烂。主要作曲家有法国的柏辽兹、奥地利的舒伯特、德国的门德尔松和舒曼、波兰的肖邦、匈牙利的李斯特、意大利的罗西尼、俄国的格林卡以及最杰出的作曲家贝多芬。贝多芬受法国革命思潮的影响，追求自由、平等、博爱，这些思想都贯穿到他的作品中，他创作了九部交响曲，其中《英雄交响曲》、《命运交响曲》、《合唱交响曲》最为著名，悲壮英勇的精神反映了作者的追求，在结尾的欢乐乐章中表达了作者的精神境界。重要的作品还有《热情奏鸣曲》、《黎明奏鸣曲》、《悲怆奏鸣曲》、《月光奏鸣曲》、《艾格蒙特序曲》及歌剧《菲德里奥》等。贝多芬的作品是人类解放的欢乐赞歌，充满英雄主义色彩，是英雄的颂歌，是人类进取精神的颂歌，超越了时代和国籍。

16~17世纪的科学革命冲破了神学的禁锢，掀起了近代自然科学的第一次高潮，为西方近代技术革命奠定了思想和理论基础，西方近代自然科学获得了飞跃发展。在18世纪至19世纪末先后发生了解放人类的两次技术革命——以蒸汽机为动力，机器生产为代表的第一次技术革命；以电力为动力，科学理论为主体的第二次技术革命。19世纪被称为“科学的世纪”。

近代自然科学的发展自哥白尼的天文学革命开始一直持续前进，在有利的文化环境中，自然科学的各个领域：数学、物理学、化学、天文学、生物学、生理学、医学都冲破神学的禁锢，有了不同程度的扩展和进步。

17 世纪英国成了欧洲科学技术活动的中心。1662 年，世界上第一个学会——英国皇家学会在伦敦成立，学会宣布“以促进自然知识为宗旨”，要“增进自然事物知识和一切有用的技艺”，学会建立了实验室、机械室、天文台，配备了望远镜、四分仪、显微镜、钟表、风力计、潜水钟、船车模型等设备，并派会员到各地进行社会调查。1666 年法国也成立了巴黎科学院，与此同时，欧洲各国在柏林、维也纳、圣彼得堡等地也纷纷设立科学院。这为欧洲近代科学技术和科学理论的进一步发展创造了条件。

近代科学史上最著名的物理学家和数学家牛顿在英国出现，他为经典力学科学体系的完成、几何光学奠定了基础。1666 年，牛顿得出了惯性、加速度、作用力与反作用力三大定律，揭示了机械运动的普遍规律。他还发现了万有引力定律，把宇宙万物运动法则统一起来，建立起经典力学的理论大厦，他的学说在整个科学界居主导地位，直到 20 世纪初爱因斯坦的出现。英国著名的化学家和物理学家波义耳把化学从炼金术中解放出来。18 世纪，德国人华伦海特、法国人勒奥默、瑞典人摄尔修斯先后发明制造了各自的温度计，创立了自己测量温度的温标，就是沿用至今的华氏温标、勒氏温标和摄氏温标。英国的布莱克研究了吸热、放热及热传导，他和他的学生提出的比热和潜热的概念对瓦特发明蒸汽机有启发。法国出现了“近代化学之父”拉瓦锡，他提出了氧化燃烧理论，把元素作为一个科学概念来定义，建立了元素分类体系。17 ~ 18 世纪，近代自然科学在力学、热学、化学、数学方面的理论成果及各种仪器的出现，对第一次技术革命各种机械的研制，特别是动力机械的发明和改进提供了理论依据，为科学理论与技术的协同发展开了先河，也为19世纪自然科学的飞跃奠定了基础。

19世纪，西方的自然科学获得大发展，出现了自然科学三大发现，自然科学理论体系建立。

能量守恒及转化定律是以热力学第一定律的特殊形式确立的，德国人迈尔、赫尔姆霍茨，英国人焦耳等为这个定律的确立作了有意义的研究，在他们成果的基础上，英国科学家威廉·汤姆逊于1853年提出热功能转化过程中的守恒定律，即热力学第一定律，1858年恩格斯认为这条定律可以广义地理解为是物理学中各种力量（即能量）的相互转化关系。19世纪70年代恩格斯更明确地把这条定律改称为“能量守恒与转化定律”，这一定律揭示了自然界中整个运动的统一性。这是19世纪自然科学的第一大发现。

细胞学说是第二大发现，它是在17～18世纪人们观察推测，19世纪解剖学发展基础上发现的，在1838年由德国植物学家施莱登提出。他认为细胞是一切植物结构的基本的活的单位，一切植物都是以细胞为实体发育而成的。1839年，德国解剖学家施旺把这一学说推广到动物界，形成了适用于整个生物界的细胞学说，揭示了生命的统一性。

第三大发现是进化论，这是随着18、19世纪古生物学、比较解剖学、生理学、胚胎学及细胞学发展而产生的新科学。首先由法国的拉马克提出，他在1809年发表的《动物哲学》中肯定了生物的进化和环境对物种变化的影响，提出了用进废退和获得性遗传观。1830年英国的赖尔发表的《地质学原理》又提出了地质演化论。在这个基础上，达尔文经过五年的航海考察，搜集了大量的动植物标本和古生物化石，经过二十多年的研究，于1859年出版了《物种起源》。他用大量事实证明现存的生物物种是长期发展形成的；生物界普遍存在变异，优胜劣汰，逐渐形成新物种，实现进化。与此同时，英国动物学家华莱士也阐述了相似的观点。进化论观点得到确立，这是生物学的一个里程碑，它沉重打击了形而上学的自然观，驳倒了生物发展的目的论，在整个生物学和世界观上实现了革命。

19 世纪后期是无机化学和有机化学理论基础的奠基时期。近代化学是在英国化学家道尔顿提出的原子论的基础上建立的，1869 年俄国化学家门捷列夫提出的元素周期表实现了无机化学从经验到理论的飞跃。1828 年德国化学家维勒用无机物人工合成了有机物——尿素，打破了无机界和有机界不可逾越的鸿沟。从此人们不断合成有机化合物，探索有机结构理论。1857 年德国化学家凯库勒提出“原子数”的概念，奠定了有机结构理论的基础，1865 年他又提出苯的环状结构说，而 1874 年荷兰人范霍夫和法国人勒贝尔分别提出的立体结构概念的建立推动了有机结构理论的发展。

这一时期，微生物学和医学成果显著，法国的巴斯德是微生物学的奠基者，他实证了施旺关于酵母是一些活细胞的发现，还证明了一些牧畜家禽的疾病是由特种微生物造成的，确立了一些预防接种方法并开创了免疫学。英国医生李斯特将巴斯德的成果应用到医学上，在施行手术时使用防腐剂，大大降低了病人的死亡率。

电磁学是 19 世纪后期科学发展的重大成果。1831 年英国科学家法拉第发现了电磁感应现象，之后由此发现中发展出电磁学，为制造发电机和发动机提供了根据；英国科学家麦克斯韦用数学公式总结出全部电磁学理论，即著名的麦克斯韦方程；1888 年德国物理学家赫茨用实验证实了这个方程式的正确性。麦克斯韦的理论揭示了电、磁、光的统一性，实现了人类对自然界的综合认识，标志着经典物理学的成熟。19 世纪后期的成果为 19 世纪末 20 世纪初的物理学革命奠定了基础。揭开这次物理学革命序幕的是微观世界的三大发现，即电子、X 射线和放射性的发现，这三大发现打开了一直认为不可分割的原子的内部世界，冲击着经典物理学的质量守恒、能量守恒等基本定律，为相对论和量子论等现代物理学的产生创造了条件，它预示着整个西方自然科学革命的再次到来。

19 世纪是西方社会的又一次文化革命与变革时期，在浪漫主义的文化思潮激荡中，西方的文化从形式到内容走向自由化，这种资产阶级自由文化的确立为以后西方动感文化的发展提供了广阔的天地。

19世纪是西方文化精神大发展时期，在新的经济和新的人文环境中，各种文化思潮不断涌现，从以斯宾塞、达尔文为代表的进化论到孔多塞、涂尔干的社会学理论，以康德、黑格尔为代表的德国古典主义哲学，以亚当·斯密和大卫·李嘉图为代表的古典经济学，在发展中改变着西方的文化精神，西方人的世界观、社会观、人生观发生了变化，功利主义和自由主义更新着西方人对社会和个人的评判标准，功利主义把个人的行为与社会的整体利益结合，个人与社会的统一标准是“最大多数人的最大幸福”。自由主义则与保守主义在自由与进步、权威与秩序中实现平衡。在这种文化精神的主导下，西方社会在资产阶级革命的成果中不断实现变革，建立起较为理想的议会民主制、责任内阁制、两党政治、文官体系。也即在这种变革中，西方的动感文化不断更新。

哲学家和科学家则在社会思维和自然界为人类的幸福和福利努力探寻良好、理想的社会秩序和道德规范，科学的生存方式和手段。

这种现实的文化追求有力地推动着社会的秩序、人道和生产的飞跃。但是，社会现实往往与人们的理想相悖。两次世界大战对西方社会传统的人道、正义、博爱、自由、平等是莫大的讽刺，知识分子们收获的是幻灭的巨大悲哀和战后巨大的创伤。现代主义文化思潮在工业巨轮的轰鸣声和战争的硝烟中诞生，并且随着工业社会引发的弊病的不断暴露而一发不可收拾，西方文化进入到所谓的现代主义时期。

五、现当代文化

西方现当代是一个科技文明的时代，科技的进步既显示了人的智慧和威力，同时也显示出人的渺小和脆弱。大宇宙与小宇宙的较量处于白热之中，人类征服自然力量的增强与人的精神失落相伴随。我是谁？我在哪里？这一系列的问题困扰着人们，于是在追寻人自我和人的价值中，涌现出了五颜六色的思想：象征主义、表现主义、未来主义、意识流、超现实主义、存在主义、荒诞派、新小说派、垮掉的一代、黑色幽默、魔幻现实主义等思潮登台了，西方进入了一个前所未有的文化大变革时期。但就像中国文化一样，不管怎么变，都没有超出“轴心时代”奠定的传统，表面上是反传统，实质上仍然是追寻传统，追寻人之所以为人的真谛。

西方现当代文化是以非理性的形式或反理性的形式表现清醒的意识，对传统理性采取一种否定的态度，是在没有理性的控制下，在摆脱美学和道德的影响下来表达思想，是要穿透现代文明铅华的外衣接近实际存在的真实，是要在实际的真实中实现人的真正平等。它们注重的是现实中被忽视的渺小的众生，而不是传统的英雄或精英。

这是在大宇宙与小宇宙的较量中人的自我意识的觉醒，是在对宇宙的宏观认识和对自我的微观认识中引起的一种意识的深层变化的反应。这使人的自我的独立意识进一步觉醒和加强，人们走出了期待和依靠英雄和领袖荫庇的时代，他们有能力和力量来实现自我的自由，在这种认识中产生了人的自大感。同时，人越是意识到自我的独立和自我的价值，对外界的任何压抑和障碍就更加敏感，对别人的独立和自由也势必产生威胁感和嫉妒感，这样人在自大感增强时，自卑感也随之而来。在摆脱了英雄和领袖荫庇的同时，人与人之间的相互依存情感也随之丧失，人与人的对峙更加明显，“他人即地狱”的认知蔓延社会。可人是群体动物，现代的人们追寻的仍是人之所以为人的东西，追寻人的本真。人对宏观世界的认识越广博，就越感到宇宙的无穷、时间的无穷、事物发展的无穷以及人自身的卑微，这使人们更加清醒，认识到以前对神、英雄、领袖崇拜是一种欺骗和麻醉，人的信仰由此丧失。

这样，整个西方现当代文化呈现出的是人的自大与卑微、幻想与悲观、希望与失望交织的态势，是人的痛苦、焦虑、孤独、恐惧，这些是符号所无法表达的，这是现实的文明人无法再现的，这样语言的解构、童贞和原始野蛮成了现代文人锁定的目标，无论是艾略特的

《荒原》、卡夫卡的“孤独三部曲”：《美国》、《审判》、《城堡》，格里高尔·撒姆沙的《变形记》，乔伊斯的《尤利西斯》，萨特的《恶心》、《墙》，加缪的《局外人》，尤金·尤内斯库的《秃头歌女》，贝克特的《等待戈多》，海勒的《第二十二条军规》，还是柏格森的生命哲学，尼采的“权力意志论”，弗洛伊德的精神分析学说，萨特的存在主义等，都是与西方科技的突飞猛进相并行的文化革命，在批判旧传统和与旧传统决裂的表象中追寻着文化的本真，追寻着人和社会的真谛，在反叛中寻找自我。

现代主义文学打破了西方传统的“真、善、美”统一起来的传统美学观念，从象征主义的先驱波德莱尔的《恶之花》问世就开始了离经叛道的“恶”与“美”的统一，这是美学观念的改变，是西方文学进入现代主义的路标。之后法国的象征派诗人马拉美、兰波、魏尔伦登场，他们的美学思想是将真实与梦幻联系起来，他们认为人们看到的事物的外部形象和特征不是事物的真实存在，事物的真实存在是一种流动、变化、难以琢磨、难以认识、难以捕捉的东西，诗人的创造不可能再现这种存在，而只能通过调动音乐、绘画，甚至宗教信仰来追寻。在表达上要用多义性和富有内涵的纯粹的语言来构成一个与事物的存在相对应的艺术世界，用这种艺术世界的空濛感与神秘感来象征和暗示事物的真实存在。他们要“见不可见之物，知不可知之事”，这是西方现代文学新世纪的宣言。这些新派作家们正在摆脱实际的、表面的、呆滞的存在，而走向以人的意识为媒介的空灵、抽象和流动的精神世界，他们笔下的事物不再是自然界里的物质存在，而是浮荡在人的意识流和梦幻中的活的机体，他们用非理性和反理性的形式表达清醒的意识，《超现实主义宣言》概述了现代主义否定理性的特点：必须和疯子一起出发，哥伦布才能发现美洲新大陆，请看这种疯狂是多么令人着迷和不朽。超现实主义是布鲁东描述的：超现实主义，名词，纯粹的无意识活动，通过这种活动，人们企图或者口头，或者书面，或者用其他一切方式表述思想的实际功能。在完全没有理性的控制下，在摆脱一切美学的和道德的影响下，记述思想。他们认为只有在不受任何理性控制和美学及道德束缚的情况下所认识的现实是更接近实际存在的现实。他们的焦点不再是英雄，而是一些不起眼的社会分子，甚至是没名没姓的人，人物被淡化，但所表现出来的却是人的痛苦、焦虑、孤独，并在追寻人的未来中回到婴儿时代或者原始野蛮中去寻找人的本质，他们在语言中产生思想，在语言中创造作家。但不管怎么反传统、怎么古怪，他们都在追寻人和事物的本真，他们都在等待未知之事，未知之人，在寻求生活的答案。无论是《等待戈多》中的人生等待，还是《尤利西斯》中对精神家园的追寻，都把现代社会科技文明之下人们的精神面貌生动地展现出来。

这种直觉文化、通感理论不仅在西方文学园地中盛行，更在艺术领域大显身手，各种类型的画派迭起，野兽派、立体派、未来派、超现实派、表现派等。这些画派都由具体走向抽象，比较彻底地抛弃传统绘画的用线条和光色来描摹具体对象的方式，而代之以一种没有具体形态的点、渍和渲染来表达的一种意象艺术，所表达的是画就是画自己本身，不是别的他物，它是思维世界与物质世界的空濛统一，是一种主观臆断的，诱导人们无止境遐想的美术世界。同时绘画还追求与新科学的统一和谐，立体画派就是把光学上的分析法和透视法统一起来，展现的不是事物的平面，而是事物的整体，要实现宇宙、时空从宏观到微观的统一。画面所反映的情景与文学相呼应，反映的是现代人的悲剧处境，把宇宙的浩瀚无穷与微小的人作鲜明对比，显示人的渺小和无能，显示现代科技和物质文明中被物奴役的人们的奴隶和囚徒形象，生活在科技幻影中人的无能现状。

现当代是西方文化突飞猛进的变革时期，无论是人文学科还是自然科学都处于一个大变革时代，科技文明带来的结果是人们物质财富的巨大丰富，自然资源的被充分利用，似乎人们已经真正改造了大自然、驾驭了大自然。但正如梁启超先生论述的①：

> 当时讴歌科学万能的人，满望着科学成功黄金世界便指日可出现。如今功总算成了，一百年物质的进步，比以前三千年所得还强几倍。我们人类不唯没有得到幸福，倒反而带来许多灾难，好像沙漠中迷路的旅人，远远望见个大黑影，拼命往前赶，以为可靠他向导。哪知赶上几程，影子却不见了，因此无限凄惶失望。影子是谁，就是这位“科学”先生。欧洲人做了一场科学万能的大梦，到如今却叫起科学破产来，这便是最近思潮变迁的一大关键了。

这种写照一直持续着，这是现当代西方文化态势的真实描述。现代主义也好，后现代主义也罢，它们都有一个共同的特点，即表现西方现代精神的危机和自然环境变化带来的各种危害，人完全被物包围着，在物质厚重的外壳之下人的异化和人与人之间关系的变化，萨特“他人即地狱”的论述成了现代人际关系的写照。

随着科学的发展，人与人社会关系的变化，人们对自身认识的深化，西方哲学思想在发展更新。弗洛伊德学说的产生使西方对人的本质的认识发生了大转折，过去认为只有按理性、道德而行事才是文明，人的本能只是未被驯化和教养过的兽性。弗洛伊德从人的意识结构出发研究人的本质，把哲学范畴引入到人的意识结构的深层次中来论证人的理智和人的本能问题。弗洛伊德认为人的意识结构分为三层：本我、自我和超我。底层的是本我，总是处于无意识领域，它包藏着人的性欲的内驱力，成为一切精神活动的能量来源，本我遵循的是享乐原则，迫使人设法满足他追求快感的种种要求，而往往这些要求是违

---

① 梁启超：《欧游心影录》，载《饮冰室合集》之二十三，第51页，大连图书供应社，1935年版。

背道德习俗的，于是本我要求和现实环境之间，和自我起着调节作用。自我是幼儿时代父母训练与外界培养形成的人格，所遵循的原则是现实的，它既防止过度压抑本我又避免与社会公德公开冲突。意识结构的最高层次是超我，是“道德化了的自我”，它是代表社会利益的心理机制，总是遵循道德的原则，把社会习俗所不容的本我冲动压抑在无意识的领域。弗洛伊德认为本我才是人的本质和真正体现，而超我的存在则是使人性受到压抑的最根本的原因。弗洛伊德学说为人学的研究打开了新领域，推动着西方哲学的新发展。

在人的哲学领域，影响较大的还有以萨特和加缪为首的存在主义哲学，他们专门研究和阐释人的存在。萨特的代表作主要有《存在与虚无》、《存在主义是一种人道主义》，加缪的代表作是《局外人》。他们的第一个哲学命题是：人生是荒诞的；第二个哲学命题是：人的存在先于人的本质；第三个哲学命题是：人的自由选择和人的自我超越。萨特和加缪的哲学思想都是对资本主义现存社会的否定和反抗，但各自所包含的态度不同，加缪采用的是“局外人”的超然麻木态度，萨特却是积极向上的人生观。这实际上是西方人价值观的一种复兴，存在主义荒诞的理论只不过是对资本主义现实的一种谴责和抗议。自由选择和自我超越的观念是一种积极的人生观，存在主义者希望在否定资产阶级道德和现实的基础上，重建一种新型的道德，确立一种新的人生价值观。这是第二次世界大战后，西方民族战胜法西斯的精神体现，是西方在二战后的废墟上重建人类精神家园的心声，是西方自强不息的民族精神的再现。

20 世纪西方自然科学进入突飞猛进的飞跃期，这次科学技术的发展是在完整的科学理论指导下运行的。伦琴 X 光射线的发现不仅给医学带来了光明，而且在整个物理学领域引起了新的探索和新发现。现代原子理论于 1897 年建立，随后相关的原子论成了人们关注的焦点。汤姆生发现电子第一次打开了原子结构这个微观世界的大门，居里夫人“镭”的发现催生出了放射学，开拓出了新的科学领域，推动着 20

世纪科学的新发现、新探索。在原子论的研究确立期，于1925年又引发出量子力学。原子、光学的相互交叉研究，在时空观念上引起变化，相对论产生，产生了划时代的伟大科学家爱因斯坦，他的理论为现代科学的发展确立了坐标。这使得西方自然科学到20世纪40年代发生了飞跃，进入第三次科学技术革命时期。这次科学技术革命是人类划时代的突破，人们的认识由宏观世界进入微观世界，对天体、对生命有了新的认识，在信息科学上取得惊人的成就。

这次科学技术革命主要在新能源、新材料、电子工程、宇航工程、生物工程等前沿学科领域展开。原子能的利用揭开了第三次科学技术革命的序幕，原子物理、核物理的发展为揭开原子能的奥秘、发展原子能技术创造了必要条件。1942年12月美国芝加哥大学建成了世界上第一个原子反应堆，从此人类进入了原子能时代；1945年7月，美国制造了第一颗原子弹；1952年，美国进行了第一次氢弹试验。1953年前苏联爆炸了第一颗氢弹。1955年美国建造了第一座原子能商用发电站。原子能的使用是人类在能源动力方面的大突破，以后在核潜艇、航空母舰、人造卫星上都使用了原子能，它推动着人类高深尖端科学技术的发展。

20世纪前期的分子、原子和电子学的发展为电子计算机的产生创造了条件，电子计算机的发明和运用是人工智能的大突破，它使生产自动化，部分代替了人类的脑力劳动。1945年5月，美国研制了世界上第一台“外插型”的军用电子计算机；1949年5月，世界上第一台存贮程序计算机在英国剑桥大学首先投入运行；1950年美国也制造出同类计算机；1952年，美国国际商用机器公司生产出了用于科研计算的大型计算机系统。从此电子计算机走上了工业生产阶段，以后电子计算机在不断更新中突飞猛进地发展，越来越广泛地运用在生产各领域，随之而来的是生产自动化的飞跃，各种类型的机器人不断被制造出来，在不同领域代替人的劳动。

空间技术发展迅速，运载火箭、制导系统获得发展，1957年8月，前苏联的超远程多级洲际弹道导弹试射成功；10 月发射了第一颗人造地球卫星，开创了人类向空间进军的新时期；1961 年，前苏联发射“东方号”载人宇宙飞船的运载火箭。60 年代后期，美国研制了当时世界上最大的运载火箭“土星”五号。1971 年 4 月中国成功地发射了第一颗人造地球卫星。

在空间应用技术上，美国于 1958 年 12 月发射了第一颗通信卫星“斯科斯”号，1963 年—1964 年美国先后发射了三颗试验性同步卫星，从此通信卫星从试验转入实用阶段。1971 年 1 月，美国发射了第一颗国际通信卫星，前苏联于 1974 年 7 月发射了第一颗同步卫星，中国于 1984 年发射了第一颗地球同步静止轨道卫星，1986 年又成功发射了实用通信广播卫星。空间技术逐渐由军事转入民用，广泛应用于地球资源勘测、地图绘制、生物观察和生态、监测森林火灾、空气和水的污染等，有了科学卫星、侦察卫星、气象卫星、地球资源卫星、通信卫星等。空间技术的发展使地球人的步伐迈向了浩瀚的太空，卫星对宇宙空间的探索，太空实验室的建立，扩展了地球人的视野，人类的活动进入了浩瀚的宇宙空间。

在新科学理论的指导、在新技术的运用中，人类的才智得到充分发挥，适应人类各种需求的新型材料不断产生，合成塑料、合成橡胶、合成纤维三大高分子合成材料生产出来了，并得到广泛应用，这些新型材料取代了钢材、木材、棉花等天然材料。

在新科技的刺激下，一大批适应不同需求的新型材料非晶体、功能性高分子、单晶体、超导体、新型陶器、光导纤维和复合材料等相继问世。与此同时产生了生命科学，包括了基因工程、细胞工程、酶工程和发酵工程等生物工程技术。

20 世纪 50 年代，由于化学、物理学渗透到生物学中，引起了生物学的深刻变革，分子生物学诞生，分子生物学的诞生标志着人类开始了生命本质的探索。1952 年美国科学界找到遗传物质核酸，并证明了 DNA 才是自我复制遗传信息的真正载体，使遗传学的研究从细胞水平进入到分子水平。1961年美籍德国科学家尼伦贝克等人发现苯丙氨酸的密码是RNA的尿嘧啶（U），首次破译了遗传密码，到1963年，20种氨基酸的遗传密码全部被破译出来，1969年，64种遗传密码的含义也全部被测出，仿效电波传输信息的生物遗传密码词典也随之问世。遗传密码的发现证明世界所有生命现象本质的东西都是高度统一的。氨基酸组成和排列又是由核酸中的4种碱基的排列不同引起的，这一发现再次突破了生物与非生物的绝对界线，证明各种蛋白质可以在试管中合成，所有生物蛋白质都可以由无机物合成，这彻底打破了有神论的上帝或者神创世的神学理论。

以后随着生物分子学的发展，人们可以直接有效地干预生命的遗传基础，改造生命的遗传特征，遗传工程学取得了辉煌成就，特别是克隆技术的出现和发展，使创造新的生命类型成为可能，遗传工程技术被应用到工业、农业、医学上，如抗菌素、动物激素和胰岛素的生产，用于遗传病的基因治疗等。生物工程技术的发展预示着人类征服自然能力的增强。

第二章　中西文化精神发展的文化背景

一个民族文化的产生与发展，文化精神的形成与其所处的地理环境及相应的人文环境密不可分。中西文化精神是在极其不相同的地理环境和人文环境中形成的，也就是中西文化精神发展的时空背景及其在此基础上形成的文化背景不同。黑格尔在《历史哲学》中论述了自然环境对文化精神的影响："促成民族精神的产生的那种自然的联系，就是地理的基础。""我们首先要申明的，就是在世界历史上，'精神的观念'在它的现实性里出现，是一连串外部的形态，每一个形态自称为一个实际生存的民族。但是这种生存的方面，在自然存在的方式里，属于'时间'的范围，也属于'空间'的范围。"① 即一个民族的文化精神与自然环境有密不可分的关系，对此马克思也作了论述，认为："任何人类历史的第一个前提无疑是生命的个人的存在。因此第一个需要确定的具体事实就是这些个人的肉体组织，以及受肉体组织制约的他们与自然界的关系。"② 爱默生在其《自然沉思录》中论证了文化的创造者"人"与自然的关系，"人，这自然的施主，他的聪明才智使自然中的各种成分再生或组合，由此而获得了有用的生存技艺"③。这样，

① 黑格尔：《历史哲学》，第 85 页，上海书店出版社，1999 年版。

② 《马克思恩格斯全集》第三卷，第 23 页，人民出版社，1976 年版。

③ 爱默生：《自然沉思录》，第 9 页，上海社会科学院出版社，1993 年版。

要理解中西文化精神，就得首先了解中西文化精神产生的时空背景以及在此基础上形成的文化背景。

第一节　中国文化精神发展的文化背景

中华民族的文化精神独具特色，是一种在儒教文化主导下的民族精神，是中华民族的象征，也是中国人之为中国人的内涵所在，它是在中华大地上经过几千年的历史发展积淀而成的，是大河流域农业文明的结晶，是在特殊的时空背景及文化背景中孕育出来的。

一、农业文明——集权专制的土壤

中华民族文化的发祥地是长江、黄河流域，以后中华文明就以河流为中心向周围辐射。大河流域农业的发展使中国发展为世界上著名的农耕文明区，在农耕文明中造就出一种崇尚农业的民族文化。

有史以来整个中华民族上到中央王朝，下到黎民百姓，都倡导“以农为纲”，实行的是“重农抑商”政策，文献典籍、民间诗歌都赞扬农事精神。帝王是农业文明的文化超人，帝王是务农的好手，中华民族的始祖炎帝是农业文明的发明者，嫘祖种桑养蚕，教民织布。《史记·周本纪》颂扬周人的始祖弃在儿时“其游戏，好种桑麻、菽，麻、菽美。及成人，遂好耕农，相地之宜，宜谷者稼穑焉，民皆法则之”。《帝王世纪·击壤之歌》描绘民众的生活是：“日出而作，日入而息，凿井而饮，耕田而食。”中华民族传统的理想生活模式是男耕女织。在这种文化追求中，中华民族培植出了黍、粱、稻、豆、麻、桑等农作物，为世界文明作出了无可非议的贡献。

然而，西北的大漠、西南的高山、南部的崇山峻岭、东部浩瀚的太平洋把幅员辽阔的中华文明孤立起来，尽管历史上曾有过“丝绸之路”沟通东西，郑和的七下西洋，但都未对中华民族文化产生震撼性的影响，“丝绸之路”仅是涓涓溪流的浅层物质文化交流，郑和下西洋只是宣扬国威，输出中华文化的物质文化和精神文化精品。这样的环境造就了牢固的文化本位主义思想，是“四夷宾服，万方来朝”的文化中心主义，儒教文化圈的核心中华帝国在近代的外来文化挑战下由于传统的痼疾失去了迎战的良机。在农业文明中也造就了保守、封闭、僵死、教条的人文环境。

农业与水利有着天然的联系，在农业文明中孕育的是治水文化，中国的地理位置决定了中国的文明是农业文明，中国的文化是治水文化。中国的文化源于水，从大禹疏导治水时就已蕴涵着中国“天人合一”、“天人和德”的人与自然、人与人和谐相处的文化精神，而治水需要集体的力量，有效管理水利和分配水资源也需要权力的统一与集中，这就是中国集权专制政治体制的经济基础。

农业文明造就的是集权专制，以武力震慑四方，以人治统治天下。在中华文明初始之时，中华民族文化的创立者黄帝就是以武力实现集权以治理天下的。《史记·五帝本纪》记载：“轩辕氏乃习用干戈，以征不享，诸侯咸来宾从。”大禹“致九州物”以贡舜说明当时已有了统一的税收和朝贡关系。这样早在中华民族文明产生之初，集权专制政治就是中国的文化特色，这种政治文化模式是由中国的自然环境及相应的治水文化、小农经济模式决定的。

这种政治模式的成因，在白寿彝先生主编的《中国通史》里已作了具体的论述，它首先指出了中国最先执行社会职能的夏、商、周三朝在国家社会中最突出的职能就是治水、防水和兴修水利，并且应用马克思对东方印度及西亚古代社会中国家在治水和水利管理与分配中的重要职能加以论证，指出中国在“奴隶制的繁荣时期，各诸侯国都很注意治水并在他们各自的统治区兴修了不少的水利工程。但是没有强有力的统一政权，不能调整共同用水，甚至出现了‘以邻为壑’、‘东周欲为稻，西周不下水’的现象”。

这种情况到秦统一中国后才得到改观，“自从秦始皇建立了专制主义的封建国家，兴办水利工程真正成了历代封建朝廷的一项重要社会职能。许多封建皇帝，修建了很多水利工程。秦朝开凿的灵渠，沟通了漓江和湘江，成为长江与珠江流域之间的通道。两汉时期，在修建漕渠和治理黄河水害上均收到了显著的成效。唐代由政府主持兴修的水利工程不下二百六七十处。北宋中期以后兴修的水利工程上万处。明太祖时，开塘堰近五万处，治河四千余处，修复陂渠堤岸五千余处。清朝在治黄、治淮、修复运河等方面也不逊色。那时所修海塘工程，都超过了唐宋时代"①。

以上论述具体地阐述了集权及专制在中国水利史上的重要作用，这种重要作用是随着王权的加强、国家的进一步统一而实现和完善的。从秦朝到清朝，统一的中华民族国家不断得到发展，专制王权不断得到加强，水利的兴修、河流的治理也随之不断发展和完善，为中国的农业文明提供了政治保障。所以，集权专制的政治文化是由地理条件决定的，而非人们的自由选择。

二、居于血缘与地缘二重组合的社会结构

中国国家的形成与西方的古希腊罗马不同，古希腊罗马的城邦国家是在氏族社会完全解体的基础上，经过不断的变革才建立起的城邦式的奴隶主民主国家或贵族共和国。中国则是在氏族的基础上，在奴隶制不发达的基础上经过一系列部落战争，在兼并中实现统一，由家长制的氏族组织直接走向国家，氏族首领、族长直接转化为国家官吏，华夏民族建立的是以血缘为基础的宗族奴隶制，血缘宗族关系成了社会的基本关系。这种血缘的社会结构在整体上可从现在的中华民族是炎黄子孙的民族标志上可以透视出，因为在中国的原始部落传说中有三个大的主要部落，一个是居于东部的炎帝部落，一个是居于西北的黄帝部落，一个是居于南方的蚩尤部落，通过涿鹿之战，炎黄战胜蚩

---

① 白寿彝主编：《中国通史·导论》（第一卷），第224～226页，上海人民出版社，1989年版。

尤，在中国历史上出现了父系氏族的血缘部落联盟组成的国家雏形，其后经历了尧舜的部落首领制。这是父权氏族制，部落首领由公认的氏族贤人担任，由各氏族的元老们组成的“八恺”、“八元”、“四岳”辅政，这是一种原始社会末期的父权军事民主制。

以后夏后氏建立的夏朝虽然用世袭制代替了原始的贤人政治，但其社会结构没有发生巨大变化。此后，中华民族就是在这三大部落的基础上融合而成，也即在这种兼并统一中形成统一王国，其社会基层的血缘关系没遭到破坏和深入的变革。直到周朝时期，周天子分封诸侯仍是按照血缘家族分封，这种状况一直持续发展下来，成了中国的主要社会结构。中央政府的集权与对地方的统一管理又形成了一套自上而下的政治机制——秦朝以前的分封制和秦朝以来的郡县制。这样中国形成了血缘与地缘的二重结合的社会结构。即中央政府派官到地方行使中央对地方的统治权，在行政、军事、司法、经济等方面加强对全国的控制和管理；但在地方上，民众是聚族而居，地方的基本单位主要以家族为主，即在中央、地方政权之下有一个隐形的，但有着重要影响的社会机制——家族集团。这是一种封闭型的社会组织机构，它既是个体的保护者，又是个体的制约者，它自觉地把个体纳入整体中，使个体的自我精神自觉地消失。这是中国人文异化的社会基础，同时也是中国人治与礼治文化精神的温床，是中国故步自封、安平乐道、不敢为天下先、无拓展冒险精神的根基。

三、公私模糊的大一统中的小农经济

启继承大禹王位建立家天下后，中国原始社会时期的公产制就变成了一统的家产制，土地的变革经历了与西方不同的走向。西方是原始社会末期的公社个人土地私有制得到发展，并以政治和立法的形式被固定下来。中国的土地制从血缘的家族制经过夏商的发展到西周的分封制有了一个模糊的定式——公私模糊的大一统中的小农经济，这是一种家族使用权的土地制，因为“溥天之下，莫非王土，率土之滨，

莫非王臣”的大一统局面，使得土地的最高所有权集于以王权为代表的大贵族私家手中，虽然名誉上保有小农经济，但这种小农经济是完全依附于王权的，因为农民土地的获得和保障取决于王朝政权对土地的分配。以后在中国历史上虽然出现过多次私有土地的迹象即土地兼并与豪强势力的发展，但由于中国传统是中央王朝拥有土地所有权及对土地管理上的均平分配原则，使民众把土地的规模和占有视为王权之下的均平使用。所以，在中国历史上，一旦土地兼并到民众无以为生之时，民众为了生存就揭竿而起，为了土地去斗争。在人民起义的废墟上建立的集权专制王朝不得不代表民众的利益对土地进行再分配，在休养生息中实现国泰民安的太平盛世局面，这从北魏以来实行的“均田制”的延续中明显地反映出来。

这种土地制度的所有权是混乱的，名义上是国王代表国家所有，在实际的社会实践运作中却含混不清，一方面由国家来分管土地，以保障小农经济，土地的所有权属于国家；另一方面国家分派的土地也好，贵族受封的土地也好，都会被兼并，民间也有土地买卖现象存在，这样王权土地所有制的所有权被侵犯。虽然有皇粮要上缴，但民间隐瞒土地的现象普遍存在，特别是豪强地主，一直在与王室争夺土地，这种混乱的经济结构，使得中国社会长期处于小农经济的循环运行中不能自拔。

这种经济结构中形成的是中华民族文化中的均平主义思想，这样的经济、这样的思想造就的社会氛围，对财富的集中和经济的突破与创新起到了遏制作用，中国的工商业经济在这种环境中的发展是畸形的，体现在国家实行的是“重农抑商”的政策上，商业中的趋向是以商养农。这使中国工商业经济不发达，尽管有着丰富的自然资源和传统的工商业优势，但中国始终未产生完整的独立城市经济和资本主义生产方式。没有自由的经济和自由的空间，个体独立和自由民主也就不是中国文化的传统精神。这是一种保守的小农经济，是官僚家长制的权威主义的温床。在这种经济结构上建构的社会模式无论是传统逻辑的还是政治的都是一统的格局，因为小农经济的家长制中形成的是家族本位的伦理精神，而家族本位的伦理精神使宗法关系渗透到社会生活的各个方面，形成了独具特色的家国一体的中华文明传统。

在这种血缘文化中，家成了国的原形和母体，国是家的扩展与延伸，君就是父，家国一体，家国同构。家成了中华民族的价值取向，成了社会理想模式，“四海为家”、“天下一家”是中华民族的社会理想，中华民族的伦理与政治密切结合，君为国父，君臣关系自然纳入儒家基于血缘亲情所规定的人伦关系之中，忠孝一体，出自自然的血统、出自人文的正统，在相互结合中组合为一个天人内外合一的道统社会，这是中华民族文化中独具特色的大一统社会意识形态产生的根源。

四、崇尚权威的文化心理

水利建设的统一管理、统一调派，个人才智的参与，使中国文化在其文明之源头就是以圣贤为其政治导向的。圣贤政治逐渐演化为圣王政治，在圣贤思想与圣王政治的文化环境中，中华民族的个体意识被淹没了，圣贤成了全体民众思想的代表者、成了民众的代言人，经过上千年的发展形成定式，中国民族文化中的自由民主意识丧失，形成了一种崇尚权威的心理。

在长达数千年的时段中，圣王思想不但未在中华民族中消失，反而发展为一种崇尚权威的定式文化心理，由精英政治转变为适合家天下需求的圣王政治，幕僚们追随的是帝王的思想意向，这样产生出的是依附性的一言堂集权专制政治的应声虫文化形态和民族心理。寻着这一脉络，中国的贤人政治兴起于上古的禅让制时代，经过夏、商、周的发展，形成了一套为专制集权服务的儒家“道统”、“正统”理论，这是窒息中国文化中自由、民主精神产生、发展和弘扬的最大因素。在权威政治下，政治力量十分强大，它引导着经济和文化的价值取向，在中华大地上诱导着民众的思维，在上千年的积淀中形成了一种不健康的崇尚权威的民族心理。

五、绵延传承的线性文化

中西文化精神产生的时空背景最终集中到文化的传承上，中国文化是一种世界上罕见的传承文化，从传说中的炎黄、尧、舜、禹一直绵延到当代。其中虽然有不同文化的民族入主中原，但都未像西方或者其他民族那样，本民族的文化被外来的民族所毁灭或者同化或者完全重新整合。恰恰相反，进入中原地区的各民族大多反而被中原文化融合同化，远古的西戎、北狄、东夷、南越等周边少数民族以及后来的鲜卑、羯、氐、羌等胡人都融合到中原民族中或接受中原文化。而北魏鲜卑族的孝文帝为了完整地接受汉文化，从经济、政治、社会生活方面进行完全华夏化的改革。后来的辽、夏、金的建立者契丹、党项、女真等少数民族也被融合或同化。入主中原的蒙古族、满族也接受了汉民族文化，利用中原传统的政治、经济、文化模式统治中国，元朝是“国家当行汉法无疑也”，清朝入关后“习汉书入汉俗，渐忘我满洲旧制”。

这样，中华民族文化从传说中的炎黄、尧、舜、禹开始就不间断地传承发展下来，尽管有各民族文化的融入，但未发生转折性的变化，包括印度传入的佛教也逐渐中国化。这虽然保存了中华民族文化的传统，使中华民族文化成了世界文化中的重量级文化，构建起一个儒教文化圈，但也产生了负面效应。在近代文化交流和变革时期，中华民族保守地以文化本位主义为指导，拒绝西方的科学技术，把其视为“奇技淫巧”，抱着“天不变，道亦不变，祖宗之法不可变”的顽固思想，使中华民族文化失去了交流发展的良机，就在这种绵延文化的保守僵死中，中国也由世界文明之邦在近代变成了一个落后挨打的半殖民地半封建的国家。

中华民族绵延传承的文化与西方多次整合性的文化有着很大区别，这使得中西方文化精神出现了很大差异：西方文化的创新精神，中国文化的安乐知足、不思进取的精神。就因为传承文化的空间中少个“变”与多个“变”的态势，使得中西文明的发展乾坤颠倒。

中华民族成功地应付了各种内部和外部的挑战，把中华民族的文化数千年地在一个不变的宇宙观、不变的经济结构、不变的政治制度、不变的伦理信条中毫无间断地延续下来，这也这是中华民族文化的独特之处。

第二节　西方文化精神发展的文化背景

一、古代文明的交汇地

西方文化源于欧、亚、非三洲的内陆湖——地中海的东北部，这里是亚非古文明的辐射带，是欧、亚、非三洲文明的交汇点。西方文化就源于这个交汇点交接处的爱琴海区域的岛屿或半岛上，其最早的克里特·迈锡尼文明就是产生在克里特岛和希腊半岛。这些地区面向浩瀚无垠的大海，这里没有富饶的土地，只有优良的港湾、适于种植经济作物葡萄、橄榄树的贫瘠坡地以及陶土、大理石。同时，地中海北温带温暖的气候、平静的海面、便利的海上交通给古希腊人带来的是大自然的温柔，它昭示着人们拥入它的胸怀去开拓发展。在这样一种自然环境中生长起来的文化是一种开放型、吸收型、发展型的文化，有一种自由狂放的文化气息。其周边发达的古埃及、两河流域文化深深地吸引着这个开放民族的目光，吸收与发展成了该地区文化的态势。

可以说，西方的科学技术源于古希腊，而古希腊的文化又得益于古埃及、西亚的地中海文明。从人文地理学上看，古希腊门户正对着东方的诸多文明，古代世界的各种知识也都历史地在某一阶段汇聚到了希腊。而古希腊人则在知识的海洋中有选择地吸收了适合自己的东方文化，就在这种开放与吸收的环境中，发展出了一种动感的文化肌体。因为“人类历史证明，一个社会集团，其文化的进步往往取决于它是否有机会吸取邻近社会集团的经验。一个社会集团所获得的种种发现可以传给其他社会集团；彼此之间的交流愈多样化，相互学习的机会也就越多"①。以后随着希腊人的经商、航海殖民，与东方地区交往的频繁，古希腊文化获得了更多的发展空间和机会。就是在这种开放的地理环境中，在吸收与发展并行的文化模式中产生了西方民族文化的自由、民主、躁动不安、冒险创新、战天斗地的天人相分的文化精神。

二、动态文明

西方的地理环境促使和便利了人们的迁徙，海上生活的流动性瓦解着原始的血缘氏族，推动着西方社会由血缘社会向地域社会转变。正如汤因比所论述的②：

> 跨海迁移的显著特点是原始社会制度的萎缩，这种制度大概是一种没有分化的社会生活的最高表现。""海上迁移有一个共同的简单情况：移民的社会工具一定也要打包上船，然后才能离开家乡，到了航程终了的时候再打开行囊。所有各种工具——人与财产，技术、制度与观念——都不能违背这条规律。凡是不能经受这段航程的事物都必须留在家里，而许多东西——不仅是物质的——只要携带出走，就说不定必须拆散，而以后也许再也不能复原了。在航程终了打开包裹的时候，有许多东西会变成'饱经沧桑'的另一种丰富新奇的玩意了。"

---

① 斯塔夫里阿诺斯：《全球通史》，第 57 页，上海社会科学院出版社，1992 年版。

② 阿·汤因比：《历史研究》（索麦维尔节本，上册），上海人民出版社，1959 年版。

西方社会就是在这种开放型的便利的海上交通中不断分化和迁移，在拓展中变迁，在变迁流动中发展，从而形成一种动态社会生活，在动态中创造着文明。

这种动态文明是以力量、知识、技术为导向的文明，这种动态文明使得爱琴海周边零星的早期文明随着希腊人的不断流动而广泛地播撒到克里米亚、小亚细亚、巴勒斯坦、埃及等地的沿海地区，并且深入到意大利和西班牙的内地、法国的马赛港，这都是希腊人迁移殖民的结果，也是为何小小的希腊诸邦创造的文明会成为西方文明的摇篮的原因之所在。以后受希腊文化影响的拉丁民族又以罗马城为中心，不断向外扩展，最后发展为地跨欧、亚、非三洲，以地中海为内陆湖的大帝国。罗马人用武力征服了希腊，希腊人则用文化征服了罗马，罗马帝国直接承接了古希腊文化，并在地跨欧、亚、非三洲，以地中海为内陆湖的地域内广泛传播。罗马称霸地中海后，西方海外贸易在更大的范围内扩展，由于帝国内区域经济的发展，加强了帝国内以及帝国与周边国家的交往。阿非利加省以盛产粮食为主，高卢、西班牙盛产葡萄酒、橄榄油，莱茵河地区是金属、纺织、陶器、玻璃的生产基地，而罗马是最大的消费城市。意大利商人的足迹不仅遍及提洛岛、巴尔干、小亚细亚和高卢，而且直通海外，商船通往地中海、北海、波罗的海、黑海、红海、印度洋。在整个罗马帝国内有通往阿拉伯、伊朗、中亚的交通大道，后世留下了“条条大路通罗马”的谚语，就是罗马帝国交通发达，西方古典时代文明交往的写照。

就是在这种交通往来中促成了兴旺发达的古典文化，使源于克里特·迈锡尼的古希腊文化最终发展为欧洲具有理性传统、人文精神、民主与科学、法制精神的文化。所以恩格斯说：“没有希腊文化和罗马帝国奠定的基础，也就没有现代的欧洲。”①

① 《马克思恩格斯选集》（第三卷），人民出版社，1976 年版。

三、海洋文化

西方文明之源与东方不同，它不是源于大河流域的平原地区，它源于海洋中的岛屿和半岛。无论是克里特文明还是迈锡尼文明，他们的生活依托是海洋，宽广的波涛汹涌的大海赋予居民的是冒险拓展的征服精神；与周边文明地区的往来不仅开阔了人们的视野，同时也熏陶了吸收外来文明的品质，使西方文化发展成一种开放型的文化。古希腊的许多哲学家、诗人、政治家、文学家都到过埃及、西亚，例如古希腊最早的哲学家泰勒斯、毕达哥拉斯都曾去过埃及，并对金字塔和埃及的风土人情作过记录；西方"史学之父"希罗多德对巴比伦帝国的政治与文化甚为了解，以至他能在自己的著作中列举出巴比伦各省每年向中央王朝交纳的税收总额①。这使得西方文明在起源时就是一种吸收了亚非文明而发展起来的综合文明体。

这种海洋文化是一种在外来文化影响下在吸收中发展起来的多元文化，它是在整合重建中的多种要素构成的复合文化，在这种整合中建构的古典文明把西方的古代海洋文明推向了高峰，发展出自己独具特色的开放型、吸收型、发展型的新型海洋文化，这是一种动感文化。到亚历山大时期，在不断吸收中发展起来的希腊文化不仅发展完善为独具特色的西方文化，而且由内部发展期转为外向发展期，希腊文化随着亚历山大军队的远征播撒到亚非地区，成了世界文明史上的又一文化圈。而罗马帝国则直接承接了古希腊的海洋文化，并加以发扬光大，把国家主义、爱国热情、对帝国的法制管理等开放型的思想贯穿到西方古典文化中，使之传承为西方文化的传统。

这样，西方在海洋文化的激荡情怀的激励中，在个人享乐意识的支配下，自古希腊到罗马再到中古、近代的西欧，西方的拓展热情不

---

① 保罗·佩迪什：《古希腊人的地理学——古希腊地理学史》，第 24 页、第 26 页，商务印书馆，1984 年版。

断爆发燃烧，从北到南，从东到西，四面扩散。北欧的农耕大陆被拓展，西班牙边区被开发，英伦三岛被纳入罗马帝国版图，西欧人的世界延伸到大西洋沿岸。中世纪通过十字军二百多年的征战，几经辗转夺取了始终控制在拜占庭人、阿拉伯人手中的地中海霸权。随着商业时代的到来，工业革命的开展，在自由竞争，掠夺海外财富、原料、市场的驱使下，西欧人传统的海外殖民拓展精神再一次焕发，海洋文化的波涛席卷全球。这是源于公元前 2000 年的爱琴海文明的传统，是地中海海洋文化生活的特殊产物，是一种民族的生活方式。这种海洋文化精神成了西方民族的生活传统，由希腊人到北欧人，再到中世纪的意大利人，近代的英国人，直至现代的美国人都是最具活力的“海上民族”，这是一种开放性、冒险性、征服性的文化精神。

四、农工商并行的多元经济结构

西方文明之源的地理环境决定着其经济结构。古希腊地区是一个土地贫瘠、地域狭小分散的半岛与海岛交错的地区，这里不适合大面积的农业生产，也无法容纳大量繁育的人口。这就决定了这里的经济结构和剩余人口的定居格局，宽广的大海、优良的港湾、便利的海上交通、周边的文明区域为古代的西方民族提供了从事商业贸易、海盗活动、殖民的条件和场所。贫瘠土地上经济作物的培植、优质的陶土和大理石、优良的港湾、便利的海上交通、周边民族发达的文化环境，这些因素造就了西方早期的手工业经济和商业经济因素及与之相应的海外贸易和海外殖民。这就使商品经济的因素较早地注入西方的氏族社会中，这在经济上推动了西方早期私有制经济的发展和壮大。这是西方早期财富政治代替贵族政治的前提和条件，是西方财产所有权明确受到法律保护的传统，也是民主、人权、自由、平等的土壤。

当然，这里所说的手工业和商业并非近代意义上的手工业和商业，而是相对于文明之源时期的东方各国社会，特别是相对于中国而言的。它是一种农业社会中发达的手工业、商业经济。当时的希腊人用他们生产的葡萄、橄榄加工成葡萄酒、橄榄油，再用他们生产的精美的陶罐装运到周边地区出售交换，希腊人这种在地中海区域进行的商贸活动是古代世界西方文明中的特色。它造就了西方文化中自由、民主的民族文化精神，因为："商人不像土地占有者那样被拴在某个固定的地方，他们与其说是本地公民，不如说是世界公民。他们经常了解各种新的法律、新的风俗习惯，绝不愿接受某种后来使自己变成它们的奴隶的习惯；他们只染上一种习惯——什么习惯也没有。他们不停地旅行，他们有许多机会认识到他们的故乡并不是整个世界，其他地方拥有的财富是他们坐在家里想象不到的。他们还认识到，当牛作马或者每星期日卑躬屈膝地向领主纳贡绝不是什么幸福。完全可以理解，这些人一回到故土，就特别忍受不了他们的同胞未能完全摆脱那种奴隶般地俯首听命的情景。他们希望自由的生活，对领主的崇敬感再也不能支撑他们当奴隶了。因为他们曾在异族中间生活过，所以再也没有这种感情了；他们昂首阔步，因为他们已经不习惯点头哈腰了。"①

此外是对土地的占有，即土地所有制问题，这是中西文化差异的前提。在西方，原始社会末期造成的土地个体私有随着阶级的产生、国家的形成而得到强化，从古希腊到罗马帝国多次以立法的形式保护个体的私有财产，梭伦的立法、罗马时期的各项立法都是对自由民财产、人身及土地私有的保证，直至法国大革命时期的近代资产阶级的土地法，都是保护民众对土地的私有权，西方自古至今都是用政治和法律的形式明确宣告财产私有的合法性，承认和保障自由民私有财产的合法性及公民应有的权利。西方原始社会后期的保护财产私有和人权的传统被保留下来并不断发展，即马克思所说的："公社成员的身份在这里依旧是占有土地的前提，但作为公社成员，每一个单个的人又是私有者。"② 这与中国有着巨大的差异。在这种政治与法律制度的保

---

① 《马克思历史学笔记》（第一册附录），第246页，红旗出版社，1992年版。

② 《马克思恩格斯全集》，第46卷，第474页，人民出版社，1979年版。

障下，西方自古工商业的发展就与中国有很大差异，从古希腊到近代，西方的工商业经济就是在法律制度的保护下在不同的社会结构中活跃着、发展着，推动社会朝着自由、民主的方向变革，创造出光辉灿烂的古典文化。

中世纪的西欧封建社会，其经济结构是领主与附庸的分封制，这种分封制与中华民族西周时的分封制不同，这是一种在罗马法的所有权观念与日耳曼的人身关系传统中形成的契约对等关系，契约双方的人身关系和权力是平等的，相互间的关系用权利与义务来建构。这是西方文化在又一次的整合时日耳曼人平等的原始社会关系中的独立精神、马尔克原始经济中的公共生活与西方社会中传统的平等、独立、法制的民族精神结合的产物。西方是带着日耳曼人和古典时代的自由与平等、公共与法制进入封建社会的。

这种用权利与义务构建的相对平等的契约经济关系处于一种层层分封的状态中，这种松散的经济机制，不仅为西欧经济的变革提供了条件，也为以后西方社会等级君主制的发展、代议制的出现提供了条件。所以在封建经济由恢复走向发展之时，就出现了瓦解封建自然经济的城市经济，在传统的工商业经济、法制和殖民的推动下，不断促使这种封建社会内部的城市经济发展为近代资本主义经济，就是在这种传统的经济结构中西方的自由民主思想在实践中才成为可能。

分散的政权不利于君主加强王权，国王不得不寻找王权的支持者，新兴的阶级也需要政治权力的保护，在共同的需求中，政治与经济结合，即金钱与政权结合，国王保护城市经济，市民用金钱支持国王同大贵族斗争。在代表着秩序的王权的保护下，新兴的市民阶级获得了发展的空间，为资本主义的兴起创造了条件。安定的环境、国王实行的一系列保护工商业发展的措施推动着西方社会经济的变革，在封建经济内部孕育了资本主义经济，为以后西方社会经济结构的变革奠定了坚实的物质和阶级基础。

五、地域社会结构

文明的产生，国家的形成，其主要的一个标志就是地域关系代替血缘关系，但不是世界上所有的民族都循着这条路线前行，只有西方社会完成了这一变革。血缘关系与自然经济这种人类古老的原生形态，在西方古典文明时期受到次生的商品经济、民主政治的巨大冲击。这是由西方原始社会末期特殊地理环境条件下造就的经济结构决定的，由于土地的贫瘠、半岛和岛屿零散有限空间的限制，以及在这种环境中经济作物的栽培、优良港湾、便利的海上交通和周边文明地区的交往等一系列条件，使得西方由原始社会向文明社会迈进之时，就在氏族社会中注入了商贸经济和海外殖民的因素。

土地的贫瘠和人口的增长，使得处于氏族社会中的希腊人不得不另觅出路。爱琴海的优良港湾、便利的海上交通和海外发达的文明一方面为希腊殖民和商贸提供了条件，另一方面周边的发达文化也深深地吸引着希腊人。这样，在原生的自然经济中出现了次生的商品经济，这种商品经济不是个别现象，而是一种社会生活中的生存模式。经商不仅成为人们的谋生手段，而且也是聚敛财富的途径。这使商品经济完全注入西方古老的氏族制度中。这种经济模式的出现影响深远，因为商品经济天生是平等的，它不承认特权、不承认血缘，讲的是价值规律，是等价交换。这种平等的经济恰恰又与西方私有制的产生、国家的形成同时并行，它诱导着西方社会由原始步入文明，这就使西方社会第一次大变革就具有次生的新型经济模式作为基础，它完全改变了原始古老的原生的自然经济模式。这种新型的商品经济直接推动着西方向文明迈进的方向，赋予了其全新的内涵，彻底改变着西方原始的血缘社会结构，使之完全变为地域的社会结构。

商品生产和航海促进了氏族社会的解体，在经商和航海中，氏族成员与外部人的杂居，同时大量的氏族成员移民到外地，脱离原先的血缘家族。就像恩格斯评述的那样："海上贸易以及附带的有时仍然进行的海上掠夺，使贵族们发财致富，并使货币财富集中在他们手中。由此而日益发达的货币经济，就像腐蚀性的酸一样，渗入到农村公社的自然经济为基础的传统的生活方式。氏族制度同货币经济绝对不能相融。”① 在商品货币经济的强烈冲击下，古老的氏族制度和血缘关系已失去了存在的土壤，在一系列的政治变革中逐渐让位给地域关系和契约关系，这是一种以立法的形式来维系的社会关系，它既不是世袭的，也不可能是专制的和神授的，它是地域的、民主的、自由的、平等的、法制的社会结构。就像普罗泰格拉所说的：法制社会是一个“法律只是一种约定……只是一种互相保证的约定”②。这不是古希腊人的独创，它是经济发展的结果，因为远古希腊也曾有过君主制、氏族贵族政治，克里特文明时期就是君主制，但在多利亚人的南下入侵中被消灭，这是民族迁徙的结果。以后的发展整合中，西方的社会结构又在商品货币经济发展和移民迁徙导向下用地域关系完全代替了血缘关系。

海外殖民活动则加速了血缘社会关系、原生自然经济、氏族制度的彻底瓦解，海外殖民一方面造就了自由精神、独立性格；另一方面在大的迁移活动中撕破了血缘氏族的关系网，把原生形态的社会结构瓦解。血缘关系、自然经济、氏族制度是集权君主制产生的土壤，古代西方则在原始社会向阶级社会过渡中铲除了这种土壤，在航海的冒险、协作、开放及迁徙的流动中把传统僵死的各种社会、经济、政治结构抛弃。

对于这种情况，著名历史学家汤因比在其《历史研究》中的论述是③：

① 《马克思恩格斯选集》（第四卷），第107页，人民出版社，1976年版。
② 《古希腊罗马哲学》，第144页，商务印书馆，1982年版。
③ 《历史研究》（上卷），第129页、第132页，上海人民出版社，1986年版。

在一次民族大迁徙中，从这种静止状态里突然出现了一个风暴般的大变动，对于任何社会生活都自然会产生一种爆炸性的影响，而这个影响对于乘船航海的人们比对于在陆地上远行的人更为剧烈。

跨海迁移的一个显著特点是不同种族体系的大混合，因为必须抛弃的第一个社会组织是原始社会里的血缘关系。一个船只能装一船人，而为了安全的缘故，如果有许多船同时出发到异乡去建设新的家乡，很可能包括许多不同地方的人——这一点同陆地上的迁徙不一样，在陆地上可能是整个的血族男女、老幼、家属、杂物全装载在牛车上一块儿出发，在大陆上以蜗牛的速度缓缓前进。

跨海迁移的另一个显著特点是原始社会制度的萎缩，这种制度大概是一种没有分化的社会生活的最高表现，它只是还没有由于明晰的社会意识而在经济、政治、宗教和艺术的不同方面受到反射，这是不朽的神和他的那一群组织形式。

在民族大迁徙的过程中，跨海迁移的苦难所产生的另一个成果不是在文学方面而是在政治方面。这种新的政治不是以血缘为基础，而是以契约为基础的。

最著名的例证便是跨海的希腊人在安那托利亚海岸一带所建立的那些城邦，如爱奥利斯、爱奥尼亚和多立斯，因为根据古代希腊宪法史的仅存资料来看，根据法律和地区的组织原则而不是根据习惯和血缘组织原则，最早是出现在希腊的这些海外殖民地上，到后来才由希腊的欧洲大陆部分仿效实行。在这样建立起的海外城邦里，新的政治组织“细胞”应该是船队，而不是血族。他们在海上的同舟共济合作关系，在他们登陆以后好不容易占据了一块土地要对付大陆上的敌人的时候，他们一定还同在船上的时候一样把那种关系保持下来。这时在陆地上同在海上一样，同伙的感情会超过血族

> 的感情，而选择一个可靠的领袖的办法也会代替习惯传统。事实上组织一个船队到海外去开辟一个新居，到后来很自然地形成一个城邦，那里的各族人民由一个公推出来的行政长官进行管理。

这就是，不同的地理环境产生不同的生活方式，不同的生活方式诱导着不同的社会组织结构、政治体制。西方世界的血缘氏族关系在古代世界就在工商业的发展、海外贸易、海外殖民中被消灭。这是具有世界意义的革命，它造就了人类历史上独立、自由、民主的典范，把人之所以为人的标准由原始野蛮中解脱出来，使人类真正进入到文明时代，为以后西方民主、自由、法制、平等社会的建立奠定了坚实的社会基础。

六、多元政治结构

不同的地理环境不仅造就出不同的社会结构、经济结构，还造就出不同的政治结构。西方文化发展的走向与中华民族不同，它们由文明之源克里特·迈锡尼的早期君主制及古典时代在古希腊构建起的政治就与中国不同，在整体上，无论是雅典的奴隶主民主政治还是斯巴达的贵族政治，其精髓是保障本邦公民最大的民主与自由，不允许把本邦的公民变为奴隶。从公元前594年梭伦的“解负令”到公元前326年罗马共和国的波提利阿法案及后来的罗马帝国，都以立法的形式保障公民的自由。任何一个邦国都有代表公民利益的公民代表大会，甚至到了专制的罗马帝国时期，形式上的元老院依然存在。在阶级结构上，整个西方的古典时代都是以财富政治为主导，在这种财富政治的传统中孕育出的是以民主为导向的不同形式的多样的政治结构。古典时代以雅典为代表的奴隶主民主政治，是一种由自由民自我管理的政治，自由民自己做主，而非中华民族“民本主义”的帝王为民做主。这是人类文明史上民主政治的典范。整个古典时代尽管有斯巴达的贵族政治及以后的罗马的帝国体制，但都是一种共同治理的贵族共同体和元首制的法制社会政体。

西方古典时代的民主共和不仅建构起一套完整的政体——城邦共和制，而且相应的产生了一套民主与共和的理论体系。古典时代的思想家们从人性的角度来审视国家与个人之间的关系，对人作了鉴定，从柏拉图到亚里士多德，都分别从“正义论”的自然人性方面阐述人之所以为人在于拥有自由、民主等人权的人权论思想，认为只有享受了民主与自由的人才是真正意义上的人，城邦国家是人们独立生存与发展的栖身之所。“城邦的一般含义就是为了要维持自给生活而具有足够人数的一个公民集团”，是“许多公民各以其不同职能参加而合成的一个有机的独立体系”①。整个古希腊时代体现人的价值和人的尊严的格言是：“人是万物的尺度。”“认识你自己。”这不是对虚拟世界的论述，它是实践理性的运行，整个古典时代是公民自己做主的民主的贵族共和制，即使是专制的罗马帝国时期也没有完全放弃这种传统，它的法制就是这种传统的延续。

古典时代发达的工商业经济，自由民主的文化精神，宽松多元的政治环境为西方文化精神的发展提供了人文环境。即使是中世纪，在以罗马教皇为首的教权主导的封建时代，“上帝面前人人平等”的形而上的宗教人文信条与古典时代传承下来的自由、平等产生了共鸣，终极与现实的结合形成的是西方教权与政权二元结构中的松散的政治格局，基督教精神一统天下与分裂割据的封建政治并行，这为西方社会近代的政权更替提供了机制。

教俗政权的并立使西欧的现实生活处于尘世与彼岸的二重组合世界中，尘世的分离、政权之间错综复杂的斗争推动着西方社会的变革，在争权夺利中随着割据势力与教权的衰落而来的是王权的加强和资产阶级势力的增强，这种双向进取的态势为西方世俗社会平等权利的实

---

① 亚里士多德：《政治学》，第113页、第109页，商务印书馆，1981年版。

现提供了物质基础和阶级力量，彼岸的世界观又为西方社会提供了广泛的平等的社会价值观。加之日耳曼民族中原始的独立、自由血液的融入，在西方的中世纪整合出一个松散的等级封建庄园制，这是一个蕴涵着自由、平等、民主、法制因素的社会。

中世纪的封建社会是一种分封制的领主与附庸关系的等级封建制，在这种社会体制下，领主与附庸的关系是一种具有法律效力的拥有义务与权利的契约关系。领主要保护附庸，附庸要为领主效力。这是一种明文的法律关系，人的权利得到了法律保障。

这种民主与法制的政治组合机体一方面为西方的政治变革提供了机制，也是西方之所以成为西方，即拥有民主、自由、人权、法制社会的前提，为以后西方资产阶级自由、平等、民主社会的建立奠定了广泛的阶级和思想基础。所以，当西方城市兴起，工商业经济复苏，古典的罗马法也随之复兴，以罗马法的发祥地意大利为中心辐射到整个西欧，人权观念得到发展更新，古典时代的自由、民主、平等、法制随着文艺复兴、宗教改革、启蒙运动的发展播撒到整个西方世界。这样古典时代具有民主、共和、法制传统的政治理论到近代发展为一套具有时代特色的资产阶级的政治理论，并且转变为社会实践。从英国的资产阶级君主立宪制、法国的资产阶级共和制到美国的联邦民主共和制都是这些政治理论的实践，西方在弘扬传统文化中发扬着其自由、民主、平等、法制的文化精髓。

七、断裂文化的不断整合

西方社会的发展是多变的，“动”是其主流，从神话时期的神和英雄在“动”中求证生命力到古希腊古典时代的殖民活动至罗马帝国的扩张，无不处于“动”中。在文化上也是如此，西方文化是经过多次整合、不断变革和发展着的文化。

早期的克里特·迈锡尼文化是东方式的专制王国文化，多利亚人的南下毁灭了这种带专制性质的文化，经过了黑暗时代的沉寂后，荷马时代的文化整合把多利亚人的原始民主文化与民间存在的传说中的克里特—迈锡尼文化精神进行整合，建构了西方古典时代民主、科学、法制的新型文化；而亚历山大时期的“希腊化时期”是西方古典文化由内部发展推向外部传播的时期，罗马帝国不仅承接了这支传承火炬，而且加以发展，把古罗马的法制、国家主义、政治统一的文化因素融合进去，为古希腊文化输入了新鲜血液，这为古典文化的传承和变革奠定了基础，使西方文化在吸收中整合发展。

古罗马帝国的灭亡并没有使西方古典文化的传统完全丧失，而是为其再一次整合提供了条件，西方封建社会的中世纪文化就是在这种重新整合中发展起来的希腊与希伯来文化、日耳曼文化整合的综合体。这次整合把西方古典文化中的形而上思维与希伯来宗教的上帝、拯救、彼岸相结合，古典时代的世俗人文与基督教的宗教人文关怀相结合，产生了西方中世纪的宗教文化和宗教精神。在浸透了形而上精神的文化氛围中，古典时代的民主、自由与基督教的上帝面前人人平等以及日耳曼原始文化的独立、自由精神整合。西方人躁动不安的性格并没有消失，在玄思与追求中，在理性与情感中，西方人在变革创新。文艺复兴运动、宗教改革运动、启蒙运动、古典主义、浪漫主义、现实主义、解构主义等一个又一个的文化浪潮在不断地推动着西方文化的变革与发展、突破与创新，西方文化中的创新精神就是这种动态文化中造就的民族精神。

下篇　中西文化精神

第三章 中西人文精神

人文精神是指以人为中心的文化精神，人是文化的创造者、主宰者，无论在自然和社会中，一切都以人为中心。体现在重人生，重人的价值、人的尊严，人是拥有生存、发展、自由等权利的人。英语 human 一词，后演进出 humanism 是从德语 humanismius 译过来的，而德语的这个词又是 1808 年在一次关于希腊罗马经典著作在中等教育中的位置的辩论中，根据拉丁文词根 humanus 杜撰的。但德语的这个词源于 15 世纪意大利学生对古典语言和文学教师的称呼 umanista，把教法律的教师称为 legista，其课程统称为 studia humanitatis，英语译为 the humanities 。而 humanitatis 又源于 humanitas ，义指人性修养。中国译为人文可能是据《易经》："文明以止，人文也。观乎天文，以察时变，观乎人文，以化成天下。"所谓人文，汉语为礼教文化，在字面上与 humanitas 吻合。从以上的文意和译文合意可以看出中西人文的区别，西方重自然中的人，中国则与礼仪合意，侧重于文。中西人文精神有着差异，这种差异不是单项的，是多元的，主要从内涵和外延上表现出来。文化精神的内涵是指文化的创造者人对自身的认知限定和在这种认知限定中的行为模式、生活方式，外延主要是指人与自然的关系。

要了解人文精神必须对古今中外对人文主义的解释作一个概述，这是一个人与文的关系问题，对"人"的解释多种多样："人是理性的动物"、"人是政治动物"、"人是历史的动物"、"人是符号的动物"、"人是能够制造工具的动物"、"人是能思想的动物"、"人是社会关系的总和”等。对“文”的解释中国很早就出现，在《尚书·尧典》为“文思安安”，《舜典》为“睿哲文明”，《大禹谟》为“文明敷于四海”，《周易》为“观乎人文，以化成天下”，《礼记》为“三年之丧，人道之至文也”。中国的“文”是相对于“野”而言的，在社会含义上是“教化”之意。但对人文的解释却是一个纷繁复杂的问题，对此，英国现代思想家阿伦·布洛克就深有体会，他认为：“对人文主义、人文主义者、人文主义的以及人文学这些名词，没有人能够成功地作出别人也满意的解释，使得辞典和百科全书的编者们伤透脑筋。”① 布洛克用三大特征概述人文主义，第一，“人文主义集中的焦点在人身上，从人的经验开始。……但是，这并不排除对神的秩序的宗教信仰，也不排除把人作为自然秩序的一部分而作科学研究”；第二，“每个人在他和他自己身上，都是有价值的——我们仍用文艺复兴时期的话，叫做人的尊严——其他一切价值的根源和人权的根源就是对此的尊重”；第三，“它始终对思想十分重视，它一方面认为，思想不能孤立于它们的社会和历史背景来形成和加以理解，另一方面也不能把它们简单地归结为替个人经济利益或阶级利益或者性的方面或其他方面的本能冲动作辩解”②。

我国现代对人文主义的解释具有代表性的是唐君毅和牟宗三。唐君毅解释为③：

> 所谓人文的思想，即指对于人性、人伦、人道、人格、人之文化及其历史之存在与价值，愿意全副加以肯定尊重，不有意加以忽略，更决不加以抹杀曲解，以免人同于人之外，

---

① 阿伦·布洛克：《西方人文主义传统》，第2页，三联书店，1997年版。

② 阿伦·布洛克：《西方人文主义传统》，第233～235页，三联书店，1997年版。

③ 唐君毅：《中国人文精神之发展》，第18页，人民出版社，1948年版。

人之下之自然物等的思想。

牟宗三理解为[1]：

> 吾以为在人文主义的系统内，必须含有三个部门之建立：一、道德宗教的学问之纲维及其转为文制而成日常生活的常规，必须予以充分的重视。即必须在科学知识以外，承认有更高一层，更具纲维性、笼罩性的圣贤学问之存在。在这方面的开发与承续，从学问方面说，名曰道统之不断；从文制方面说，名曰日常生活之常规之建立。二、作为政治生活的常规的民主政治，必须视为生命中生根的真实理想，吾人名为正统之不断。三、科学代表知识，这是生命与外界通气的一个通孔。吾人必须了解它的基本精神与特性，必须疏导出中国文化生命里何以不出现逻辑、数学与科学，西方文化生命里何以会出现。这是知识方面‘学之为学’的问题。这方面的成立与继续，名曰学统之不断。”

从以上解释可以看出中西对人文的看法不是一致的，西方注重人，中国注重文，这样传承下来的中西人文精神有着很大的差别。

人文顾名思义就是以人为中心的文化，作为人文精神，中西历史上都存在着争议。一般认为中国文化中没有人文精神，主要在“五四”时期和现当代反传统的文化思潮中出现，只有西方文化中蕴涵着人文精神，不过在西方后现代时期，也出现了否定西方人文精神的反叛思潮。这些认识都是在反传统的基础上出现的极端认识，无论是东方西方，无论是现代还是古代，人文的文化精神始终是存在的，只是表现的形式和内涵不同，张扬的程度不同而已。因为文化是人创造的，当

① 牟宗三：《道德的理想主义》，第 52 页，学生书局，1985 年版。

它在为人类生存而出现和发展时，它是人文的，当它为了维护社会有序，释放人权和限制自由并行时，人文精神又使人们迷惑，引起巨大争议。中西人文精神的争论就是如此。

总的说来，中西人文的差异在于，中国的人文自孔圣人创立儒教以来就已确立，其文化视野注重的是现实世界，关注的是人。中国传统文化的主流儒家学说就是关于人与人相互关系的学说，是一种以人为本的人生哲学，所以其人文中所强调的“人”是社会性的、群体性的伦理之人，也由此在中国政治文化的传统中使活生生的人文被异化，使中国的人文丧失了活力，人的独立性格被束缚在传统的社会教条中。而西方的人文自古希腊至今所强调的是具有情感、意志、理智的独立的个体，人之所以为人是因为人既是生物的，又是社会的；既是独立的个体，又是群体的一部分，也就是马克思所说的“直接地是自然存在物”，“是社会存在物”①。西方人文的核心首先是确认了人的个体性，以个体性为前提来确认人是社会关系的总和，这是与中国人文的根本区别，它突出的是个性的、主体的、自我的人，这种认知使得西方的人文具有充分的活力，为西方人和社会的更新和发展提供了一个良好的机制。

第一节　中国传统人文精神

一、远古的人文观

中华民族文化是有着人文精神的文化，这种人文精神从文明初始时就已具备。人类的初始文化一般以神话的形式保存下来，这是各民族的共同特点，但走向不同。西方神话源头的古希腊神话是神人同性同形，具有人文精神的神话是人话的典型，最后的发展趋向则完全演

---

① 《马克思恩格斯全集》（第四十二卷），第167页，人民出版社，1976年版。

变成形而上的与人类历史发展分裂的二元体系，神被高高地上升到奥林匹斯山上，形成一个以宙斯为首的神系大家族的神的世界。

中国初始神话早期是神秘性的、头绪纷繁的、与动物界没有完全脱离的原生神话，盘古开天地、三皇五帝的传说就是如此。马骕《绎史》卷一引《五运历年记》记载："首生盘古，垂死化身，气成风云，声为雷霆，左眼为日，右眼为月，四肢五体为四极五岳，血液为江河，筋脉为地理，肌肉为田土，发髭为星辰，皮毛为草木，齿骨为金石，精髓为珠玉，汗流为雨泽，身之诸虫，因风所感，化为黎甿。"人类开天辟地的自然之物来自大神盘古身体的不同部位，中国的人类起源于女人与黄土。《风俗通义》记载，中华民族的最初始祖女娲"抟黄土作人"，《淮南子·览冥篇》记载中华民族始祖为战胜自然而"炼五彩石以补苍天"。女娲则是一个蛇身人首的人与生物之间的转型物，《帝王世纪集存》记载："女娲风姓，承伏羲制度，亦人头蛇身，一日七十化。"这是中华民族神话的神秘性与生物性。以后这种神秘性与生物性不是走向形而上，而是历史化，转变为完全人文的帝系神话。

中华民族的祖先炎黄二帝都是有着生物面的帝王，《帝王世纪》及《三皇本纪》记载："炎帝，神农氏，姜姓也，母曰任姒。……名女登，为少典妃……生炎帝。人身牛首，长于姜水，因以姓焉。有圣德。"《山海经·海外西经》记载黄帝是"轩辕（黄帝之号）之国。……人面蛇身，尾交首上"，但其走向却是人文化的发展，从神秘的、生物性的人类始祖转变为完全人文的、具有史实性的"帝系神话"。早期帝系神话的女娲、炎黄是中华民族的祖先和文化创造者，是首创中华文明的"文化超人"。《太白阴经》记载："俄有元龟巨鳌，从水中出，含符置于坛而去。似皮非皮，似么八綈非綈，以血为文，曰：'天一在前，太一在后。'黄帝再拜受符。于是设九宫，置八门，三奇六仪，为阴阳二遁，凡一千八局。"《礼记》、《禅通记炎帝》记载："神农教民耕。""神农炎帝，乃命刑天作扶犁之乐，制丰年之咏，以卷厘来，是曰下谋。"从中华民族人物混杂的神秘性和动物性杂乱的神话向帝系史实的传说转化过程中显示出中华民族远古文化的人文化过程，凸现出中华民族文化注重人与自然的和谐，人文精神至上的历史传统。

西方远古的神话在形而上的走向中显示出的是神创造世界，作为人类文化的发明者和创造者，西方的文化超人是神而不是人，从用泥和水掺和造人及教给人类各种知识和技能，识别季节、营造房屋、驯养野兽、缝制衣服、采药治病、创造字母、盗火给人类的普罗米修斯，到出自神王宙斯脑袋的教给人类纺织、雕刻、制陶、油漆等技艺的智慧女神雅典娜，他们都是思辨的形而上的神，西方人把文明进步的文化基石的奠基归功于形而上的精神实体——神，中国则是归功于史实中的具体帝王，这种鲜活的具体的血缘文化基础造就了中西之间文化精神差异的人文环境。

中国盛行的是血缘家族观念至上，即“圣人以‘孝’治天下”的以家族为核心的社会结构，这样在家族观念的束缚下，中国远古的人文观逐渐异化，形成只见“族”的整体的人，而失去了鲜活的具体的个体。西方恰恰相反，文化超人是神，人是神创的，这一个个具体的人是神的子民，他们不是依靠世间具体的血缘权威来实现自己，他们是拥有个性的独立自由的个体，他们信仰的是形而上的神，这为西方以后人文精神的发展和弘扬创造了人文环境。就在这种不同的远古的人文环境中塑造出中西文化初始的不同的人文精神，中西文化和文化精神的差异就是在这种传统的人文环境中形成的。

二、中国传统的人文精神

中国实践理性的神话是完全人文的，这种人文的文化精神从文明初始到中国文化的奠基时代——“轴心时代”即春秋战国时期发扬光大，诸子百家各尽所能阐述自己观点的“百家争鸣”就是中国文化中人文精神弘扬的最初表现，这时的文化大家倡导的都是人文。

中国具体的人文思想源于周朝的“重民轻神”思想。《礼记》记载：“周人尊礼尚施，事鬼神而远之，近人而忠焉。”周朝统治者奉行的是“敬王保民，远鬼神”的人文统治政策。这种人文思想到春秋战国时期得到发扬光大，许多历史文献对当时的人文思想都有记述。《左传·庄公三十三年》载：“国将兴，听于民，将亡，听于神。神聪明正直而壹者也，依人而行。”《左传·昭公十八年》载郑国的子产言：“天道远，人道迩，非所及也。”

中国传统文化的奠基者孔子的思想则是完全的社会人文思想，《孝经》记载了孔子以人为本的人文思想，即“天地之性人为贵”。《论语·述而》载：“子不语怪、力、乱、神。”“未知生，焉知死。”“未能事人，焉能事鬼。”“务民之义，敬鬼神而远之，可谓知矣。”道家们则是要回到完全的自然人文中。在这怀疑与觉醒的时代，中国的文化立足于现实，追寻的是人文。以后不断发展，外来的佛教在中国也被人文化，东晋的慧远大师对佛教两大任务的认定，“一者处俗弘教，二者出家修行”及其“内乖天属之情，外阕奉主之荣”、“道洽六亲，泽流天下”、“协契皇极，大庇生民”。这确立了佛教的中国人文化的基础，两宋时完全发展为入世的“忠孝”人文宗教。中国的这种社会人文思想以后不断在政治文化的诱导下发展到极端，使中国的人文精神在政治化、伦理化中处于二元结构——个体的人与社会的人的特殊框架中，出现了有别于西方的人文境界，在这种二元结构中最后整合的结果是中国的个人被淡化、被模糊、被异化为伦理的社会群体的人，中国远古时期就具有的人文也演变为伦理的人文。

中国传统文化中所具有的人文精神主要表现为以下几方面：

1. 对人主体地位的确认

这与西方文艺复兴时期的观念是同一的，但中国文化中的人的主体地位观念比西方早得多，《荀子·王制》中划分宇宙之物时，把人放在最高位置，即：“水火有气而无生，草木有生而无知，禽兽有知而无义，人有气有生有知亦且有义，故最为天下贵也。”以后这种“贵人”的人文思想一直不断发展。《四书集注·孟子·滕文公下·注》中阐述了人在自然中的位置：“天之所生，地之所养，惟人为大。”《礼运》则认为人是万物之灵长："人者，其天地之德，阴阳之交，鬼神之会，五行之秀气也。""人者，天地之心也，五行之端也，食味别声被色而生者也。"周敦颐在《太极图说》、陆九渊在其《语录》中也作了同样的说明："二气交感，化生万物。万物生生，而变化无穷焉，惟人得二气之秀而最灵。"王夫之在其《周易外传》中确认了人在自然中的主导地位，"自然者天地，主持者人"，"上是天，下是地，人居其间，须是作得人方不枉"。都从人的客体到思想肯定了人的主体地位和主体性，肯定了人是万物之灵长，是自然的主人。而且对人的认知是唯物的，人是由各种物质元素构成的，是物质世界的主人，这是中国人文精神的核心。

2. 肯定人的价值和尊严

中国传统的人文思想不但确立了人的主体地位，以人为出发点，以人为终极，而且在人生的实践中体现出来，认定人的价值和尊严。孔子在《论语·子罕》中对人的独立意志作了鉴定，认为："三军可夺帅也，匹夫不可夺志也。"把人的独立意志置于三军之上，人是有独立人格的人。

儒教的发展者孟子对人格的尊严也作出肯定，把其放到一个"义"字上。

《孟子·告子上》认为人的尊严在于："生亦我所欲也，义亦我所欲也；二者不可得兼，舍生而取义者也。生亦我所欲，所欲有甚于生者，故不为苟得也；死亦我所恶，所恶有甚于死者，故患有所不辟也。……是故所欲有甚于生者，所恶有甚于死者，非独贤者有是心也，人皆有之，贤能勿丧耳。""一箪食，一豆羹，得之则生，弗得则死。呼尔而与之，行道之人弗受；蹴尔而与之，乞人不屑也。"这是对中国传统人文精神中人格尊严的生动描述，这是一种基于社会人伦之中大儒的人格与尊严。

《礼记·檀弓》中把人格和尊严定位为"饿者不食嗟来之食"。同时认为人的价值和尊严不可剥夺："人人有贵于几已者，弗思耳。人之所贵者非良贵也。赵孟之所贵，赵孟能贱之。”《礼记·儒行》认为：“儒有可亲而不可劫也，可近而不可迫也，可杀而不可辱也……其刚毅有如此者。……身可危也，而志不可夺也。”

孟子强调人与人之间应相互尊重，《孟子·尽心上》记述：“食而弗爱，豕交之也；爱而不敬，兽畜之也。恭敬者，币之未将者也。恭敬而无实，君子不可虚拘。”这就是儒教文化中的人文精神，其重点在于人的尊严和人格魅力上，这本来是与西方人文精神中的理性是共同的，但由于以后的发展和政体的不同，使人之所以为人的标准走向极端，从而步入到完全人伦的伦理人文中，为了集权专制的需要最终在以后儒教的三纲五常中扼杀了人的个性、人的个体精神，最终使中国的传统人文精神淹没在封建的纲常伦理之中。

3. 追求现世人生

人文精神即是对人的认知，也就是人在自己创造的文化内外的位置。人是现实的、发展的、文化的动物，人这个既是主体又是客体的双料货色，往往会陷入主客之分的迷惑中，实体的我，意象的我，谁真谁假？这成了原始到现代的思索。为此，出现了实体与灵魂之分，要实体的人还是要灵魂的人的意象性选择。要实体就注重现实的生，要灵魂，就向往彼岸的来世，这在中西人文精神上有着不同的认知。

在中国的传统文化中，人文精神最集中的表现是在注重现实生活上，儒家文化的创始人孔子最有名的格言之一就是“未能事人，焉能事鬼”，“不知生，焉知死”。这种人文观念从文明初始时就已具备，远古的各种创造发明都是为了人类的生存和发展，重生是人文观念的核心，上古显示在对永生的追求上。这种思想在西方的古希腊神话中也在神与人之间存在，但是以形而上的形式显示出来，其永生者是神与人的结合体，是要领受神的食物，接受冥河水的施洗，接受神恩者，或经巫术的作用才能实现的形而上的幻想。中国的永生观与西方不同，中国的永生观是完全人化的、是经验的、是实践的，从神农氏尝百草到以后寻找长生久视的不死之药，再到太上老君的炼丹炉之下的炼制仙丹，养生与祛病的气功，都是在现实中探求永生或长寿之谜。这是对生的眷恋，对死的抗拒的人文观，因为人生是美好的，人生是真实的，人生是经验的，人生是实践的。

现实就是享受，尽管中国社会自古就有倡导省吃俭用的传统，节俭是中华民族的美德，但不是西方基督教的禁欲节俭观。“民以食为天”也是中华民族的古训，中华民族享受现实人生的一大特点就是食的艺术。中国的饮食文化堪称世界第一，不但历史悠久，技艺精湛，而且与中华医学相呼应，很具养生的科学性，这是中国人文精神在日常生活中的折射。同时儒家伦理信条下的生活限定也只对妇女而言，男性自古以来的生活准则在各种伦理教条中是没有禁欲主义的，帝王可以名正言顺地宫女成群，民众可以三妻四妾，实际上是男性享乐的一夫多妻制，是现实人生的人类繁育规则。

4. 形而上的天被人文化

中华民族在文明之初就产生了天道观，特别是在夏、商、周之际，天道观特别发达。这是中华民族的宇宙观，由“天下观念”发展而来。这种天下观念源于治水文化的领导者大禹，是一个疆域概念，是《尚书·禹贡》中的九州：冀州、兖州、青州、徐州、扬州、荆州、豫州、梁州、雍州，即大禹治水的地域。这个地域概念就一直作为以汉族为主体的整个中华民族的地域界限，并进一步上升为宇宙观。

夏、商、周的时候，为了加强对周边各小国各族各邦的统治，把宇宙观应用到政治机制中作为大一统国家统治的天道观。这种由具体到形而上的转变没有让天道观与人文精神脱节，而是把形而上的天人文化在生活实践中加以应用。天下成了国家概念的升华语，天道成了生活实践的准绳，帝王是“奉天承应”的统治者，有道者则天助，无道者则天伐。这个道即天之“理”，人之“德”，天理与人德结合治理天下或国家，天之理被人文化到人的德中。

殷商时期，天命观支配着人们的思想和行为，人们用卜辞来咨询天意，但是，天意中深含的是人意，要天人一致同意的事才是最吉利的事。《尚书·洪范篇》记载了商王咨询天意决断吉凶的卜辞："汝则从，龟从，筮从，卿士从，庶民从，是谓之大同：身其康强，子孙其逢吉。汝则从，龟从，筮从，卿士逆，庶民逆：吉。卿士从，龟从，筮从，汝则逆，庶民逆：吉。庶民从，龟从，筮从，汝则逆，卿士逆：吉。汝则从，龟从，筮逆，卿士逆，庶民逆：作内吉，作外凶。龟筮共违于人，用静吉，用作凶。"其实，算计的天意就是民意，如《国语·郑语》引所述："民之所欲，天必从之。"《孟子·万章上》说："天视自我民视，天听自我民听。"《论语·卫灵公》记载孔子之言："行夏之时，乘殷之辂，服周之冕。"《春秋左传·庄公二十四年》载晋国的申繻之言："妖由人兴。人无衅焉，妖不自在；人弃常则妖兴，故有妖。"《春秋左传·宣公十五年》记载晋国的伯宗言："民反德为乱，乱则妖灾生。"《春秋左传·庄公二十三年》记载周朝的史嚣言："国将兴，听于民；国将亡，听于神。"这些人文观不断发展演化，在整个中华民族中成了共识，从周礼规范下的周天子延续到大清的宣统。这是中国人文精神悠久的传统，这个传统在春秋战国的民族融合和文化整合时期不断得到加强。

顾颉刚先生在《崔东壁遗书·序言》中指出："战国秦汉之间，造成了两大偶像。种族的偶像是黄帝，疆域的偶像是大禹。这是使中国之所以为中国的，这是使中国人之所以为中国人的。"因为先秦中国是一个多种族多邦国的地域。

《吕氏春秋·用民》记载："当商之时，天下不同，至于汤而三十一国。"《逸周书·世俘解》记载："遂征四方，凡憝国有九十有九国，凡服国六百五十有二。"《墨子·非攻》记载："古者天子封诸侯也，万有余。"春秋战国时，兼并战争摧毁了种族封疆的原有界限，散处中原的无数小国、小邦、小族，以夏、商、周三大族团为核心走向融合与统一。

这种融合和统一的政治格局延续的过程也是中国天人宇宙观不断人文化的过程，汉朝发展出"天人感应"观，宋朝极端到"存天理，灭人欲”。就在这种政治化、伦理化的走向中，中国的人文精神被异化为伦理人文，即内化为一套人之所以为人的中国传统定律。这个定律的核心是“仁”。何谓“仁”，《论语》的《颜渊》释曰：“为人由己而由人乎哉!”《述而》释：“仁远乎哉？我欲仁，斯仁致矣。”《雍也》释：“夫仁者，己欲立而立人，己欲达而达人。能进取譬，可谓仁之方也。”把一个个体的人完全异化为整体的伦理社会之人，中国的人成了完全伦理的人，个体要完全融入社会伦理的整体中才是一个人格完善的人，即“仁人”，中国的人文精神也自然成了伦理的人文。

三、中国的伦理人文

中国的伦理人文是一种特殊的人文，是中国传统人文精神的极端，实际上是一种异化人文。中国是世界文明古国，有着光辉灿烂的历史和文化，是世界著名的礼仪之邦。这个礼仪之邦的国民是在几千年的人伦文化中熏陶出来的顺民，中国的国民是伦理之人，中国文化的人文精神在这样的国民身上显示出的是千古人伦。

中华民族文化经过汉朝的文化复兴和整合，使儒家学说上升为官方学说，由此也使中华民族文化政治化，这样儒家学说所具有的人文也随之异化为伦理人文。汉朝儒教文化得到弘扬和发展，仅汉武帝到平帝“百有余年，传业者浸盛，支叶蕃滋，一经说至百余万言，大师众至千余人”①。儒学得到广泛传播。“自光武中年以后，干戈稍戢，专事经学，自是其风世笃焉。其服儒衣，称先王，游庠序，聚横塾者，盖布之于帮域矣。若乃经生所处，不远万里之路，精庐暂建，赢粮动有千百，其耆名高义开门授徒者，编牒不下万人，皆专相传祖，莫或讹杂。”② 在儒学政治化的过程也即社会化的过程中，使儒学发展为整个中华民族的主流文化，儒学也因此成了历朝历代统治者的御用学说，

① 《汉书·儒林传》。
② 《后汉书·儒林传》。

成了统治中华民众的纲常教条。这种学说再与中华民族的宗法制相结合，完整地把中华民族纳入了一个自觉的道德伦理社会中，中华民族文化的传承人文也因此异化为伦理人文。具体体现在以下几方面：

1. 人——整体社会伦理中的个体

天下的国民是一个整体，天下是以周天子为圆心的一个宇宙，中国的天下宇宙观到周王朝时与周礼相结合，天意与人意结合，天理为人德，周礼的演化发展过程即是中国伦理人文不断完善的过程。人被定义在以"仁"为准绳，以"礼"为表象的伦理规范中，自周公改制到孔孟创立儒教，经过董仲舒"天人感应"观的发展，到朱子的"存天理、灭人欲"，中国人的个体逐渐被整体吞没，个体湮灭在整体中，中国的人文也就完全伦理化了。《论语》的"人、仁论"，《孟子·离娄下》："人之所以异于禽兽者几希？庶民去之，君子存之。舜明于庶物，察于人伦，由仁义行，非行仁义也。"既区分了禽兽又定义了人。人是有别于兽的群类，人群的核心是"仁"，即伦理中的人。中国的伦理是什么？"仁"下的人伦由什么来论？这是一个源远流长的传统，即兴于周朝的宗法人伦。

2. 宗法制下的人伦

西周是中国传统人文的奠基时期，周公改制构建的周礼是以后中国礼制文化的初始，周礼是在当时的井田制、分封制基础上建构的以家族为核心的宗法制伦理。为了有效地施行家天下的统治，自下而上地维护周朝的大一统局面，让下属诸侯顺理成章地归服周天子，西周构建了一套完善的等级分封的宗法制。在等级分封的宗法制中，周天子是天理的代行者，是各级同心圆的圆心，分封以等级为基础，血缘为纽带，实行嫡长子继承制，从周天子到各诸侯、卿大夫、士庶，都以嫡长子为续，各等级层次分明，长幼有别，尊卑有序，姓氏分明，大小宗各守其职、各尽其务、各守其责，建立起了一套以人与人之间的关系为核心的天子、诸侯、卿大夫、士、庶人等级秩序，这就是周礼。《尚书大传》记载："周公摄政……六年制礼作乐。"用礼规范人们的行为。《荀子·礼论》载："礼有三本：天地者，生之本也；先祖者，类之本也；君师者，治之本也。……故礼，上事天而下事地，尊祖先而隆君师，是礼之三本。"《白虎通·封公侯》也强调了"人有三等，君、父、师"。以此维护周朝的统治。

王国维在其《殷周制度论》中对此作了清晰的阐述："殷周间之大变革，自其表言之，不过一姓一家之兴亡与都邑之转移；自其里而言之，则旧制废而新制兴，旧文化废而新文化兴。周人制度之大异于商者，一曰立子立嫡之制，由是而生宗法及丧服之制。二曰庙数之制。三曰同姓不婚之制。此数者皆周之所以纲纪天下，其旨则在纳上下于道德，而合天子诸侯卿大夫士庶民以成一道德之团体。"这是在天与人之间做出的具有血缘传统的伦理规范，这是周礼的核心，人由生到死，都被纳入了社会细胞的最小单元家庭中，然后由下到上，由里到外，层层建构，形成一个宗法网络，把国民个体纳入了宗法的同心圆整体家国中。这就像一个蜘蛛网，都是由自身的丝编织成的网，是一种自由悖论，即由己又身不由己。从个体的自愿原则来说，这是一种自由的选择，因为人是群体的人，人不可能脱离群体，就像《荀子·王制》所述"故人生不能无群"一样；但这也是自由的丧失，宗法网络使人身不由己，这是一种异化的人文，在这种宗法人伦中实现了道德自觉化。在这种等级人文中的人是双重人权的人，并在周礼的基础上发展出一套儒教人文。

3. 双重人权的人

宗法网络中的人并没有丧失人权，这又是传统中国的人权悖论。人以家为生活中心，每个人在家庭中都是受保护的成员，有自己的生存权利，当这种权利受到外来威胁之时，全体家庭成员将会为每一个家庭成员而战，无论是生命的、经济的、政治的，这是中国宗法制之下的族权和义务。但族权实施到每个家庭成员身上时，个人的权利与家庭的义务是并行的，每个个体的家庭成员都要无条件地服从家法家规，个体的自由权利在家法家规中被消解。由小家构建的大家即有国以来的家天下，这种家天下治理的国民的权利也是双重的，因为家天下的家长是替天行道的天子，这个家长是天之子，但又用人文的人格来实现天的愿望。

天意就是民意，所以在家天下的中国奉行的是“民为贵、社稷次之、君为轻”的贵民贵人的人文思想，人民是天是水，君是子是船，这是世界古代史中难能可贵的人文思想。遗憾的是，阶级社会的有序靠的是权威，在家是家长的权威，在国家是国君的权威，社会单元细胞的宗法制顺理成章地上升为一套完整的纲常伦理，即《老子》所说的：“大道废，有仁义；智慧出，有大伪；六亲不和有孝慈，国家昏乱有忠臣。”这使社会立论有据可行，中国的伦理人文也逐渐形成，被视为贵的人和民也就被纳入了家国的大整体中。《韩非子·忠孝》对此做了说明：“臣事君，子事父，妻事夫，三者顺而天下治。三者逆则天下乱。此天下之常道也。”这样的家国中的国民在贵中获得的权利又在有序的伦理规范中被消解。这就是中国的传统双重人权，是中国人权的悖论，人文的异化。

四、儒教人文

中国的伦理人文在春秋战国之际发展为一套完备的儒教人文。周礼并没有使周朝的一统王朝天长地久，随着经济的发展，诸侯势力的壮大，周天子的权威受到挑战，诸侯列国崛起，宗法礼仪受到冲击，出现了各诸侯“八佾舞于庭”的超礼行为。社会的动乱虽然摧毁了诸侯的地缘格局、血缘基础，但并没有使周朝奠定的文化基础衰落，反而在这地缘宗族政治解冻之时，中国的文化在怀疑中觉醒，进入到第一次启蒙时期，产生了“百家争鸣”的文化繁荣景象。诸子百家面对变革着的社会，都在按自己的认识来建构新秩序，提出了许多新观点，但这种争鸣并未离俗离道，离开传统逻辑，而是依照周朝奠定的人文逻辑基础展开。在百家之中后来居主导地位的是儒家，由孔子创立，经孟子和荀子发展出初级的儒教理论。

儒教的创立者孔子面对礼崩乐坏的局面，为维护大一统的国家，极力推崇和发展周礼，其对周礼的推崇主要记载在《论语》中的《里仁》篇和《子路》篇中："不能以礼让为国，如礼何？""上好礼，则民莫敢不敬。""礼乐不兴，则刑罚不中；刑罚不中，则民无所错手足。"荀子也有同样的认识，《荀子》的《修身》、《强国》篇言："有治民之意而无其器则不成。礼之于正国，犹衡之于轻重也，绳墨之于曲折也，规矩之于方圆也。""治国而无礼，譬犹瞽之无相与！伥伥乎其何之？譬如终夜有求于幽室中，非烛何见？""礼之所兴，众之所治也；礼之所废，众之所乱也。"即"国无礼则不宁"，"礼"是"国之命"。这是针对当时的混乱局面提出的治国之道，治人之礼，符合当时的社会需求和中华帝国大一统的家天下传统逻辑。

《左传》也对这种需求作了记载："礼，所以守其国，行其政令，无失其民者也。""礼之本，将于此乎在。"礼是"经国家、定社稷、序人民、利后嗣"条例，所以"服于有礼，社稷之卫也"，"无礼必亡"，"坏国、丧家、亡人，必先去其礼"。周礼的巨大作用在这些论述中都很好地体现了出来。于是孔子"郁郁乎文哉，吾从周"，怎样维护周礼，只有在发展中维护，进一步赋予礼更多的内涵，为此孔子、孟子、荀子从不同方面对周礼加以发展，最后殊途同归于"仁"，形成了儒教内在于"仁"、外在于"礼"的表里相融的一套伦理规范。在这套伦理规范中建构起中国流传千古、不断发展的儒教人文。

《论语》的《阳货》、《八佾》阐述了孔子对周礼的认识："礼云礼云，玉帛云乎哉？乐云乐云，钟鼓云乎哉？""人而不仁，如礼何？人而不仁，如乐何？"孔子指出周礼的弊端是空而不实，他把"仁"作为礼的内核加以发展。孔子的"仁"是完全人文的"仁"，《中庸》对其人文思想作了精简阐述，即"仁者，人也"、"仁者爱人"、"泛爱众而亲仁"；是"己欲立而立人，己欲达而达人"、"己所不欲，勿施于人"；是"所恶于上，毋以使下；所恶于下，毋以事上；所恶于前，毋以先后；所恶于后，毋以从前；所恶于右，毋以加于左；所恶于左，毋以加于右：此之谓絜矩之道”。这是一种彻头彻尾的人文思想，也是中国传统人文的内核。遗憾的是，孔子发展周礼，提出“仁”的目的并非完全是为了个人的发展，他的“仁”是从社会政治需求出发而构建的一套与“礼”相匹配的政治理论，这就弱化了“仁”的完整的人文内涵，使其成了儒教人文。

儒教人文是一种被政治化了的伦理人文，实施的法则是“克己复礼为仁”，是“恭、宽、信、敏、惠、孝、悌”。这就要求主体、自由的个体的人服从整体的礼仪，让人文自由的个体消解、奴化在整体的伦理需求中。其结果是《论语》所述的“非礼勿视，非礼勿听，非礼勿言，非礼勿动”。形成君臣父子的政治等级秩序，“孝悌也者，其为仁之本与”，使“仁”与“礼”的结合深入到社会的基本细胞中，在“为仁由己”中使这种伦理人文成了道德自律。鲜活的人文的人成了被置于大大小小的条条框框中的受限者，中国传统人文精神中的自由活力也就被消解于整体的人伦中，中国的人文精神在整体的社会伦理化中被异化。以后的孟子、荀子则竭力在整体的政治伦理中贯彻人文，以“仁政”来实施他们倡导的人文，使“仁”扩展到社会各阶层的道德自律中。《孟子·离娄》上是这样论述“仁”的社会作用的：“天子不仁，不保四海；诸侯不仁，不保社稷；卿大夫不仁，不保宗庙；士庶人不仁，不保四体。”“惟仁者宜在高位。不仁者在高位，是播其恶于众也。”要君王“亲亲而仁民”。“民为贵，社稷次之，君为轻”体现的是民本思想及人性的社会规范，即“老吾老以及人之老，幼无幼以及人之幼”。由此而上升到“仁政”学说和仁、义、礼、智、信的道德规范，构建起了一套“父子有亲，君臣有义，夫妇有别，长幼有序，朋友有信”的道德原则。这虽然体现了人性、人的价值、人的地位，但这种人性、人的价值、人的地位具有限定性，这种限定性随着中国文化的不断政治化而成了否定人的个性、否定人的个体价值、否定人的个体地位的一种异化了的人文。这就是刘泽华、葛荃论述的“儒家文化中的人都只有社会群体化单项发展途径，人们的精神归属道德化宇宙，他的血肉之躯归属父母所有，他的意志和行为被父家长和君权紧紧束缚住。人们越是要成为儒家文化称道的人，就越要泯灭个性，否定自我。沿着儒家的道路不可能导向个人尊严、个性解放、自由意志和独立人格，儒家文化造就了一个顺民社会，从而成为君主专制主义生存的最好的文化土壤。”①

儒家文化的人文不仅使中华民族文化的人文精神成了宗法人伦，而且还是几千年来中国君主专制的文化土壤。这使中国的传统人文成了中国各专制王朝施政的一条准则，儒教人文也成了中国传统的政治人文精神。这是一种政治与伦理结合的人文，人被组合在《礼记·礼运》所说的“父慈、子孝、兄良、弟悌、夫义、妇听、长惠、幼顺、君仁、臣忠”的人伦关系网中，人被等级格式化为社会群体的辈分级别分明的伦理之人，这种人虽然被培养为拥有仁爱孝悌、谦和好礼、诚信知报、克己奉公、精忠爱国、见利思义的理想人格，但它忽视了个体存在的自我实现的人生价值，人的创造性、主体性被压抑。这样，千百年来儒教下的中华民族在这种官方的人文教化中变成了忠臣顺民，并在宗法社会网中建构起一套自觉的道德体系，从而达到了自觉捍卫封建集权专制政治体制的目的。尽管中华民族文化中有着士的文化精神，素有强调个人尊严和独立人格的“三军可夺帅也，匹夫不可夺志也”的传统，如《荀子·劝学》中的“是故权力不能倾也，群众不能移也，天下不能荡也……夫是之谓成人”，《荀子·臣道》的“从道不从君”，但这种人格是效忠于儒家道德理想的追求和献身精神的。

五、理学统治下中国儒教人文的死亡——个体精神的泯灭

孔孟的儒教人文在中国传统文化中的人文精神虽然被异化，但仍有着积极的作用，它不仅使中华文明源远流长地延续传承下来，而且使中华民族成了世界文明古国的礼仪之邦，这是无法否认的史实。然

① 《论儒家文化的“人”》，载《社会科学战线》1988年第一期。

而，中国传统的政治文化一直诱导着中国的文人，“学而优则仕”是中国士人的终极追求，十年寒窗就是为了仕途，就是为了精忠报国。传统的文化逻辑、传统的伦理教育、传统的人文思维推动着文人们不断地加强和发展儒教人文，最后使之步入极端。就在宋明所谓的又一次文化启蒙时期，中国的传统人文步入了死胡同。

儒家仁学中的个体人格的完善和塑造，成了以后中国文人及中国政治文化对社会人文中的个体异化的信条。《大学》中阐述的“古之欲明明德于天下者，先治其国，欲治其国者，先齐其家；欲齐其家者，先修其身；欲修其身者，先正其心；欲正其心者，先诚其意；欲诚其意者，先致其知；致知在格物”。对此《孟子·离娄上》作了说明，即“天下之本在国，国之本在家，家之本在身”。这种“修文德”、“行王道”的由整体到个体，再回归整体社会的人文思想与《论语·为政》中的孔子之言：“道之以政，齐之以刑，民免而无耻。道之以德，齐之以礼，有耻且格。”与《管子·牧民》的“四维不张，国乃灭亡”是相通的。

孟子把这种思想加以发展，《孟子·告子》记载的“圣人，与我同类者”，“人皆可为尧舜”及《中庸》“涂之人可以为禹”，“赞化育、参天地”。《中庸》的“喜怒哀乐之未发，谓之中。发而皆中节，谓之和。中也者，天下之大本也。和也者，天下之达道也。致中和，天地位焉，万物育焉。”在这里，中国人文思想全面地展示出来，中国人文思想确确实实是以人为第一要素，但这个人是中国传统文化精神中的人，是“天人合一”、“天德合一”的处于“你中有我、我中有你”异化了的人，人的个体精神已泯灭在“道统”之中。

程朱就是在这基础上对儒学加以改造发展，把其上升到完全的思辨哲学层次，把世界主体与客体的关系纳入儒教理论中，对孟子和荀子的人性论作了折中的综合，与古代即存的天理相融。“天理”最早见于《庄子·养生》：“依乎天理，批大隙，导大款。”戴震将此“天理”解释为“天然之分理”。“天理”与“人欲”这一对概念是在《礼记·

乐记》中第一次提出的："人生而静，天之性也。感于物而动，性之欲也。……夫物之感人无穷，而人之好恶无节，则是物至而人化物也。人化物也者，灭天理而穷人欲者也。"这里的"天理"是"天然之性"，而不是宋明理学的天理，对此戴震作了阐释："古人所谓天理，未有如后儒之所谓天理者矣。"认为人性实际是天理在人主体身上即心上的外化，是宋明理学家对儒学的发展，把儒学哲学化的结果。

宋朝是中华民族史上的复合发展期，由于江南的发展、国家的再次统一，中华民族文化的发展进入了全新时期。一方面经济发展，对外贸易繁荣；另一方面是儒教文化的深层发展，由人生哲理的儒教发展为宇宙观与人生观相融的哲学体系，人们往往把这一时期文化的发展称为启蒙时期。但是这是一个特殊的时期，宋朝周边的环境不容乐观，它周边有辽、夏、金几个少数民族政权并存，宋朝的外患严重。中华民族的民族意识、国家主义也在这时凸现，忧国忧民的文人为了大宋的强大，在思想意识形态领域作了不懈的努力，理学就是在这一环境中发展起来的。士大夫们力图通过加强思想教育来振兴国家，他们对传统的儒教文化进行突破，希望在创新中获得应有的社会发展机制。可是他们努力的结果并没有跳出中国传统的政治文化藩篱，其结果是儒教再一次被改造御用为官方的政治学说，中华民族传统的儒教人文也恰恰是在追寻人文中使人文泯灭。

宋朝的理学起于周敦颐、张载，发展完善于程颢、程颐、朱熹，他们的创学目的是《张子语录》中记载的"为天地立志，为生民立道，为去圣继绝学，为万世开太平"。他们在"本以儒学，兼容佛、道"的治学指导下发展儒教理论，以达到《太极图说》中的"同植纲常，同扶名教，同宗孔孟"的理论终极。为此，忧国忧民的士大夫各抒己见，阐发自己的观点。周敦颐认为："圣人与天地合其德。"张载在《正蒙·神化》中称："神天德，化天道，德其体，道其用，一于气而已。""二程"认为："在天为命，在义为理，在认为性，主于身为心，其实一也。""'人心'，私欲，故危殆；'道心'，天理，故精微。灭私欲，则天理明矣。”[1] 朱熹认为：“人者，天地万物之心也。心者，天地万物之主也。心即天，言心则天地万物皆举之矣。”“盖天地万物与人原是一体，其发窍之最精处，是人心一点灵明。……只为同此一气，故能相通耳。”[2] 即朱熹《太极图说解》中的“性者人之所受乎天者，其体则不过仁、义、礼、智。”“盖人受天地之中以生，其未感也，纯粹至善，万里具曰，所谓性也。”“人欲炽盛，而天理灭息。”“反躬自省，念念不忘，则天理益明，存养自固。”[3] 在“格物致知”的认识论中达到其在《朱子文集·答陈齐仲》中论述的“穷天理、明人伦、讲圣言、通世故”的境界，实现其在《朱子文集·白鹿洞书院》揭示的“父子有亲，君臣有义，夫妇有别，长幼有序，朋友有信”的有序的伦理社会。

朱熹把天理置于绝对理念的终极，提出“明天理、灭人欲”的极端禁欲口号，并与儒教的纲常伦理结合，在《朱子文集》中对这一观点作了阐述：“仁义礼智，岂不是天理？君臣、父子、兄弟、夫妇、朋友，岂不是天理。”极端到“人之一心，天理存，则人欲亡；人欲胜，则天理亡，未有天理人欲夹杂者”[4]。所以他主张“学者须是革尽人欲，复尽天理，方始是学”，“圣人千言万语，只是叫人明天理，灭人欲”[5]。这一理论把儒教里被异化后仅存的整体性人文一扫而光，把整个国民从士到广大民众的人性都消解在理学的纲常伦理中，中国的传统人文精神最终死亡，人成了“君要臣死，臣不得不死；父要子亡，子不得不亡”，“饿死事小，失节事大”[6] 的他物或儒教纲常伦理的信条下的受限者。这不仅使儒学走向禁欲主义，更为可悲的是在这种“启蒙”中完全扼杀了人的自主性。

---

① 《河南程氏遗书》第十八、第二十四。
② 《王文成公全书》卷六《答季明德》，《王文成公全书》卷三《传习录》下。
③ 《朱子文集·答陈齐仲》。
④ 《朱子语类》卷十三。
⑤ 《朱子语类》卷十三。
⑥ 《伊川先生语》卷八。

程朱理学在升华中国传统儒教的哲学历程中，完备了儒教理论，在儒、释、道三教融合的基础上使伦理的儒学哲学化，真正实现了“天人合一”、“天人合德”的客体和主体的统一，实现了中国几千年来儒学追寻的目的。但是学术研究的目的是为政治服务，学术一旦与政治结合，并为政治服务，其价值的走向、学术思想的内涵就会南辕北辙。本来两宋的理学是一种人文的信仰，倡导以人为主体，在心与性、理的统摄中塑造“气”的精灵实体——人自我，以便实现人与自然、人与人的和谐，从而达到大同的愿望，这是儒教鼻祖孔圣人几千年前就设计的宏伟蓝图。同时，其在阐述人欲时，并非否定人天性中的自然欲望，人的一般物质欲望是得到肯定的：“若是饥而欲食，渴而欲饮，则此欲亦岂能无。”① “或好饮酒，或好货财，或好声色，或好便安，如此之类，皆物欲也。”② “饮食者，天理也；要求美味，人欲也。”③ 只是“人欲者，此心之疾疢（病），循之则其心私而且邪。”④ “只为嗜欲所迷，利害所逐，一齐昏了。”⑤ 所以，天理与人欲的关系是“有一个天理，便有一个人欲。盖缘这个天理须有一个安顿处，才安顿得不恰当，便有人欲出来。”“人欲便也是天理里面做出来。虽是人欲，人欲中自有天理。”⑥ 为了在“格物致知”中完善人格，从而达到修身、齐家、治国、平天下的大儒蓝图，就得“明天理”，要“明天理”就得消除人的自私欲望，实现孔圣人设计的大同社会的宏伟蓝图，这是中华民族文化中士文化精神的最终目标。但在专制集权的政治体制下，程朱完备了的儒教哲学思想，在维护社会的有序目的上所反映的阶级社会等级秩序的伦理规范，正适合集权专制的封建王朝的需求而

---

① 《朱子语类》卷九十四。
② 《朱子文集》卷十二。
③ 《朱子语类》卷十三。
④ 《朱子文集》卷十三。
⑤ 《朱子语类》卷八。
⑥ 《朱子语类》卷十三。

被大加利用，程朱理学就是在被利用中失去了其人文的价值，他们伦理的人文、中华民族的人文精神再次被异化，中国的人文精神在异化中步入死胡同。

这不仅使程朱学说中本来为克制人的自私贪婪的“人欲”与维护封建等级秩序及夫权社会的糟粕被鱼目混珠地等同起来，成了维护封建统治的理论工具，而且还被顺理成章地利用到整个文化教育和社会机构中，这典型地从元、明、清以来的中国最先进的选拔官吏的制度——科举制中体现出来。明清是中国封建王朝由极盛到衰落的转折期，中国传统的科举制在这一时期变得僵化，弊端丛生，其中一个主要的原因就是封建王朝把本来人文的儒学完全御用，使其人文在情理和传统逻辑中异化。在科举考试中，明清都把《四书》、《五经》和理学家的《太极图说》、《西铭》、《正蒙》、《四书集注》等儒家经典作为必考科目。这本来无可非议，但在这种规定中，使中国人文精神得到完整展示的科举制变成了僵化的教条，鲜活的个体被埋没在死读书、背教条、务抄袭的教条中，这种读书形式再与一套封建的政治文化——“学而优则仕”及统一标准、程序、步骤相结合，中国优秀的文化传统——科举制也发生了异化。正像美国学者戴维·博大尼斯在其《为什么现代科学在中国不能发展起来》一书中评论的那样：“当欧洲还笼罩在黑暗年代的阴影之中，中国的官员就已精神抖擞，乘着装有指南针的轻便马车，到各地去参观装置着固体燃料的探空火箭的一些天文研究中心。1000 年之后，欧洲科学家在发动工业革命时，中国官僚却还在迈着固定的方步。相形之下，他们已经不那么精力充沛了。”这段论述从纵横两方面展示出在世界潮流中，中国的文化不仅未发生随潮流前进的变化，而且是老态龙钟，原因何在？原因在官员，他们精力不充沛，在僵死的考官制，在八股文，在为功名而应试的科举制中，儒家经典之外的一切学科都是多余的，中国的人文在步入科学时代之时被理学异化，这种异化从思想上阻碍了中华文明的转折发展，明清两朝的政治御用使其变成了中华民族文化的痼疾，在思想文化、社会结构中积重难返，这使得今天的中国人文的构建步履维艰。

六、崇“德”的伦理人文精神

中国儒教文化以“仁”为核心、以“礼”为表象构建的中庸文化，在社会生活中体现出的是以“德”为伦理主导的正统、道统，就是在正统与道统中，中华民族的中庸文化却走向了它的反面，进入与中庸相悖的崇“德”的极端中。即在“中庸”文化精神熏陶下的中华民族由于局限于“中庸”的礼节而步入另一极端，出现了与“中庸”相对的极端崇“德”倾向。从古代到当代，在对人的认知上，都教条地以封建伦理的“礼”为准则，历史人物的功过是非，衡量的标准是符合正统、道统的“礼”和“德”。

这源于中华民族远古文化的“天命”之理，带有人文色彩的“天命”在生活实践中以“德”为内涵、以“礼”为表象互为表里的准则上，具体表现为对“德”的极端尊敬，整个中华民族活跃在崇“德”的氛围中。自远古到现当代，中国历史上都是一些富于伦理色彩、对中华文明史有着重大贡献的文化英雄，有力度的征服型英雄则居于不显著的地位。赫拉克勒斯式的射日英雄后裔最后变为穷兵黩武的典型，气吞万象的“逐日”夸父最后被正统的文化超人、有德的黄帝击杀，而桀骜不驯的英雄壮士桀成了暴君的典型。中华民族的“人文始祖”黄帝所激起的伦理崇拜热情，成了中华民族文化精神中理论历史人物的核心导向，并由此步入极端。

这一突出的传统思想，在历史上主要表现在对我国社会大变革时期的三国时期的历史人物的评价上，魏、蜀、吴三个割据政权得到认可的是所谓依血缘而论的汉王室正统的刘姓天下的蜀国，就人物而言，一代枭雄曹操这位有能力实现全国统一与安定的人物倒成了奸雄，一直与曹魏对立，多次出师祁山未有成果的诸葛亮则成了中国历史上智慧、忠臣、谋士的化身，成了历朝历代的楷模，睿智的司马懿却因为获取曹魏政权而褒贬不一。这都是“中庸”悖论下的“正统”与“道统”中极端崇“德”的结果。诸葛亮及后汉代表的是具有皇室血统的大汉政权而得到肯定，曹操、司马懿虽然代表了时代潮流、代表了变革的倾向却受到贬斥。

这即是“中庸”悖论的结果，是中国极端文化精神的表现。首先，“中庸”要求人们“不偏之谓中，不易之为庸；中者天下之正道，庸者天下之定理。”这成了禁锢人们思想的教条，竭力地维护着传统的文化，要使一切都置于“静”中。在生活中要人们“知和而和，不以礼节之，亦不可行也”。“庸德之行，庸言之谨。有所不足，不敢不勉。”严格按照儒教礼教行事，做到“不敢为天下先”，“知足者富”，“知其白、守其辱”，“明哲保身”，“知足常乐”，“安分守己”，“适可而止”的境界。对人的认知却不再“中庸”，而是走向极端，对历史人物、对现实人物的认定，都是以唯一的僵死的眼光来看待，“守”则全，“变”则缺；“全”则褒，“缺”则贬，而不是像西方那样辩证地看待，把人放在“变”中来确定。特别是英雄人物，只要是符合潮流，只要是在高尚不断战胜卑下的一面中发展着自我，就都能得到肯定或得到一分为二的评价。这种文化精神传承下来的结果是：中国人往往喜欢一棍子打死人，在行动上极端化——一窝蜂上、一窝蜂下。出现人云亦云的不加分析的极端的社会风气。这窒息了中国文化的发展，扼杀了中国才子们的创新精神。

七、中国政治文化中人文精神的最高表现——民本精神

中国政治文化的人文精神有着悠久的历史，从远古造福于民的女娲炼五彩石补天到神农氏尝百草，到为治水三过家门而不入的大禹，都充分显示了中国先祖或文化超人们为民的圣人典范。这种圣贤政治成了中国政治文化的传统精神，进入文明时代后不断发扬光大，成长为一种中国特色的政治文化传统精神——民本精神。

民本精神是以民为本的政治文化精神，中国的民本精神滥觞于远古，行于夏、商、周，形成于春秋战国时期。远古的圣王思想，在中

国文明史中不断演进，至夏、商、周初步发展为民本精神的政治文化。《尚书》详细记载了远古至夏、商、周几代民本精神的发展轨迹，在《尧典》、《大禹谟》、《皋陶谟》中记载了上古时期初始圣人们的民本精神："克明俊德，以亲九族；九族既睦，平章百姓；百姓昭明，协和万邦，黎明于变时雍。""德为善政，政在养民。""天聪明，自我民聪明；天明畏，自我民威。达于上下，敬哉有土。"《五子之歌》、《盘庚》、《泰誓》等也记载了夏商的民本精神："民为邦本，本固邦宁。""重我民。""民之所欲，天必从之。""惟欲至于万年，惟于子子孙孙永保民。"《周易》的《师》、《蛊》、《系辞下》记载了周朝的民本精神："君子以容民畜众。""君子以振民育德。""通其变，使民不倦；神而化之，使民宜之。"《尚书·太誓》认为："天视自我民视，天听自我民听。"《左传·僖公十九年》上记载："民，神之主也。"《左传·庄公三十二年》记载："国将兴，听于民；将亡，听于神。"《左传·昭公元年》记载："民之所欲，天必从之。"这一时期的民本精神处于演进之中，由圣贤扩展到君子，外延的扩展示意着中国政治文化中的民本精神处于升华中。

民本精神到变乱的春秋战国时期得到进一步完善和发展，兼并战争带来的动乱一方面推动着社会变革的进程，另一方面也使民众处于战乱的灾难中，民不聊生。《史记·太史公自序》对春秋战国的混乱局势作了精练的简述："弑君三十六，亡国五十二，诸侯奔走不得保其社稷者不可胜数。"这种社会局面震动着这一时期的启蒙思想家，当他们的眼光投向民众之时，中国政治文化中的民本精神再次凸现出来，并且得到弘扬、发展和完善。诸子百家的思想无论那一派，都没有脱离民本精神的导向，这从诸子百家的著作中反映了出来。

《国语·周语》对人民的力量认识较透彻，认为："民为邦本，本固邦宁。"对君与民的关系论述也是以民为本："君者，舟也。庶人者，水也。水则载舟，水则覆舟。"

《左传·昭公三年》阐述了统治者对人民的态度及其结果："其爱

之如父母，而归之如流水。”

老子则认为统治者应以人民的意志为自己的意志，《老子》四十九章记载圣人的本分是：“圣人无常心，以百姓心为心。”

墨子在《墨子·尚贤》中要求统治者：“不党父兄，不偏富贵。”“与百姓均事业，共劳苦。”

民本思想还集中体现在儒家学说中，《礼记·檀公下》中孔子感叹的“苛政猛于虎也”，既表述了儒家对民众的同情，又反映了动乱时期的社会状况，孔子的“民无信不立”反映了其对民心、民意的重视，孔子的民本精神在其经典《论语》中阐释得非常清楚。《尧典》载：“所重：民、食、丧、祭。”“宽则得众，信则民任焉。”要“修己以安百姓”、“因民之所利而利之”。《为政》、《阳货》记载了其对民的思想是“慈”、“宽”、“惠”，而《子路》要“务民之义”，《学而》要“敬事而信，节用而爱民，使民以时”，从民心、民意发展到了民所需、民所急。《学而》记载民本思想的核心是“仁者爱人”。《公冶长》记载：“道千乘之国，敬事而信，节用而爱人，使民以时。”《雍也》：“君子之道四焉：……其养民也惠，其使民也义。”“博施于民而能济众。”《颜渊》记载：“百姓足，君孰与不足？百姓不足，君孰与足？”

孟子进一步发展和升华了孔子的民本精神，把民本精神完全升华到整个治国之政中，在其“仁政”实践中实施。其理论在《孟子》的各篇中均有论述，在《公孙丑下》中，孟子对民本思想实施的原因及其重要性作了透彻的论述，认为：“天时不如地利，地利不如人和。三里之城，七里之郭，环而攻之而不胜。夫环而攻之，必有得天时者矣；然而不胜者，是天时不如地利也。城非不高也，池非不深也，兵革非不坚利也，米粟非不多也，委而去之，是地利不如人和也。故曰：域民不以封疆之界，固国不以山溪之险，威天下不以兵革之利。得道者多助，失道者寡助。寡助之至，亲戚畔之；多助之至，天下顺之。以天下之所顺，攻亲戚之所畔，故君子有不战，战必胜矣。”除《尽心下》中强调“民为贵，社稷次之，君为轻”的“仁政”核心民本精神外，还在《离娄上》提出民为立国之基的经典论断："诸侯之三宝：土地、人民、政事。""桀纣之失天下也，失其民也；失其民者，失其心也。得天下有道：得其民，斯得天下矣；得其民有道：得其心，斯得其民矣。得其心有道：所欲与之聚之，所恶勿施尔也。"民是立国之本，在其他篇幅中还具体提出了民本精神的实践准则，即避战、避荒、戒杀、施惠于民的"仁政"措施。

荀子的民本精神最彻底，在《荀子》的《君道》、《大略》、《王制》中提出了一套完整的为君之道："君人者，爱民而安，好士而荣，两者无一焉而亡。"《君道》对为君之道作了阐述："天之生民，非为君也；天之立君，以为民也。"君民关系是"君者，舟也；庶人者，水也。水则载舟，水则覆舟"。君民关系是仪景关系"君者，仪也；民者，景也。仪正而景正。"这是中国政治文化著名的"王道"政治理论。

中国政治文化中的民本精神虽在秦朝时受挫，但其在整个封建社会政治统治中的精神力量是任何封建王朝都无法替代的。新兴的汉朝吸取秦亡的教训，积极倡导民本精神，以民本精神为主导来加强汉朝的统治，一方面在政治实践中弘扬民本精神，实行轻徭薄赋休养生息的政策，另一方面在文化复兴和文化整合中发展民本精神，使之完善。从汉初《新书·大政上》中的"闻于政者也，民无不为本也。国以为本，君以为本，吏以为本。故国以民为安危，君以民为威侮，吏以民为贵贱。此之为民无不为本也"。《汉书·董仲舒传》中的"夫民者，万世之本也，不可欺"。"君者民之心也，民者君之体也"。《汉书·鲍宣传》的"天下乃皇天之天下也。陛下上为皇天子，下为黎庶父母，为天牧养元元，视之当如一，合《尸鸠》之诗"。直至《春秋繁露》的"天之生民，非为王也；而天之立王，以为民也。故其德足以安乐民者，天与之；其恶足以残害民者，天夺之"。提出了一套"天德合一"的民本思想。

到后汉时民本思想进一步得到发展，《潜夫论》对民本思想作了精辟的论述。《潜夫论·遏利》：“帝以天为制，天以民为心，民之所欲，天必从之。”“夫天者国之基也，君者民之统也，臣者治之材也。”《潜夫论·本政》：“民安乐则天心顺，民愁苦则天心逆”。《潜夫论·爱日》：“国之所以为国者，以有民也。”民本思想成了中国政治文化的传统精神。到宋代儒学发展与哲学化时期，民本思想仍然是儒学大师们崇尚的政治理想，程颢、程颐认为：“王道之本，仁也。”朱熹也认为：“德与政非两事，只是以德为本，则能使民归。”“为政以德，非是不用刑法号令，但以德先之耳。以德先之，则政皆是德。”①

明末清初，中国传统文化中的民本精神得到升华，王夫之提出“民即天”的思想：“可以行之千年而不易，人也，即天也，天视自我民视者也。”“以理律天，而不知在天者即为理；以天制人，而不知人之所同然者即为天。”②“天视自我民视”是儒家经典《尚书》中的一句话，在这里王夫之剥去了其神性色彩的外衣，完全使其回归到“天即人”上，这是民本思想的升华。黄宗羲进一步发展了这一实践的民本思想，认为：“天下之治乱，不在一姓之兴亡，而在万民之忧乐。”“天下为主，君为客。”③ 这已带有近代的民主思想色彩了，对中国上千年的专制制度提出了挑战，中国传统文化中的民本精神随着时代的发展不断得到升华。

经过汉朝完善、宋朝发展、近代升华的中国政治文化中的民本精神成为中国各朝各代政治文化的主旋律，任何一个盛世王朝无不遵循这一文化精神。盛唐的奠基者唐太宗李世民遵循的就是荀子的“君民水舟”关系的民本精神；大明王朝的建立者朱元璋在元末农民战争中看到了民众的力量，在其施政中以民本精神为主导，实行抑制豪强、整顿官吏的措施安顿民众、发展生产；入主中原的满族以民本精神为

① 《朱子语类》卷二十三。

② 《读通鉴论》卷十九。

③ 《明夷待访录·原臣》。

主导，施行停止圈地、实行更名田、奖励耕植、整顿赋役的保民养民政策。这种民本精神成了中国政治文化的传统，到孙中山的共和时期，三民主义中就有体现民本精神的“民生主义”。这是中国文化传统中儒教人文精神发展的结果。但这种民本文化精神在中华民族这个有着根深蒂固的宗法血缘传统的集权专制的社会中形成的是一种官为民做主的生活逻辑和实践，尽管明末清初有了民主的趋向，出现了拥有民主思想的文化精英，但这是小范围的有限阶层的觉醒，它不能形成一种全民的文化态势，就因为官为民做主的思想观念，即《尚书·洪范》中所阐述的“天子作民父母，以为天下主”、“天佑下民，作之君，作之师”思想成了中华民族的传统逻辑，这样，本来是具有人文精神的民本思想，到了近现代社会转型时期，反而由于其根深蒂固的影响而成了遏制中国社会民主因素滋长的重要文化因素。

中国的传统人文精神历来五彩斑斓，尤其在中国古典文化中蕴涵了丰富的人文精神，其天人合一、心性义理说、立人极之道等人文思想成了调节现代工业化社会弊端的理论，并在这个认知中产生了新儒学。但现实的形势并不令人乐观，因为中国古典文化的人文精神所具有的局限性，即伦理人文在发展中与政治的密切结合，使中国人文精神以群体的抽象性显示出来，失去了个体的鲜活、人性内在的个性。在中华大地上培育出的是无自我的顺民，国民的心性不是由自我来展示，而是依靠权威，这是集权专制的温床。这是中华民族内在的人文悲哀！外在人文由于注重现世人伦，轻宇宙观、本体论而出现“杞人忧天”的古典笑话，这则笑话充分显示了中国古典人文的特点，“杞人”在西方是智者，在中国是愚人。这一“智”一“愚”，把整个中西方的思维方式清晰地展示出来，西方注重的是人与自然，中国注重的是人与人。这就奠定了以后中西文化发展趋向的殊异性。中国的古典人文精神与科学精神、宗教精神相离，与道德精神、艺术精神相切合，塑造出的中国文化是重人文文化，轻科学文化。浩瀚的古典文献多是人文典籍，科学文献稀少，整个中华文明缺乏整体的、精确的科学精神。所以中国这个世界文明古国尽管有许多发明创造，但终究未引发出生产力的变革，这使中国由世界文明古国变为发展中国家。

第二节　西方传统人文精神

西方的人文精神与中国的人文精神其发展历程不同，它不是线性发展的人文，不是整体的社会伦理人文观，而是个体的自主的人文观。西方人文精神经历了神话时代的张扬，古典时代的弘扬，中世纪的受挫，文艺复兴时期的重现，宗教改革中的应用，启蒙运动的发展，到资本主义时代在弘扬与反叛中坚持对人文精神的坚守和追寻。

“humany”一词源于西方的文艺复兴时期，13～14世纪，由于西方古典文化的回归和发掘，在西方掀起了研究古希腊罗马文化的热潮，这种热潮的产生是基于萌芽中的西方资本主义文化需求之上的，故由研究转入到文化启蒙中。西方学者在以研究古希腊罗马文化为己任的同时，以古希腊罗马的“人文主义”为旗帜开展启蒙运动，西方古典时代的“人文主义”思想成了西方近代启蒙运动的核心思想。意大利文艺复兴运动对传统人文的恢复和弘扬，起到了承上启下的作用。西方古典时代的人文传统源于文明初始的神话。

一、神话时代的人文精神

西方开天辟地的文明史与世界各区域的文明史是共同的，第一段文明史是神话时代，这个时代是神与英雄的时代。其神话题材有序地整理为《荷马史诗》和《神谱》，这是一个神和英雄的时代，是一个神性与人性交相辉映的时代。神是不死的人，人是有死的神，神、人同形、同性，神话即是人话，人类的人性发展到了顶峰。萌芽中的西方文明沐浴在人文精神的和风细雨之中，世界上没有任何一种文明中的人文有这么发达。整部神话释放出的是人性的光辉、人文的气息。

1. 自然人文化

用人文神话来解释自然现象。古希腊人在战天斗地、征服自然的过程中，把无穷的苦难化为轻松的幻想，他们用经历给予他们的智慧和素材编织出五彩斑斓的神话。把自然人格化，用人性来解释天地万物的成因、发展，用语言的活水浇灌着原始的人性和人文精神。他们把自然人格化，用神话来解释自然现象，四季的变化被形象化为得墨特耳失去与得到女儿的悲欢离合，她与女儿团聚之时是春光明媚、繁华的春夏，与女儿离别是萧条的秋季和寒冬，这是多么人性化的写照；而向日葵注目太阳的不停运转更是释放出了人类情感的光辉，展示出一个少女对爱情的神往与专注。古希腊人把自然描绘成和自己既相像又相异的生物，变化无常、豪放宽广的大海被他们人格化为心胸开阔、粗犷豪放、喜怒无常的波塞冬；雷电霹雳的化身是威严无比、地动山摇的宙斯；和谐、温暖的太阳成了俊美的阿波罗；沉静、优美、贞洁的月亮化为柔美的阿尔忒弥斯；爱与美的象征成了出水芙蓉阿芙洛狄忒；智慧的象征是出自神王宙斯脑袋的雅典娜。这种人文的构思、人性的张扬在古希腊神话中达到巅峰。古希腊神话使大自然沐浴在人性的光辉中，人文精神播撒到整个大地上，人性的光辉、人文的气息一直挥洒到西方早期文明的终结。

2. 神、人同形、同性

古希腊的神是完全人性化的神，他们的神不是被高高地供奉在奥林匹斯山上，不食人间烟火、戴着神秘面纱静修的冷面神；他们的神是与人同形、同性的神，他们与人的区别只是不死的人与有死的神的区别。各位神祇不仅矫健柔美，而且也像人一样，刀枪可入，并且会流淌殷红的鲜血。他们也有喜怒哀乐，有爱憎，有七情六欲，他们也要生儿育女，是活脱脱的人性生活。他们也有暴烈、温善、幽默、急躁等各种人性，他们也是一群有着罚恶扬善、乐于创造、崇尚知识、富有同情心和怜悯心的有着优良品质的神；同时他们不是圣贤的神圣，他们也有虚荣好斗、意气用事、嫉妒逞强的人性弱点，也会由于私欲的膨胀进行生灵涂炭的残杀；他们还会搞恶作剧，用网缉拿偷情的阿瑞斯和阿芙洛狄忒以之作为消遣的笑话，活脱脱地展现出人类的盎然生机。神不满足于神界生活，他们积极投身到人类生活中，享受人类的爱情，繁衍英雄，参与人类的纷争。这种神、人同形、同性，让人类对自身的生命感到满足、完满，充满快乐和信心，这是典型的人文精神的张扬。从克里特人性的绘画与雕刻到整个古典时代的雕刻与建筑，无一不沐浴在人性与神性交融的人文光辉之中。

3. 神和英雄充满自由和追求

奥林匹斯山上的神系大家族尽管有高高在上的宙斯大王，但这是一个富有民主、自由、平等、追求的王国。特洛伊战火燃起之后，宙斯一声令下，众神按自己的意愿在希腊和特洛伊人之间穿梭，没有神王的指令和强迫分工。神界是一派繁忙的景象，神王忙着播撒情种，繁衍强壮的后代；王子阿波罗每天驾驶着大车驱赶着太阳东升西落，毫不倦怠；赫淮斯托斯每天受着烟火的熏烤制作没完没了的工具；狄俄尼索斯每日忙着移植葡萄和酿造葡萄酒。整个神系大家族没有一个是养尊处优、衣来伸手、饭来张口的寄生虫，大家都是平等的劳作者、追求者。每位神都是拥有技能的神，普罗米修斯不但创造了人类，而且把他的造房、耕种、识别季节、天文、医药知识等生存技艺传给人类；神界的知识是靠生活经验和学习获得的。神话中智慧之师是拥有各种技能的喀绒，他是所有神话英雄的导师，英雄们从他那里学到武艺、医术、美术、讲演术、琴术等方面的知识。而各门知识也是在生活实践中获得的，阿波罗之子阿斯克勒匹俄斯受教于喀绒，在求学中热衷于医药，于是深入实践不断探索，从对蛇的救死活动中，找到了起死回生之药，但由于造成阴阳失衡，阿斯克勒匹俄斯被宙斯的雷劈死而使该药失传。他们的自由是意志的自由，各位神和英雄为了自己的愿望自由地去拼搏奋斗，阿耳戈英雄的冒险征战就是为了得到传说中的金羊毛，阿喀琉斯英年早逝是为了英雄的夙愿，赫拉克勒斯的十二件奇功是为民除害和完善人格，这些都是人文的挥洒和人性的光辉。

4. 崇“力”的自然人文精神

西方文化中的人文精神，还可以从其对显示人的主体地位的“力”的崇敬上透视出来。西方文明之源的古希腊文明就把“力”作为崇拜的对象，在整个古希腊神话中，各位神和英雄从里到外显示出的都是孔武有力的形象，任何一位神都有着伟大的力量，并塑造出了力的化身赫拉克勒斯。在大自然面前，叱咤风云、扭转乾坤的是“力”和以之相配的智慧和知识，而非中国的道德力量。西方所崇拜的是征服型的英雄。希腊神话中的天神都具有超人的神力，他们不受伦理道德的束缚。正如尼采在《悲剧的诞生》中所描述的①：

> 凡是内心怀有不同的宗教感情，寻求道德超升、圣德、精神性、慈善、仁爱而接近这些奥林匹斯诸神的人，立刻会不得不带着沮丧失望的心情而离开它们。因为在这些神祇身上，没有任何东西可以使我们想到禁欲主义、高度理智和义务。我们所遇到的是旺盛而意气昂扬的生命力，而这个生命把一切好的和坏的都神圣化了。

远古希腊的文化来自天神的创造，而非人为的努力，从自然到人类的物质文明和精神文明多由超人的神力创造。而力量的体现又从各位英雄的征服中显示出来，有伊阿宋为了满足贪欲和王位进行的阿耳戈英雄的远征，有赫拉克勒斯建立十二大奇功与自然的较量，这一切都是不择手段在对“力”的无限崇拜中进行的，众神之王宙斯是神力的凝聚。对力的崇拜的终极是征服自然、征服人类，为自己的发展拓展空间。这成了西方文化的精神，以后西方历史上的煮酒论英雄都是以“力”及“力”的象征——征服性为导向。历代的帝王不是以德而论，而是以其征服中的丰功伟业来论，无论是亚历山大大帝、恺撒大

① 尼采：《悲剧的诞生》，第22页，作家出版社，1986年版。

帝还是彼得大帝都是以他们的拓展精神而获得“大帝”之称的。就是在“崇力”中，西方文明由零星的爱琴海文明拓展为世界文明，由蛮荒简陋之地发展为世界科技工业中心。

二、古典时代的人文精神

神话时代的人文精神并没有随着英雄时代的结束而消失，因为它已深深地蕴藏在爱琴海文明的土壤之中。古典时代是人文精神的继续弘扬期，到古典时代西方的人文精神完全在文化中释放出来。古典时代是指古希腊罗马时期，这是西方古代文明的辉煌期，这种文化是完全奠基在工商业、农业发展的经济基础之上的文化。其文明的历史是在原始社会完全解体的基础上，经过不断的变革才建立起来的，是用地域代替血缘、用财富政治代替氏族政治、用共和体制或奴隶主民主体制代替了血缘世袭制的神王政治，经过彻底的革命和变革而确立的。

由于社会经济和奴隶主民主政治的发展，以雅典为核心的古希腊文化步入了辉煌期。尽管是奴隶主民主制，它却奠定了西方民主、自由、平等的根基。因为整个社会除了被征服者、外邦人以外，所有城邦的居民都是自由、平等的，是享有政治权利的公民。雅典的改革最具代表性，它完全用财富政治代替贵族政治，废除了债务奴隶制，用法律保护了私有财产，使雅典公民的权利有了保障，实现了平等、自由。人文精神主导着古典时期的文化，西方进入了文化奠基的“轴心时代”，这一时期的公民在自由、平等、民主的人文环境中不断地追求、享受、创造，他们在哲学中探寻宇宙的奥秘、人生的终极、理想的家园；在戏剧中分享着人类的酸甜苦辣；在闲暇的、漫谈的教育中启发着人们的智慧，在辩论中寻找国家法律。人文思想释放出了灿烂的光辉，第一个哲学家泰勒斯诞生了，哲学“三圣”——苏格拉底、柏拉图、亚里士多德随之出现；埃斯库罗斯、索福克勒斯、阿里斯托芬登场了。这是一个巨人辈出的时代，人性的光辉大放异彩。承接古典文明的罗马人继续发扬着古希腊的人文精神，古罗马的法制不仅授予人们生存权，而且授予了人们财产权，法制的社会体系在欧洲初建。罗马人不仅继承了古希腊人的文化和人文精神，而且发展了雅典的法庭、法律，使之由雅典的爱琴海区域扩展到整个欧洲。这样我们透过维纳斯的美貌、雅典娜的智慧、宙斯的威严、阿耳戈英雄的历险、亚里士多德的多才、罗马的法制完全可以领略到西方古典时代文化中的人文精神。

这是一个个体自由、个性张扬的时期，这是完全以人为中心的时代，正如古典时代的智者普罗泰戈拉所宣称的："人是世间万物的尺度，是一切存在的事物所以存在，一切非存在的事物所以非存在的尺度。"这时，人们意志是自由的，他们在冒险、征战、文化创造中实现自我，他们拥有凭着意愿追求幸福、享受生活的权利。人们关注自我，正像德谟克里特所说："对于好的公民来说，专门去管别人的事而忽略了自己的事是没有好处的，这样，自己的事一定会弄得很糟。"当时的人们认为："获得相对于别人而使自己得到安全的任何手段都是自然的善。"① 古典时代的人们承认个体的尊严与价值，肯定个体的自然权利，用自然的标准作为个体自由的尺度，鼓励个体的天赋创造能力，让人们尽情挥洒其所蕴涵的勇敢、力量、智慧，以此来完善人格、实现自我。这是一种自然豪放的人文精神。西方的这种人文精神不断地在曲折中发展着，即使是在所谓"黑暗的中世纪"也未泯灭，它仍以不同的形式辐射到西方社会的各阶层、各领域。

三、中世纪骑士的浪漫人文精神和基督教人道中的宗教人文

中世纪西欧的文化经过大变革后处于古典文化、基督教文化、日耳曼文化的整合之中，最后确立起以基督教文化为核心的宗教文化。在这种文化环境中，荷马时代、古典时代的人文精神被湮没。现实生

① 周辅成编：《西方伦理学名著选辑》（上卷），第27页，第87页，第93页，商务印书馆，1987年版。

活是苦难的历程，人生是为了信仰上帝和拯救自己的灵魂，人生的目的在彼岸，彼岸是永恒的。这种对现实、对生活的否定，是完全与人文精神相悖的。人性受到压抑，生活被扭曲，人生被虚幻。人的创造力、生命力萎缩，人成了上帝的奴仆，是上帝的工具，人完全丧失了自我。这样的文化使欧洲处于简陋、停滞之中，5～15世纪欧洲的历史被称为黑暗时期。但这一时期并不意味着死亡，只是长时段历史中的一次休眠，欧洲的传统并未完全丧失，古典时代的工商业基因、神话时代的冒险精神仍在意大利中北部、法国南部地区潜在。

随着欧洲封建经济的出现，封建制的确立，其潜在的人文精神也开始萌芽，这主要从骑士阶层中透视出来，即追求爱情的浪漫精神在骑士阶层中广泛流行。骑士们为了自己心爱的偶像而生活、而冒险，甚至不惜付出生命，为了意志和荣誉而肝脑涂地，在生活中实现自我意志。这是实现自我、个性张扬、意志自由的人文精神的体现。此外，这时的骑士们在个体中进行着自我选择，有的在行侠仗义中实现自己的追求，有的在忠君护教、爱国中显示自己的人生。这是西方神话时代和古典时代的冒险精神、自我张扬和独立意志的一种余韵，这些都从当时家喻户晓的骑士史诗——《罗曼罗兰之歌》、《熙德之歌》、《尼布龙根之歌》、《伊戈耳远征记》中反映出来。

这是世俗的人文，西欧中世纪的基督教文化中还有基督教的人道中的宗教人文，因为基督教是一个普世的世界宗教，它倡导的是：上帝面前人人平等；爱上帝万有之上，爱人如己的博爱精神。这与中国儒教中的“仁者爱人”有相同的一面。只不过这种人文精神被越来越疯狂的宗教热潮掩盖，成了主流中的支流，文艺复兴、宗教改革、启蒙运动时期，这种宗教人道中的人文精神被修剪、改造、融入西方文化传统的人文精神之中。

四、人文精神的弘扬——文艺复兴、宗教改革、启蒙运动时期西方传统人文精神的弘扬和发展

文艺复兴、宗教改革、启蒙运动这三次思想解放运动是西方历史上的里程碑。这三次思想解放运动，循序渐进地把西方人的思想从封建的神学、教条、禁欲、愚昧中逐步解放出来，使西方由一个神权占支配地位、以神为中心的社会转入到一个以人为中心的人文世界，宗教信仰成为一种理性的具有人文色彩的信仰。

这三次运动的核心任务就是彻底地用人权代替神权、人性代替神性、人道代替神道。文艺复兴运动的思想体系是弘扬西方古典时代的人文精神，旗帜是“人文主义”，思想核心是“个人主义”，即布克哈特所说的“人成了精神的个体”，理论基础是“人性论”。其最终目的是把人从封建教会的束缚中解救出来，还人以自由，就像但丁在《神曲·天堂篇》中描述的那样：“上帝在当初创造万物的时候，他那最大、最与他自己的美德相似，而且也最为自己珍爱的恩赐，乃是意志的自由，他过去和现在都把意志的自由赋予一切有灵的造物，也唯独他们才有自由的意志。”这种对人性的张扬，在文艺复兴运动中不断升华。“人文主义”思想由以人为中心上升到讴歌人的伟大、赞扬人的价值、提倡人的尊严。莎士比亚在戏剧《哈姆雷特》中对人作了热情的颂扬：“人是多么了不起的一种作品！理想是多么高贵！力量是多么无穷！仪表和举止是多么端庄、多么出色！论行动，多么像天使！论了解，多么像天神！宇宙的精华万物的灵长！”到了莎士比亚时代，已经用人完全取代了神。这种人文精神的弘扬一直在西方世界大放异彩，把人类社会的整个信仰与社会经济、政治、生活完全融为一体。

宗教改革运动把理性信仰与人的世俗生活完整结合。路德的“唯信称义”把人们的宗教信仰由神的体系变为人的理性，卡尔文的“先定论”信条则把人的信仰与社会经济、政治相衔接，把对上帝的信仰

与看不见、摸不着的经济规律的人的市场运作镶嵌在一起，把人们的宗教信仰完全人文化，给当时新兴的、世俗的资本主义经济披上了神圣的宗教外衣。这种以理性宗教代替蒙昧宗教的人文化趋势，在西方不断深入发展，到斯宾诺沙时再次把人文思想自然化。

斯宾诺沙认为依照自然的最高法则，“一个人愈努力并且愈能够寻求他自己的利益和保持他自己的存在，则他便愈具有德性；反之，只要一个人忽略他自己的利益或忽略他自己的存在的保持，则他算是软弱无能”①。启蒙运动把人文思想推向巅峰。这时的思想家们完全把人放在自然中来考察，卢梭在其《社会契约论》一书中，具体阐述了这种自然的人文主义思想，认为：“这种人人共有的自由，是人的本性的结果。”“放弃自己的自由，就是放弃自己做人的资格，放弃人的权力，甚至放弃自己的义务。”他用“天赋人权”代替“君权”、“神权”。启蒙思想家们完成了西方近代人文思想的转化历程，把整个社会的人文思想确立了下来。

自然的人文精神虽在西方得到不断的发展，但西方的这种自然人文主义思想却没有在发展中步入极端的个人主义中去，尽管我国在不同时期对西方的个人主义进行过批判，但自然的人文精神在总体理论和社会实践中所体现出来的人文主义精髓并非极端的自私自利，它在以人的个体为圆心中进行整合、构建。从西方古典时代柏拉图的《理想国》到不同学者的自然法及“社会契约论”，都是在不断协调个体的权利与义务和社会群体的关系，伊壁鸠鲁的“自然的公正乃是引导人们避免彼此伤害和受害的互利约定”②。把群体关系中的互利性视为整体人文的自然关系。西塞罗完整地用自然法论阐述了社会的群体关系和自然准则。卢梭的《社会契约论》明确地概述了社会群体的最终目的的人文特征，“要寻找出一种结合的形式，使它能以全部共同的力量

① 《西方哲学原著选读》（下卷），第212页，商务印书馆，1981年6月版。
② 《西方哲学原著选读》（上卷），第96页，商务印书馆，1981年6月版。

来卫护和保障每个结合者的人身和财富，并且由于这一结合而使每一个与全体相联合的个人又只不过是在服从自己本人，并且仍然像以往一样自由”①。西方自然的人文群体对于个体来说是保障个体的独立自由，使个体的人性能在群体中得到实现，而不是像中国的人文是使个体为服从社会整体而步入儒教的自律道德中，让个体的独立自由、人性淹没在社会整体的人伦道德之中，西方在社会整体中突出的是人个体的自由与独立。

五、现当代人文精神

现当代主要是指19世纪末至20世纪初这一时段，这时的西方文化格局发生了巨变，出现了一股来势凶猛的反传统的文化思潮，并被称之为“现代主义”思潮。这种思潮是西方工业革命的结果，工业革命阔步长足的疾驰，一方面给人类带来了富足、安逸、秩序等良好的外在生活环境，另一方面又给人类带来了内在的不安、损伤、侵蚀。社会结构的变革导致以宗法制经济为基础的传统精神道德价值全面解体，古老的信仰坍塌，新的信仰又未出现。信仰危机遍及社会，尼采的一声大吼：“上帝死了。”示意着西方信仰支柱的动摇。因为物质上的富足、平衡带来的却是精神上的失落倾斜，人们创造了无与伦比的物质财富，却同时出现了被物包围、被物奴役的窘境，人们为物奔忙着、算计着、争斗着，物质厚厚的硬壳围困、绞杀了人类鲜活的生机，人被湮没在物质中，人性在物中被侵蚀，人格在物质面前被扭曲，人丧失了自我、丧失了人性、失去了人格，人文精神在哪里?

西方文化中的人文精神最终是由古希腊世俗的人文精神和希伯来文化中基督教的宗教人文精神经过历次整合后发展而来的。但两次世界大战可悲地毁灭了“平等”、“自由”、“博爱”、“正义”等西方的传统人文信仰和人文精神，参战的知识分子们收获了幻灭的巨大悲哀，

---

① 卢梭:《社会契约论》，第323页，商务印书馆，1980年版。

留下了无法医治的心灵创伤。面对人性的丧失，追求人文的知识分子们没有沉沦下去，他们奋起呐喊，在现代西方精神危机的病态丛林中面对混乱、矛盾、病态、梦魇、古怪、畸变、孤独、异化等被肢解的人格，这些文化精英们用否定之否定的形式来实现肯定，在否定现实的反叛中追寻着西方古老的人文精神，这样，在现当代的西方出现了一种悖论，即在反叛中追寻人文。

这一时期的人文精神在西方文化各领域都有体现，西方现代文化思潮一方面反传统，另一方面又在追寻传统中重建人文精神 。以“上帝死了”的狂言著称的尼采，这位悲剧哲学家在现实的挤压中变得疯狂，成了一个孤独者、神经病人，看似一个异化的人。恰恰就是这个现实的被否定者，在追寻传统中重建人文。他把古希腊的日神、酒神精神再现，用一部《悲剧的诞生》在现存的精神家园的废墟上重建灵魂的家园，酒神的冲动是他力量的源泉，日神阿波罗是他的终点。他在古希腊人文精神中探索人生，用酒神的悲怆揭示惨淡的人生，“痛极生乐，发自肺腑的欢感夺走哀音；乐极而惶恐惊呼，为悠悠千古之恨悲鸣，在那些希腊节日里，大自然简直像是呼出了一口伤心之气”。他要人们直面惨淡的人生，不要失掉人生悲之壮、悲之美，在一种审美的意境中享受生活的快感，要人们既超脱人生又执著人生，要人们在古希腊文化中追寻人文精神。“我们的眼光因关照希腊人而变得清新有力。”“我们应当认识到，存在的一切必须准备着异常痛苦的衰亡，我们被迫正视个体存在的恐怖——但终究用不着吓瘫。”“在这忐忑不安抽搐着的文化生活和教化斗争下面，尽管它只是在非常时刻有力地萌动一下，然后重又沉入酣梦，等待着未来的觉醒。”尼采用“壮丽的本质上健康的古老力量”呼唤人们，“让我们紧跟我们光辉的向导希腊人”，“迈着坚定的步伐，洋溢着豪迈的冒险精神，鄙弃那种乐观主义的全部虚弱教条，但求在整体和完满中勇敢地生活”。

哲人们在寻古中探寻重建人文精神，在否定之否定中实现肯定，呼唤人文精神的回归，因势利导地发展人文精神，仍然坚守的是西方传统的自然人文主义思想。达达主义的创始人查拉在其剧本《正面与反面》中，昭示着人类追求并选择的仍然是正面的生活，乔伊斯的《尤利西斯》等追寻的仍然是西方传统的人文精神，正如存在主义哲学家萨特在其《存在主义是一种人道主义》中论述的："人在为自己做出选择时，也为所有的人做出选择。因为实际上，人为了把自己造成他愿意成为的那种人而可能采取的一切行为中，没有一个行动不是同时在创造一个他认为自己应当如此的人的形象。""还有在这样追求自由时，我们发现他完全离不开别的自由，而别人的自由也离不开我们的自由。……只要我承担责任，我就非得同时把别人的自由当做自己的自由追求不可。"①

西方的人文学者们在反叛中重建西方人文的家园，就像《人类价值新论》的主编马斯洛所言："这是历史上的第一次，我们之中的许多人感到一个完全基于关于人性、关于人的社会、关于人的工作的有效知识之上的价值体系已经成为可能。"② 其途径是"在爱中融为一体"，"在'在'的自身中和谐统一"，这样"全部和绝大多数人具有自我实现的倾向，而且至今从原则上全部人都具有自我实现的能力。……我们关于真正自我实现的人在特征的描述在许多方面与各种宗教的理想是一致的，例如，超越自我，融真善美于一身，帮助他人，智慧、真诚和自然，超越一己之私和个人欲望，为了高级的欲望而放弃低级的欲望，善于区别目的（安宁、平静）和手段（金钱、权力和地位），对仇恨、冷酷和破坏性的拒斥与对友谊、宽容和善良的弘扬，等等"③。这就是西方现代人文主义的表述及追求。这与世界整体的追求是一致的，1997 年 9 月提交给联合国大会的《人的责任与世界宣言》中所表

---

① 《西方现代主义文学研究》（下册），第 544 页、第 562 页，中国社会科学出版社。

② 马斯洛主编：《人类价值新论》，第 2 页，河南人民出版社，1988 年版。

③ 马斯洛主编：《人类价值新论》，第 29 页，河南人民出版社，1988 年版。

述的当代人文精神是“人性的基本原理”、“非暴力与尊生”、“公正与团结”、“真实与宽容”、“互相尊重与伙伴关系”① 等，神学家们也与这一潮流相符合，赋予20世纪宗教更多的人文色彩，他们认为：“神圣的悲情反映在人的参与、希望与祈祷中……在上帝的悲情里，人充满了上帝的灵。他成了上帝的朋友，感到同上帝一致，与上帝同感。”② 基于这样的认识，神学家汉斯·昆于1993年领头发表了《走向全球化伦理宣言》，其宗旨是：“它不是要反对任何人，而是要邀请所有人，信教者和不信教者，一起来把这种伦理化为自己的道德，并且按照这种伦理去行动。”在《宣言》中宣称：“我们把自己的生命安放在终极实在的基础上，并且在信仰中、在祈祷和冥想中、在语言和静默中，从终极实在那里获得精神力量和希望。我们对于全人类的福利有一种特殊的责任，对于我们的行星地球有一种关怀。”③ 从这一态势，我们可以了解到西方当代的人文精神比以往任何一个时代都更加得到弘扬，它已经超越了西方的地理界限，广泛地向全世界各民族、各领域、各阶层、各种信仰者辐射。中西人文精神的差异性也将在这种全球化中得到互补，在相互促进中不断增进、不断了解，共同为世界人文精神的普及尽到自己的力量。

西方的人文精神是在古典时代以自我为中心的导向中建构起来的，这是一种以征服自然、征服社会为己任的具有战天斗地精神的人文精神，是科学、理性的人文精神。他们倡导的是个性的独立自由发展，人性的张扬，对宇宙的探索。中世纪的基督教又把宗教的人文关怀、上帝面前人人平等的宗教理念的人文精神与古典的人文精神结合，丰富着西方传统的人文精神。以后经过文艺复兴、宗教改革、启蒙运动

---

① 转引自刘述先《世界伦理与文化差异》，载台湾《哲学杂志》1998年第1期，第334页，上海三联书店，1997年版。

② 转引自刘述先《世界伦理与文化差异》，载台湾《哲学杂志》1998年第1期，第334页，上海三联书店，1997年版。

③ 《全球伦理——世界宗教会议宣言》，第10页，四川人民出版社，1997年版。

以及各个时代需求中的发展弘扬，不断地丰富为人文主义、启蒙思想、人道主义、科学主义、人本主义、后现代主义等名目繁多的语境。这是西方社会发展的内驱力，西方文化的精髓，就在这种内驱力的驱动下，在这种文化精神的激励下，西方出现了一位又一位科学家，实现了一次又一次的生产技术革命，不仅仅是从原始简陋的中世纪走出来，从西欧走向世界，而且进行了资产阶级的革命和变革，进行了把人类从大自然的束缚中解放出来的工业革命。随之而来的是日新月异的技术革命和社会变革，就是在人文精神的激励下，西方的动感文化不断突破创新，西方成了世界文化浪潮的弄潮儿。

中西文化精神有着差异，这种差异不是单项的，而是多元的，主要从内涵和外延上表现出来。文化精神的内涵是指文化的创造者——“人”对自身的认知限定和在这种认知限定中的行为模式、生活方式，外延主要是指人们的生存态势、人与自然的关系。

第四章　中西文化生活

第一节　中华民族的文化生活

一、血缘群体的社会生活

中国文化的地理环境是源于气候温暖、沃野千里、资源丰富的平原地区，这样的地理环境造就的是安于现状、以血缘为纽带群体聚居的固定地域的生存模式，一般不作较大的迁移。社会结构是以血缘为纽带的群体。而波涛汹涌的东部大洋让人们望而生畏，周边又缺乏可供文化交流和信息反馈的文化群体，这更加强了其封闭意识。启杀伯益继位后的中国文明史就是以血缘家族为社会细胞的延续、以原始社会后期的父系家长制为蛹体演变出的国家体制。这种血缘社会结构到周朝中国文化奠基时代得到强化，一个宗法制从上到下、从里到外把以血缘为基础的基层社会组织整合成一套完整的政治体系。

春秋战国是中国文化的繁荣时代，针对当时巨大的社会变革，社会秩序处于礼崩乐坏的动乱之中，宗法大家的大宗丧失权威，各诸侯小宗崛起。同时，兼并战争摧毁了种族封疆的原有界限。散处中原的无数小国、小邦、小族，以夏、商、周三大族团为核心，走向汇合与统一。但这种汇合与统一是以祖先崇拜信仰为前提的，他们都是炎黄子孙。这样，春秋战国时的觉醒不仅奠定了中华文明的文化基础，同时也建构了中华民族文化生活的基础，即层层重叠的宗法网络下的伦理人文生活。儒家把这种社会生活置于家国并举的自觉伦理社会生活中，即《论语·子罕》中的“出则事公卿，入则事父兄”。《论语·阳货》中的“迩之使父，远之事君”。《论语·学而》中的“事父母，能竭其力；事君，能至其身”。这是儒教伦理确认的社会生活。整个社会被整合在基层以血缘为纽带、家国一体的社会网络之中，社会各成员被自觉地纳入到亲亲至上的文化氛围之中。

以后，随着儒学的官方化，儒教在政治文化中的不断发展完善，这种血缘群体的社会生活不管出现怎样的社会革命都没有被革除，一直是中华民族文化生活的社会基础。

二、大一统的国家意识

中国是世界上具有独特传承文明的国家，其文化的发展毫无中断地直线传承下来。之所以能这样发展，一个重要的因素就是中国大一统国家局面的维系。这种大一统形式是中国政治、经济、文化的主要形式，从夏、商、周到现代，虽然中途出现过分离局面，但都是短暂的分离，而统一则一直都是中国历史和文化的主流。

这是根基于中国传统文化的民族精神。在远古时代，中国的政治呈现出的就是大一统形式。黄帝、炎帝、蚩尤三部落统一于炎黄，既是中国历史的开端，又是中国神话归于帝王体系的开始。它从意识上给人们一种认知：中国的政治文化生活始于“一”。这是由中华民族追求“一”的思维模式决定的，中华民族文化中始终把宇宙视为一个统一的整体，是综合的一元论。在生活实践中，把“一”与“多”、“杂”、“乱”相对，认为“一”是世界万物的归宿，是事物的有序性和规律化，在静态上体现为“九九归一”、“百川归一”，在动态上是单项的连续与稳定。这种认识在春秋战国时期升华为哲学理论。当时最具代表性的两大哲人——老子和孔子都作了论述。

《老子》视“一”为“昔之得一者，天得一以清，地得一以宁，神得一以灵，谷得一以盈，万物得一以生，侯王得一以为天下贞”。

孔子则把“一”视为“奇”，建构起中庸之道以“奇”、“偶”为特点的思维方式。在政治实践中，形成了“四方上下曰宇，往古来今曰宙”的时空理想大世界，产生了“大九州”、“大四极”的概念。宇宙模式的大一统理论就是为现实的国家大一统服务的哲学，“天下一统”成了中华民族文化生活的内核。

治水英雄大禹开始统一九州，形成了《诗经》描述的“溥天之下，莫非王土；率土之滨，莫非王臣”的初始一统局面，大禹时期是中华文明的“大同小康”时期。这时的社会特点具有双重性，在所有制上，一个是“天下为公”，一个是“天下为家”，即后来的国家土地所有制与小农经济并行不悖的模糊的所有制。实际上是开始把氏族公有制变为家族私有、“货为己有”，为以后大禹的儿子启把民主的贤人政治变为世袭的家天下奠定了经济基础，同时，又把原始社会中人伦的大同带到了阶级社会，即《礼运篇》中的“人不独亲其亲，不独子其子”、“选贤与能，讲信修睦”的人伦关系带到了阶级社会中，这为以后中国政治文化的“一统”奠定了思想和民众基础。

大一统的国家意识经过西周的宗法制得到强化和发展，把中国的政治、经济、文化生活均置于“一统”之中。这种一统的政治局面在夏、商、周三代得到巩固和发展，春秋战国时期也未改变这种政治传统，分离中的社会动乱反而加强了大一统的国家意识。这时人们不仅在实践中，而且在理论上认识到中华民族统一的重要性。动乱中产生的“大一统”思想理论，创始人就是儒家学说的创立者孔子，他憧憬“天下有道”的大一统社会，在《论语·季氏》中论述道：“天下有道，则礼乐征伐自天子出；天下无道，则礼乐征伐自诸侯出。”孔子希望通过思想的统一来实现国家的统一，首先是《为政》中的“道之以德，齐之以礼，民有耻且格”。而要将老百姓的思想和行为统一在道德规范中，其途径是“思无邪”，通过教化，消除民众的邪念，并防微杜渐。《颜渊》中要求民众：“非礼勿视，非礼勿听，非礼勿言，非礼勿动。”

以此做到《尧曰》所述的："兴灭国，继绝世，举逸民，天下之民归心焉。"孔子理想的、有道的大一统社会思想被传承了下来。孟子在《梁惠王上》中用"定于一"的概念明确地阐述了大一统思想，并谴责了分离动乱的社会危害。《孟子·离娄上》论述到社会动乱的结果是："争地以战，杀人盈野；争城以战，杀人盈城，此所谓率土地而食人肉，罪不容于死。"完整的"大一统"思想是在《公羊传》中提出来的。《春秋》开篇第一句话就是："元年春，王正月。"《公羊传》解释这句话说："何言乎王正月？大一统也。"明确了作者的政治主张是希望建立高度统一的君主专制，认为："王者以天下为家。""有天子存，诸侯不得专地也。"因为在当时，统一的王国和权威的国王代表着秩序，所以人们应以大局为重、国家为重，也就是忠于国君，即"不以父命辞王命"，"不以家事辞王事"，这就是把"多"归于"一"。

这种大一统的国家意识在汉朝中国文化的复兴时期得到进一步的发展。汉代大儒董仲舒在加强君权的基础上发展了大一统思想。他极力宣扬君权神授、唯君命是尊的思想，《汉书·董仲舒传》记载了他的思想："王者天之所予也。""唯天子授命于天，天下授命于天子。"所以天下民众应"心之所好，体必安之；君之所好，民必从之"。这样他把大一统的前提——政治权威加以神化，以此作为巩固大一统天下的主体，接着对大一统思想加以论证。他在《贤良对策》中说："春秋大一统者，天地之常经，古今之通谊也。今师异道，人异论，百家殊方，皆意不同。是以上无持一统；法制数变，下不知所守。臣愚以为，诸不在六艺之科，孔子之术者，皆绝其道，勿使并进。邪僻之说灭息，然后统纪可一而法度可明，民知所从矣。"董仲舒把大一统思想神圣化，其目的是要加强国家的统治，维护国家的团结和统一。

从此，大一统思想被完整地传承下来，深入到中华民族的文化细胞中，成了中华民族文化生活中的主流，以后不管世态如何变化、经过多少苦难和波折，整个中华民族的统一性是无法消解的，这是他们的生存模式，只有统一才有安宁、才有发展、才有进步、才像国家，不然就“国将不国”。这是中西文化生活的一大区别：西方是地域概念，中国是国家概念。中国只有一个统一体，只有一个国家概念，就是统一的炎黄子孙的中华民族国家。

三、均平主义的思想观念

均平主义思想是中国文化的传统精神，这种思想是在春秋战国时期发展起来的，从道家、儒家到墨家无不倡导这种思想，无不在建构一个均平的理想大同社会。老子的均平的小国寡民思想，孔子主张的建立一个和谐的大同社会。如何实现这一理想？除了其伦理道德的教化，就是在经济上实现贫富平均。在《季氏》篇中，孔子阐述了自己的均平思想：“丘也闻有国有家者，不患寡而患不均，不患贫而患不安。盖均无贫，和无寡，安无倾。”即认为治理国家担心的是财富不均，只要财富平均了，就不会觉得贫穷，人与人之间就会和谐相处，社会也就安定了。他提出通过均平而实现社会大同，这样的社会将是一个《礼记·礼运》中描绘的“大道之行也，天下为公，选贤与能，讲信修睦。故人不独亲其亲，不独自其子。使老有所终，壮有所用，幼有所长，矜寡孤独废疾者皆有所养。男有分，女有归。货恶其弃于地也，不必藏于己；力恶其不处于身也，不必为己。是故谋闭而不兴，盗窃乱贼而不作，故外户不闭。是谓大同”的均衡安定的大同世界。管子也提出过均平思想。他认为民众的贫穷是由于财富不均引起的。《管子·轻重》论述了“仓廪虚而民无积，农民以鬻子者，上无术以均之”的均平思想。

春秋战国时期的均平主义思想被传承了下来。东汉大儒董仲舒面对土地的兼并，提出了均平。《春秋繁露》记载的董仲舒的均平思想是：“使富者足以示贵而不至于骄，贫者足以养生而不至于忧，以此为度而调匀之。”以后，儒教的均平主义思想成了历代统治者在经济上的治国之道。从北魏开始的“均田制”就是均平思想主导下的经济政策，均田制的连续实施以及后来中国历朝历代所实行的打击豪强、保护小农小块土地及各种赋税改革，都是在国力所能及的范围内进行调整，以实现不同程度的均平。尽管收效不大，但它成了中国各朝代巩固统治的必要措施，也成了各朝代农民起义的目标。从唐朝农民大起义的“均平”旗帜开始，经过宋朝“等贵贱、均贫富”口号的发展，中国均平主义思想成了全国上下共有的思想。太平天国运动结合天主教“上帝面前人人平等”的观念，发展了中国传统的均平思想，这次运动不但把传统的“均平主义”思想加以发展，而且还广泛应用于实践中，建立起太平天国的大同社会，按照：“有田同耕，有饭同食，有衣同穿，有钱同使，无处不均匀，无人不保暖”的理想建国，这种尝试虽然最后以失败告终，但它体现了中国传统文化生活中的均平主义思想的威力，也显示出其局限性。与此同时，因为经过农民起义的冲击，豪强拥有的土地散失，新兴的王朝恢复生产的措施中，其中重要的一项措施就是对土地的重新分配，中国的土地也就在这种均平思想的主导下一直是以一家一户的小农经济占主导地位。

这种均平主义的文化生活，虽然维系了中国传统的小农经济生活，但在社会的转折发展期，小农经济与王权、专制、权威结合，往往成了社会变革的最大障碍。这是中华民族经济在近代没有发展出资本主义经济的原因。

四、三纲五常的伦理生活

宗法制以“礼”为纲贯穿整个社会，春秋战国时期的变革不但未改变这种生活模式，反而由于传统的符合现实逻辑的儒家的出现而得到发展。在政治信仰与宗教信仰的结合中产生了一套传承和发展周文化的儒教理论，经汉朝的整合、完善，上升为政教合一的经典伦理——三纲五常。从此，儒教就成了各朝各代维护统治的社会纲常伦理。

三纲五常以“仁”为核心。“仁”在《说文》中被解释为：“亲也，从人从仁。”而在儒家伦理中，对“仁”的论述在《论语》中共有100余处之多。这100多处对“仁”的论述，不仅体现出其所涵盖的道德要求和内在价值，而且更为重要的是涵盖了中国传统社会结构中的家庭伦理和国家间的人际关系、政治关系，是一个从里到外的社会伦理关系的精辟理论。《论语》、《中庸》、《孟子》凸现了中国以家庭为核心的社会关系的外延和扩展，“亲亲大也”、“仁之实，事亲是也”、“亲亲而仁民”、“与乡人处，由然不忍去也”，也就是“修身、齐家、治国、平天下”的个体、家族、国家、天下的递进关系。

孔子把“仁”与“礼”有机结合，概述为“宗族称孝焉，乡党称悌焉”，这样，“仁”以“礼”为表象，上升为一套完整的维系大一统社会的纲常伦理——三纲五常。《白虎通・三纲六纪》释“三纲五常”为：“三纲者，何谓也？君臣、父子、夫妇也。”《礼记・乐记》释为：“然后圣人作父子君臣以为纲纪。”孔颖达疏引《礼纬・含文嘉》释为：“君为臣纲，父为子纲，夫为妻纲。”西汉董仲舒《举贤良对策一》释为：“夫仁、谊（义）、礼、知（智）、信五常之道，王者所当修也。”孔颖达疏释“五常”为：“五常即五典，谓父义、母慈、兄友、弟恭、子孝；五者，人之常行。”

中华民族的这种道德体系是与中华民族古代的血缘为依托的，“三纲”实质上是对宗法血缘社会关系概括的理论升华。《论语・子路》将其规范为“君君、臣臣、父父、子子”，孟子论述为“父子有亲、君臣有义、夫妇有别”，汉代在政治化中完善为“君为臣纲、父为子纲、夫为妻纲”，到《白虎通义》时，“三纲五常”最终以法律化的形式完成了其理论化、系统化、神秘化的完整体系的建构。

无论何种解释，都是以祖先崇拜为主导，以中华农业文明的血缘社群为基础建构的政治文明。宗教与政治的结合既符合中华文明的传统逻辑，又符合政治趋势。在整个社会中，其核心“仁”是“克己复礼为仁”和“仁者爱人”，这一个看似简单的“仁”涵盖了整个中华传承文明中以祖先崇拜为依托、以血缘社群为组织建立起来的社会关系网，这种社会关系网是维系中华文明的经纬。“己”是个体，是已融入血缘家族中的整体中的个体，这个整体中的个体是在家规家法网中的蜘蛛，那根血缘情丝永恒地存在于个体之中。这样，个体就能很自觉地把自己规范在祖先崇拜的礼仪中，这套礼仪是家规家法进一步理论化、整体化、社会化的政教理论：父义、母慈、兄友、弟恭、子孝。这样，祖先崇拜的礼仪在社会细胞中起到了一个合情合理的稳固社会的作用。这种政教理论是与经济、社会、风俗、伦理整合的体系，其社会功能是法律无法取代的。“仁”与“礼”的交相呼应完成了政治建构的社会伦理，宗教与政治实现了符合传统逻辑与现实需求的有效整合，一种自觉的基层行政建制就这样在祖先崇拜的信仰中合情合理地得到了认同，夯实了中华文明大厦的政治、经济、文化根基。

五、家国一体的国家观念和中央集权体制

“仁者爱人”的现实基础是血缘纽带中的社会关系的深化，炎黄子孙都是同一血缘，个体可以“克己复礼”，难道就不能互爱？从家到族再到国，都是一家人，这爱既是情理中的又是自觉的，“血浓于水”。社会基层的政教人伦如此，政治上层的建构也就依此类推到一个由下到上、由上到下、由里到外、由外到里、上下里外互构的严密体系。从个人到整体的关系是“修身、齐家、治国、平天下”的由里到外、由小到大的建构；从家到国、从下到上的关系是“君臣、父子、夫妇”，是“君为臣纲，父为子纲，夫为妻纲”。这“三纲”是中华文明政治体系的核心理论，贯穿这“三纲”自上而下的经纬是“忠”与“孝”，这是紧紧维系中华五千年文明之网。“三纲”自上而下、从里到外建构起一套严密的合乎中华文明传统逻辑和风俗习惯的政治体系，臣在对国而言要忠君，君是家国之主，在家对父母要孝，作为理想的个体人格是忠孝两全。但当忠孝不能两全时，以整体利益的忠为先，因为国即家，这国是一个同祖的大家，这种自觉的整体国家意识是在祖先崇拜的信仰中衍生出来的，是自觉的、内在的。“三纲”与“五常”相结合，在中华文明中自觉构成了一套完整而特殊的中央集权体制。

这种自觉性与内在性的统一，辐射到个体家族中的孝道上就体现在炎黄子孙的血脉传承上。在以“孝”为准绳的家族中，“孝”以无后为大，这是祖先崇拜的宗教信仰的定式文化心理、定式社会习俗。中华民族的祖先崇拜不仅仅是意象的、形而上的神圣，它还是具体的、世俗的，这种具体性和世俗性就是以代代相传的世系传承来体现的。血脉是祖先的载体，对祖先崇拜信仰的实践礼仪就是行“孝道”，而“孝”的根本就是家族香火不断、子孙满堂。繁育的子孙个体就在这种整合中自觉地被由小到大纳入家族、国家之中，使每个炎黄子孙从感官到精神完全融入同心圆的中华文明体系之中。

不仅由共同语言到共同意识，再到统一的制度文化都以祖先崇拜的共同信仰为核心实现了形式到内容、结构和功能完整的、统一的中华文明体系，而且这是一种建立在血缘情感上的民族意识的文明体系。中华民族的民族魂融合在鲜活具体的祖先血液中，中华民族的归宿是炎黄血统的民族肌体。这是一个能自我调节、富有人性、有着巨大吸纳潜力的文明体系。正像格尔兹论述的：“对所有民族来说，崇拜的形式、载体与对象充满深深的道德庄严。宗教充满了内在的义务感，它不仅鼓励虔诚，还要求虔诚；它不光引发思想认同，还加强情感承诺。”① 而“文化的核心部分是传统的（即历史的获得和选择的）观念，尤其是他们所带有的价值。”② 中华文明的核心部分的传统，就是祖先崇拜基础上的传统政治文化，“国有国法”、“家有家规”的上下二重集权的权威建构成了中国政治文化生活的传承文明，它维系整个中华文明体系的价值是世界文明史上任何一个民族都无法比拟的。

儒教理论是这种宗教与政治相结合的中国文化的核心理论，历朝历代都被官方视为正宗，外来的各种宗教和文化都不能取代在祖先崇

---

① 克利福德·格尔兹：《文化的解释》，第 148 页，上海人民出版社，1999 年版。

② 傅坚：《文化：人类的镜子——西方文化理论导引》，第 12 页，上海人民出版社，1990 年版。

拜的血缘社群基础上建构的儒教。儒教是中国文化的主轴，因为祖先崇拜中的血缘社群组织，使中华民族的家国情感成了一种中华式的天然情感，祖先、帝王成了权威。

这种意识在情感和智慧上诱导着炎黄子孙，在近现代西方文明面前，炎黄子孙面对共和、民主、自由而困惑，原生情感与公民情感处于冲突之中，这时无论是个人还是社会，往往是原生情感占上风。这是一个正负效应掺杂的时代，谁也无法有效地调和中西文化的这种冲突。洋务运动也好，戊戌变法也罢，辛亥革命也行，“五四”西化，现当代西化与保守，谁也找不到公论，谁也无法将中西文明完整地整合。

因为以祖先崇拜为信仰、血缘社群为组织的中国文化在世界文明史上很有效地实现了社会的有序整合。在中华文明中，无论是以家族为社会细胞，还是以家国为天下，个人的身份是得到双重认可的。这是中国人权的特殊形式，个体无论是对家族和国家而言，都拥有权利和义务。国家、家庭、个人的整体终极是“内圣外王”，即：“格物、致知、正心、诚意、修身、齐家、治国、平天下”。这就是国家、家庭、个人一体的家国理念和集权理想境界。这种文化精神维系了中华民族的族群认知，维护了中华民族的团结和统一，为中华传承文明奠定了坚实的阶级、社会、思想基础。

六、礼治社会

如果说西方自古就是以法治国的话，中国也不例外，但在法律制定的细节以及执法行为上，中西却有着很大的区别。西方无论是从经济到政治、从个体到整体，都是依法而论，法律的执行和实施依靠的是外在的强制手段，维护的是共同体的利益，尽管有严重的阶级对立、森严的等级制，但都是以明文的法律、以有形的形态出现。中国则不同，自启以来建立的就是家天下的集权专制体制，其法律的存在和实施是内外结合。从整体上来说，中国有“王法”即国家法律，但从传统的“王法”一词可知，这含有内在的个人主观因素在里面。这主观因素就是：朕即国家，皇帝的主观因素往往也成了法律的一部分。此外，中国历来家国不分，皇帝是一国之长，社会基层又是以隐性的家族为主的，这样，中国又处于中央集权下的“山高皇帝远”的政治散状中。族权是中国社会中居于皇权之下的隐性的重要权力，这样家法又成了一项内在的法律，在这样一种复合的社会体系中，法治和法治传统就表现出了特殊性。这样一个复杂的国家社会秩序如何构建，其之所以如此也就因为有了其特殊的政治发展历程和模式。

中国的礼治文化就是在这种需求中产生的。周朝是中国文化的奠基时代，夏商两朝的集权专制政治在周朝经过宗法制和分封制得到发展和巩固。周朝之所以制定出一套礼仪，其目的就是为了维系在原始部落基础上产生的血缘家族与集权专制体制的社会组织相结合的二重性社会秩序。用宗法制和分封制来整合当时社会的人际关系，形成一个以周天子这个大宗为核心的自上而下、从里到外的同心圆球体，经过层层分封，把部落时期的血缘社会关系与文明时期的中央集权专制体制有机整合，建构起一套以“礼”为准则的、自觉的合乎人情世故的政治文化体制。周朝的“礼治”本来在春秋战国的社会大变革时期遇到了严峻的挑战，但在已奠定了文明基础的中华大地上进行的这次社会变革，只是一次内部文化的整合，尽管产生了诸子百家，呈现了“百花齐放、百家争鸣”的文化繁荣，但并未走出中国的传统文化精神，它仍是以周文化为主流，最终是弘扬、发展周文化的儒教在中华大地上取得优势，从此，儒家思想成了中国传统文化精神的核心和主流。

儒教的创立者孔子要维护的是周礼。他认为春秋时代是一个礼崩乐坏的变乱时期，是一种《论语·八佾》中抨击的“季氏八佾舞于庭，是可忍也，孰不可忍也”的失礼局面。为此，他积极弘扬和发展周礼，何为礼？《史记·孔子世家》中记载孔子对景公述说的“礼”为：“君君、臣臣、父父、子子。”景公对孔子的这种“礼”大加赞赏：“善哉！信如君不君，臣不臣，父不父，子不子，虽有粟，吾且得而食诸！”这段论述生动地把中国传统社会结构中的中央上下的君臣、社会基层的父子及其对应的中央和地方的关系合情合理地自觉纳入到一个“礼”字之中。

这个“礼”把本来纷繁复杂的中央与地方、上级与下级、整体与个体、个体与个体之间的人际关系非常有效地整合起来，即《论语·八佾》中的“君使臣以礼，臣事君以忠”。一个“礼”字把中华大地上的人情世故包揽无遗，任何法律都无法取代它在社会生活中的维系社会秩序的功能。

“礼”在维系社会秩序上起着积极的作用，使中国成了礼仪之邦，使中国一直以来维系了大一统的局面，对国家的统一、民族的团结起着不可替代的作用。但当这种礼节一旦变为礼教，其极端性也就不可避免，就是在这种“恭”、“敬”精神之下，中华民族的个体逐渐消失在集体中。

《左传·襄公三十年》云：“礼，国之干也。”《襄公二十一年》云：“礼，政之舆也。”《隐公十一年》云：“礼，经国家，定社稷，序民人，利后嗣者也。”这样，“礼”成了治国之本。中华民族的礼治文化精神就作为治国的根本被传承了下来，由此出现的结果就如高亚彪、吴丹毛在《在民族灵魂的深处》一书中论述的那样：“世袭制造成了君主家天下的局面，专制王权的管理职能通过各级官僚来行使，造成了人际关系的身份制，使本来就不尊重个人的中国人把自己的全部理性都倾注到人与人之间关系的伦理原则上。团结协作过程中产生的集体意识在身份制的引导下，变成单方向上的服从义务，并通过伦理原则将其固定下来。”① “礼”在使中国成为一个礼仪之邦的同时，也成了中国人之所以为人的准则和中国历朝历代的治国之道、安邦之法。

中华民族在社会治理上一直都奉行这种“礼”、“法”并用的治国

---

① 高亚彪、吴丹毛著：《在民族灵魂的深处》，第10页，中国文联出版公司，1988年版。

之道，在“三纲五常”的伦理社会中，“礼”居主导地位，中国与西方完全法制的社会相比较，就成了一个“礼治之国”。主导人们精神生活的是“礼”，而不是西方式的“法制精神”。就像明恩溥在《中国人的素质》中引用伽利略的一段话概述中国“礼”所涵盖的文化要素一样：“礼是中国人一切心理的缩影；在我看来，《礼记》是中国人能为其他民族提供的关于他们本民族特点的最确切最完整的专论。中国人的情感，如果有的话，是靠礼来满足；中国人的责任，也靠礼来实现；中国人的美德和不足，也是参照礼而得出；人与人之间的自然关系基本上靠礼来维系——一言以蔽之，对中国人来说，礼就是道德、政治和宗教的化身，与家庭、社会和宗教有着多种多样的联系。”①

在这种“礼”的文化精神中，中华民族不仅维护了国家的统一，使人民得到安定，而且也在礼治的怀柔政策中实现了睦邻友好，营造了一个和平安定的国际环境。当然，“礼”的文化精神在近代西方的挑战和社会的发展历程中也曾受到过挫折，但是它的精神实质是和谐现代多元文化格局的一剂良方，在礼让和相互尊重中，实现多元文化的共存和发展。

七、孝道文化精神

中华民族的大一统，集权政治能够施行的精神支柱就是孝道文化精神。“孝”是中华民族文化的精髓，它源于远古的尧、舜、禹时期，远古理想人君的人格魅力就是“孝”，舜为了犯杀人罪的父亲的出逃而弃君位；禹对多次加害于自己的后母宽宏大量。血缘群体基础上建立的文明的人间亲情，这是富有人性的美德，它不仅维系了社会的稳固，而且还成了王朝统治的基石和手段。孔孟认识到统治中华民族最有效的手段就是建构一个伦理社会，其意义在于符合炎黄子孙的民族血缘情怀。孟子在发展孔子伦理社会理论并提出大一统的“仁政”的同时，

① 明恩溥：《中国人的素质》，第166页，京华出版社，2002年版。

也提出了维护大一统“仁政”社会的最高准绳，即《诗》所说的：“永言孝思，孝思准则。”

孟子将“孝道”融入“仁、义、礼、智”之中，即《孟子·离娄上》中阐述的：“仁之实，事亲是也；义之实，从兄是也；智之实，知斯二者弗去是也；礼之实，节文斯二者是也。”《孟子·告子下》把“仁政”解释为：“尧舜之道，孝弟而已矣。”孝道的目的是为大一统的“仁政”、“王政”服务，以人性中的情理作为基石，也就是《孟子·尽心下》和《孟子·万章上》所阐述的：“仁之于父子也，义之于君臣也……有性焉。”“孝子之志，莫大乎尊亲；尊亲之至，莫大乎以天下养。为天之父，尊之至也；以天下养，养之至也。”对父母应是《论语·为政》中提出的：“生事之以礼，死葬之以礼，祭之以礼。”这是一个由家庭血亲向整个父权制的集权君主制辐射的等级孝道，“孝道”以君、父的利益为最高准绳，其目的是构建一个以君主为核心，上下有序的、伦理至上的理想等级制社会。这是儒家伦理的价值选择取向。“忠孝之道”是与“三纲五常”互补同构的伦理，是规范和指导中华民族伦理生活、社会生活、政治生活的准绳，以达到《孝经·开宗明义章》中的“夫孝，始于事亲，忠于事君，忠于立身”，《忠经·天地神明章》中的“忠兴于身，著于家，成于国，其行一也”的“在家为孝子，入朝作忠臣”的理想人格。

孔孟大同社会的理想蓝图虽未实现，但他们的伦理社会基石——孝道文化精神，却成了中华民族文化的传统传承下来。这本来是中华民族文化的精华，但是由于“忠孝之道”与“三纲五常”互为表里，伦理道德被用来为政治服务，即“君子之事亲孝，故忠可以移于君”的传统逻辑，使得这种孝道文化成了专制集权君主制的御用工具，最终产生了负面影响，成了束缚人性的精神枷锁。孝道精神主导着中国人的思维模式，无论做什么事优先考虑的是父母的生存和情感，在事业和生活中瞻前顾后，手脚被一股无形的力量束缚起来。这样的生活态势和思维模式使得中华民族缺少冒险、拓展的精神，缺少创新精神，这是中华民族文化近代停滞的原因之一。

八、士文化精神

中华民族文化的发展既具有普遍性，又有特殊性，孔子的“有教无类”就是指对广大的民众实行普遍教育、普及教育和普及文化知识，也就在同一时期，即春秋战国时期，中国社会中产生了一个特殊的阶层——“士”，这是古代对未婚青年男子或武士、卿大夫的称谓，后来逐渐被用作特指知识分子，即《荀子·儒教》中的：“彼学者，行之曰士也。”礼崩乐坏的动荡之秋，使“士”处于挑战与机遇之中，一方面社会的动乱使他们失去生活的保障，另一方面无拘无束的社会环境、列国的争霸为他们的自由发展和跻身于政治统治阶层提供了机会。列国之间的相互争霸急需人才，各诸侯国纷纷招揽士大夫为其服务，这使春秋战国时期出现门客云集的局面，这样的“士”往往是“朝为布衣，夕为卿相”。

这些“士”是一些掌握专门文化知识的“不耕而食”、“不富而贵”的专职脑力劳动者阶层。当时大家所崇尚的是“知、仁、行、义”俱全的谦谦君子，其要求是《季氏》中的：“君子有三戒：少之时，血气未定，戒之在色；及其壮也，血气方刚，戒之在斗；及其老也，血气既衰，戒之在得。”“君子有九思：视思明，听思聪，色思温，貌思恭，言思忠，事思敬，疑思问，忿思难，见得思义。”在这种需求中，中国的文化人，即知识分子的人格魅力也就提到了日程上，那么，“士”的君子标准是什么呢？

《论语·里仁》中是：“士志于道。”《论语·泰伯》中是：“士不可以不弘毅，任重而道远。仁以为己任，不亦重乎？死而后已，不亦远乎？”即士应是追求真理、肩负着推行仁义的社会重任、具有刚强的毅力者。同时，还要有个人的人格，即《论语·子张》中的：“士见危致命，见得思义，祭思敬，丧思哀，其可已矣。”士怎么做到这些？《孟子·告子下》中的要求是：“天将降大任于斯人也，必先苦其心志，劳其筋骨，饿其体肤，空乏其身，行拂乱其为，所以动心忍性，曾益其所不能。”做到《孟子·滕文公下》中的：“富贵不能淫，贫贱不能移，威武不能屈。”据这种准则产生的士就是君子，君子的风范也就是士的精神品格。中国知识分子的文化精神就是在几千年的儒家伦理道德的士文化精神中熏陶出来的。

这就是中国知识分子即士或君子的风范和精神，是中国知识分子的传统人格魅力，这种“浩然正气”悠悠千古被传承下来，成了中国文化精神中的主体精神。从古代到现在，有多少知识分子忧国忧民和坚守独立人格和尊严的范例，这就是中国文化中传统的士精神的再现，这就是士人所坚守的人格，这就是千古中国士人的文化精神。

尽管从秦朝开始中国文化依附于政治，但中国士大夫们的“士”的传统文化精神并没有泯灭，不胜枚举的知识分子发扬、坚守着“士”文化精神，他们为了真理，为了民众，为了铮铮铁骨在历史上写下了可歌可泣、惊天地泣鬼神的浩然正气之歌。

九、自强不息的民族精神

拥有五千年文明史的中华民族文化之所以能源远流长、毫无间断地传承下来，一个重要的原因就是中华民族文化传统中的自强不息的文化精神是其支柱，在中华民族的文明史中，曾经历了无数次血雨腥风的挫折，但这个民族没有在外来民族的征服中丧失自我，为了民族的独立，为了捍卫传统的中华文化，不知有多少仁人志士为此前赴后继。这种为了国家的独立、民族的解放、文化的弘扬而进行斗争的可歌可泣的精神，就是中华民族文化中自强不息的民族精神的表现。

中华民族自强不息的文化精神孕育在中华文明中，远古神话显示出的就是中华民族的民族文化精神。盘古开天辟地，“一日九变，神于天，圣于地。天日高一丈，地日厚一丈，盘古日长一丈。如此万八千岁，天数极高，地数极深，盘古极长。”充分显示出中华民族文化气吞山河的气势。之后，女娲为了拯救人类，“炼五色石以补苍天，断鳌足以立四极，杀黑龙以济翼州，集炉灰以止淫水。”这种精神展示的是中华民族自强不息的民族精神。家喻户晓的愚公移山更是蕴涵着中华民族不屈不挠的宏大气魄。三皇五帝感天动地为民献身的精神成了中华民族历代帝王的楷模和历代思想家和民众的理想圣贤。神话不仅体现了中华民族自强不息的文化精神，也是中华民族文化绵延流长的生命力。这种远古神话中自强不息的文化精神，成了中华民族文化的传统美德被传承下来。

自强不息的民族精神以后升华为中国知识分子的忧患意识。忧患意识是中国古老的民族性格。中国的知识分子们把个人的忧患意识上升到自觉的国家意识，在中华民族危难之际，士子们身先士卒为了国家的安危、民族的利益、文化的发展自强不息。这是中华民族文化的精髓，这种自强不息的民族文化精神在国家危难之际都得到充分发扬。这种精神贯穿在整个中华民族的血液之中，为了保家卫国、维护国家的利益和捍卫民族的独立，中华民族的文明史上涌现出了多少慷慨悲歌的民族英雄。

明清时期的内忧外患不断增强着这种自强不息的民族精神。从李贽的“志士不忘在沟壑，勇士不忘在元元。我今不死更何待，愿早一命归黄泉”；陈子龙的“行吟坐啸独悲秋，海雾江云引暮愁。不信有天常似醉，最怜天地可埋忧。荒荒葵井多新鬼，寂寂瓜田识故侯。见说五湖供饮马，沧浪何处着渔舟”；顾炎武的“天下兴亡、匹夫有责”的使命感中闪烁的爱国豪情。近代从魏源、林则徐、关天培、邓世昌的理想抱负、献身精神到康有为的“布衣老大伤怀抱，忧国无端有叹声”，“乱离日已久，忧思日已多，我欲托诗史，郁结弥山河。每读杜陵诗，感慨更摩挲；上念君国危，下忧黎元疴，中间痛身世，慷慨伤蹉跎”。这是中国知识分子忧国忧民的呼声，是面临亡国灭种之时的呐喊，就是在这种忧患意识的激荡下，激起了中华民族自强不息的民族精神。

近代以来，救国救民的仁人志士更是不胜枚举，林则徐被发配新疆仍不忘国家的发展和民族的自强，陈独秀陷于穷愁潦倒中不食嗟来之食，杨靖宇在生与死的较量中与强大的日本军队周旋，满腹的树皮草根让日本感叹，使他们灭亡中国的梦想破灭。

中华民族大一统的民族情节是这些仁人志士凝结起来的悠悠千古的民族精神，从孔子到墨子、孟子、荀子等大多遍游列国，呼吁建立大一统帝国，炎黄之孙、华夏之子的激荡情绪在肌体中活跃。秦汉大一统直到民国的孙中山，士子们在理性和实践中贯穿的都是华夏大一统的民族观念，中华民族的凝聚力和向心力就是在这些士人们自强不息的努力中千古流传。这种士文化精神成了中华民族文化中自强不息的民族精神的千古绝唱。

对于中华民族自强不息的民族精神，中日战争前后，面对日本的入侵，中华民族的抵抗精神，赛珍珠写下了《大地》一书，讴歌了中华民族的勤劳、俭朴、艰苦、反压迫、反剥削的不屈不挠、坚忍不拔的民族精神。在以后的社会主义建设时期，多少仁人志士同样为了中华民族的繁荣与富强在做着不屈的探索和努力。自强不息的民族精神不仅使中华民族文化绵延传承，也是当今中华民族重新崛起的强大内驱力。

十、守存与节制的文化生活

中华民族强调的生活是守存与节制的生活。这种文化精神是中华民族的传统，在理想的三皇五帝时代萌发的理性与感性的伦理认知，在春秋战国的社会大转型时期得到确认和发展，具体地从“理”、“欲”观上体现出来。不管是儒家、墨家、道家、法家均在“理”与“欲”的关系上作了阐述，在肯定了人们的基本生存条件中的“欲”时，重点强调的是以“理”抑“欲”的生活准则。

《论语·述而》首先肯定了人欲，认为：“富而可求也，虽执鞭之士，吾亦为之。”“如不可求，从吾所好。”

《论语·乡党》则直接阐述了孔子的欲望是：“食不厌精，脍不厌细，食噎而餲，鱼馁而肉败，不食；色恶不食，臭恶不食，食饪不食，不时不食，割不正不食，不得其酱不食。”

孔子还认为物欲的满足是社会安定的前提，《论语·颜渊》论述到：“足食、足兵、民信之矣。”

《孟子·梁惠王上》也同时阐述了民众物欲的合理性，“制民之产”而使其“仰足以事父母，俯足以畜妻子，乐岁终身饱，凶年免于死亡”，达到“驱而之善”的“仁治”目的。

荀子则从人的本性来阐述了人欲，《荀子·正名》论述道：“性者，天之就也；情者，性之质也；欲者，情之应也。以所欲为可得而求之，情之所必不可免也；以为可而道之，知所必出也。故虽为守门，欲不可去，性之具也。虽为天子，欲不可尽。”说明“欲”是人的本性。

这只是前提，各家各派在对待“欲”的问题上采取的都是节制的方式，并发展出一套有关“理”、“欲”关系的伦理理论。

《论语·卫灵公》对“理”、“欲”关系的阐发是“君子谋道不谋食”、“君子忧道不忧贫”。

《论语·里仁》阐发为：“士志于道而耻恶衣恶食者，未足与议也。”在这里，儒家把“欲”置于“道”之中，也就是要以“道”制“欲”。

《孟子·滕文公》则直接提出了人与其他动物的区别就是在对欲望的节制上，“饱食暖衣而无教，则近于禽兽”。

《孟子·尽心下》对人的人格伦理的规范也在“欲”上做了界定，即“养心莫善于寡欲”。

荀子也主张通过节制来处理“理”与“欲”的关系，《荀子·正名》阐述道：“心之所可中理，则欲虽多，奚伤于治！欲不及而动过之，心使之也。心之所可失理，则欲虽寡，奚止于乱！故治乱在于心之所可，忘于情之所欲。”强调了人的欲望要符合社会的伦理道德规范，人可以在礼、义的导向中抑制欲望。

《荀子·礼论》论述道：“制礼义以分之，以养人之欲，给人之求，使欲必不穷乎物，物必不屈于欲，两者相持而长，是礼之所起也。”荀子进一步把“理”与“欲”的关系合理地理论化。

墨家也是以社会伦理规范来抑制人们的欲望，《墨子·贵义》中论述道：“用仁义而去六僻。”即：“去喜、去怒、去乐、去悲、去爱、去恶，而用仁义。”把人性中的整个情感都压抑下去。

道家更是把欲视为大罪，《老子》第四十六章论述道：“罪莫大于可欲”、“咎莫大于欲得”。认为人应返璞归真，即《庄子·刻意》中所说的：“恬淡寂寞虚无无为，此天地之本而道德之质也。”

这些产生于中华民族文化奠基时代的“理”、“欲”伦理观成了中华民族文化精神的传统，到宋明时期发展到极端的“存天理、灭人欲”。这种人伦理论一直诱导着中华民族的文化生活，源远流长地影响着中华民族的生活，使中华民族的文化生活处于压抑的节制生活之中，这种生活的生动体现从人与人之间的人性情感——情爱生活中充分显示出来。

这种文化精神生动地展现在爱情悲剧中。从古老的牛郎织女传说到化蝶的祝英台与梁山伯及后世许多悲凉的爱情故事，把中华民族守存与节制的文化精神充分折射出来。

中华民族是一个礼仪之邦，一个以礼治国的民族把其礼乐文化发展到极限，礼成了一切生活的准则，“非礼勿视，非礼勿听，非礼勿言，非礼勿动”。一个“礼”字深深植入中华民族的灵魂之中，“礼”限定了一切的超越，人性在“礼”下被扭曲。

中华民族文化精神保存下来的是“克己复礼”的节制生活，从表象上看，这是一种理智的生活，但在实际生活中，它却成了几千年中华民族文化中传统人文精神异化的内因。它虽然保持了中华民族文化的稳定和延续，但它也扼杀了中华民族文化的开创精神、超越精神，使中华民族文化失去了飞跃的机制。

十一、中国以“和”为重的文化精神

中国文化的“天人合一”精神，造就了一种以“和”为重的中庸文化精神。中国文化的社会基础是血缘社群，在这个群体上形成的社会关系是“和为贵”，一个“和”字把整个中国文化的人文环境精辟地概括了出来。中国这个血缘社群之上的礼仪之邦不是表象上折射出来的族群文化，它是一种具有罕见包容性的开放型文化，这也是世界文明史上仅有的一种文化精神，同时也是中华传承文明之所以能传承的重要原因之一。中国这种开放型的文化精神的内核就是以“和”为重的中庸精神，这种精神是“天人合一”由外到里的表现，是人与自然的关系向人与人、人与社会关系的渗透，在这种渗透中形成了以“和”为重的中庸文化精神。

1. 事物在对立统一中实现“和”

中国以“和”为重的中庸文化精神是中华民族的传承文明精神，始于周朝史伯的“和实生物”的“物和观”。

《国语·郑语》记载了史伯的“和实生物”观：“夫和实生物，同则不继。以他平他谓之和，故能丰长而物归之；若以同裨同，尽乃弃矣。故先王以土与金、木、水、火杂，以成百物，是以五味以调口，刚四肢以卫体，和六律以聪耳。……故王者居畡之田，收经入以食北民，周训而能用之，和乐如一。夫如是，和之至也。”其后，晏婴又阐述了“和物观”，《左传·昭公二十年》记载：“和如羹焉，水火醯醢盐梅以烹鲜肉，燀之以薪……若以水济水，谁能食之？同之不可也如是。”史伯和晏婴都生动地用物与物之间的相互依存的功效，论述物质世界处于矛盾统一的“和”之中，辩证法的观点是对立统一，中国古代文化观用一个“和”字就言简意赅地把这种辩证统一观概括出来，这是中国文化精神的精髓。在儒教中，“和”的文化精神不断升华，《论语·学而》载：“礼之用，和为贵。”要做到“和”，就得按朱熹的《四书集注》中“抑其血气之刚”，《论语·尧曰》“允执其中”而行，由“和”发展到“中庸”，《论语·雍也》论述为：“中庸之为德也，其至矣乎。”至此，中国“中庸”的“和”文化精神最终形成。

2. 在“和”中实现“礼”与“仁”的统一

儒家的“礼”是周礼的发展和升华，最终归结到“三纲五常”的经典理论中。这是周朝以来血缘伦理宗法关系和政治关系的社会规范化理论，其强调的是人伦的等级和政治的等级关系，即君臣、父子、夫妇、兄弟、朋友五种政治和人伦关系，也就是《中庸》中“君臣也，父子也，夫妇也，兄弟也，朋友之交也，五者天下之达道也”的五伦。这是五种人伦大道关系，是不可逾越、无法更改的人伦政治关系，是人之根本。

孟子在《孟子·滕文公上》中论述了这种政治人伦关系：“夫物之不齐，物之情也，或相倍蓰，或相什百，或相千万，子比而同之，是乱天下也。”

《荀子·王制》的论述是：“人生不能无群，群而无分则争。”

儒家的“三纲五常”就是为社会人群的有序而制定的，在“三纲五常”下，人群分而有序，这种序就是“君君、臣臣、父父、子子”，这么一个“礼”中的序，是等级秩序。

春秋战国就是各诸侯向这种等级秩序的大挑战。乱世中产生的儒教在周礼的既定框架内反思其得失，最后找到了协调“礼”的良方，也即用传统的“和”来协调“礼”的等级关系，以实现社会等级的平衡。《经籍纂古》对“和”的解释是：“和，谐也，协也，适也。”《中庸》的解释是：“和也者，天下之达道也……发而皆中节为之和。”孟子则完全把“和”作为各种关系中人际关系的核心，《孟子·公孙丑下》中说道：“天时不如地利，地利不如人和。”儒家的这个“和”是用“仁”来实现的。

“仁”的主题是“仁者爱人”、“己所不欲，勿施于人”，其核心思想和目的就是为了完成礼制下的平等。这种礼制下的平等是以“礼”的血缘社群的核心纽带为基础的，把平等置于情感之中，即《大学》

中的："为人君止于仁，为人臣止于敬，为人子止于孝，为人父止于慈，与国人交止于信。"也就是人情中的君仁、臣敬、父慈、子孝、兄友、弟恭、友信的一种在"礼"中的相互和谐关系，即《论语·学而》中所说的"和为贵……知和而和，不以礼节之亦不可行也"的一种具有礼节道德规范的人性的"和"。

这种合乎情理的终极是《论语·里仁》、《论语·公冶长》、《孟子·离娄下》中阐述的："老者安之，朋友信之，少者怀之。""君待臣以礼，臣事君以忠。""君之视臣如手足，则臣视君如腹心，君之视臣如土芥，则臣视君如仇寇。"这样一种道德责任中的平等关系。这种道德中的平等关系是在符合中国文化传统逻辑的基础上提出的，是一种从血缘情感中升华出、衍生出的社会群体的社群感，是伦理与政治结合中嫁接出的对应关系网中的"和"。在这种"和"中，必然会衍生、升华出一种导向传统文化精神的庞大理论，这就是一套完备的"中庸"文化理论和民族文化精神。

十二、"和"文化的精髓——"中庸"

在"天人合一"、"天人相通"的传统文化精神的基础上衍生出来的"和合"文化，在儒士们的发展和整合中升华出一套完备的"中庸"之道，在这种文化传统中形成了中华民族传统文化精神的主旋律——"中庸"。

"中庸"是中国文化精神的核心。"中庸"是什么？

《中庸》定论为："喜怒哀乐之未发，谓之中。发而皆中节，谓之和。中也者，天下之大本也。和也者，天下之达道也。致中和，天地位焉，万物育焉。"

《论语·雍也》定论为："中庸之为德也，其至矣乎。"是指人心、人性、物性，即天、地、人万物的根本，其终极是"隐恶而扬善，执其两端，用其中于民"的"仁政"，使个人的人格完善。

《四书集注·中庸注》中，朱熹对"中庸"的解释是："中者，不偏不倚，无过不及之名。庸，平常也。”程颐解释为：“不偏之谓中，不易之为庸；中者天下之正道，庸者天下之定理。”“庸德之行，庸言之谨。有所不足，不敢不勉。”

“中庸”是中与和的终极交汇，这种天、人、物的中和，是为了“万物并育而不相害，道并行而不相悖”的“天人合一”的最高境界，其准绳的焦点在天道、人道的最终折射上，即人道与天道融和的致善大德人格——五美德，也就是《论语·尧曰》记载的“君子惠而不费，劳而不怨，欲而不贪，泰而不骄，威而不猛”道德人格。在这种“中庸”的文化精神中，塑造出《论语·宪问》中“修己以敬”、“修己以安人”、“修己以安百姓”的君子，从而达到“明明德”的“古之欲其身，欲修其身者先正其心，欲正其心者先成其意，欲成其意者先致其知，致知在格物”的“格物致善”和“修身”、“齐家”、“治国”、“平天下”的人格致高境界，这是一种完美主义的人格准绳，是理性的最高表现。

中国的“合和”文化和“中庸”精神是中华民族文化的共性，老子“不敢为天下先”、“知足者富”、“知其白、守其辱”的道家思想与儒家的“和”、“中庸”是共通的。儒道两种思想是中国上层文化和民众文化的精髓，他们自上而下构建了一套中国的传统文化精神。这种精神是人与自然、人与人和谐相处的典范。从古代神话起就形成了一种社会性和集体化的生活，强调伦理，注重天命，“崇德”，强调“共性”，形成了“天人合一”、“天德合一”的思想。

中国文化中的这种“中庸”精神塑造出的是一种平和的守势文化。

十三、守势文化精神

中国文化精神是在多元文化的融合中发展起来的，在中国文化辉煌的启蒙时代——春秋战国时代的诸子百家以中国远古文化的思想为导向发展，以“天人合一”、“天人相通”的顺应自然的思想为核心，把天道与人道结合起来，寓人道于天道之中，天道为人道的终极。这种顺应自然的文化思维主导下的文化精神，是守势的安于现状、安分守已的定式文化精神。

这种守势的文化精神源于自然环境，气候温和、沃野千里、自然资源丰富的八百里秦川是中华民族的发祥地，也是生命繁衍的理想乐园。这理想的家园成了中华民族永恒的家园，在这种固定的定居点中形成的社会关系是以血缘为主导的关系，乡里邻里都是亲情。这种自然的亲和性与人文的亲和性交织在一起，就形成了传承的、求静的文化精神。同时，基于这种自然条件之上建立起的是小农经济与大一统结合的内陆型农业社会，这种集权专制的官僚体制需要的是稳定，故从大一统的秦王朝建立后，就以各种手段控制人们的思想和精神，从秦始皇的焚书坑儒到最后一个封建王朝清朝的文字狱都在钳制人们的思想。这从而使中国社会在政治的导向下达到了经济、政治、社会、文化的完整整合，实现了高度的社会平衡和中央集权的稳固统治，使中华民族文化在这种整合与平衡中延续，在人与自然的亲和、人与人的亲和中建构理想的稳定政治。

从整体的民族性格来说，以汉族为主体的中华民族自古崇尚的就是“文治”为主、“武功”为辅的“文治武功”的教化政策。在对外关系中，奉行的是“先礼后兵”的原则。自尧、舜、禹到成汤文武，再延续发展出来的中国政治文化精神是世界文明史中典型的文人政治。

在对外政策中，中国历来以文明之邦、礼仪富庶、强大的天朝自居，这个名副其实的天朝从来没有以武力威吓四方，而是以教化恩施四方。在中外文化交流史上，中华民族在以礼、以诚相待中，用象征中华富庶的礼品来显示国威，郑和七下西洋的壮举就是为了宣扬中华民族的物质文明和精神文明，而不是开疆拓土的对外掠夺和殖民，并非是后来西式的坚船利炮的掠夺和殖民。这是世界文明史上罕见的文化精神。在现世的弱肉强食的历史中，中国的这种文化精神被视为弱势的女性文化，可是有谁曾想过为何恰恰就是这种所谓女性文化精神，在包容一切的胸怀中不断吸纳着世界文明的各种要素，或是融合，或是整合，最终都融汇到中华文明的文化潮流中，不管是早期的佛教、景教、袄教、犹太教，还是后来的伊斯兰教，都在这女性弱势文化下被消解、被改变，融合到中华文明中来。这说明：文化精神的优势不是凭借短时段的历史视角就能透视得了的。

十四、均平与民本精神中的历史循环

中西文化精神的不同文化趋向，是中西社会近代发展失衡的关键。西方的动感文化精神推动着西方社会不断革命和变革，在革命和变革中突破、创新，在突破与创新中前进。中华民族则不然，中华民族遵循的是“天不变，道亦不变”的祖训，永远生活在祖先的教条之中。当然，中华大地上也不是没有战争与动乱，除了周边民族的侵扰，最为显著的就是历代的农民起义。这是古代世界史上罕见的，其规模之大、次数之多、持续时间之长、破坏性之严重、取得的成果之辉煌是西方社会无法比拟的。

恰恰就是这么一个充满“彻底革命”的国家处于一种“动”与“滞”的怪圈之中。说它“动”，是因为其在几百年的时段内就会出现一次规模巨大的农民起义，这成了中华民族社会动荡的常规；说它“滞”，是因为每次农民起义的结果都是赶走一个坏皇帝，推上一个好皇帝，然后再重新分派土地，再轻徭薄赋，恢复和发展生产。几代王朝之后，昏君出现，再加上自然灾害，人民又一次行动起来，再推翻坏皇帝，推上一个好皇帝，再重新分派土地，轻徭薄赋，恢复和发展生产。这种循环从国人暴动到太平天国运动延续了几千年，使中华民族文化一直在这种“动”与“滞”中循环。究其原因，就是传统的“均平”与“民本”的守势文化精神的结果。

中华民族是一个崇尚人与自然、人与人和谐关系的和平民族，其在人类文明史上创造了光辉灿烂的文化，为人类的文明与进步作出了不可磨灭的贡献。在近代早期，中国一直是文明之邦、礼仪之国，是人类文明的核心地带。近代后期，人类社会进入了全新的变革时期，中华文明的超前性使中华民族陷入了文化本位之中，整个中华民族的共识是“四夷宾服”、“万方来朝”。在这种自大中，中华民族固有的封闭、保守更加盛行，传统习俗主导着中华民族的社会趋向，中华民族陷入了“均平”、“民本”守势文化精神之中不能自拔。

中华民族的始祖炎、黄这些文化超人兼帝王的祖先，带领华夏民族走出了蛮荒时代，步入了文明的摇篮，中华民族开始在炎、黄创造的文化定式中发展着自己独特的民族文化，以后，无论是外来民族的侵扰还是内部的人民起义，都无法动摇这种血脉文化的根基。“均平”、“民本”是中华民族文化的内在精神，产生于炎黄时期，成型于西周，完善于春秋战国时期，是中华民族文化的精髓。它千古以来一直是中华民族社会机制的调节剂，但也是中华民族文化飞跃的最大的障碍。因为每一次中华民族“动”中追寻的目标就是实现“均平”、“民本”，国人暴动是为铲除暴君，另寻明君；春秋战国的“百家争鸣”是为了追寻明君统治下的稳定的一统天下盛世。自秦以来的民众暴动，是为了追寻理想的“均平”、“民本”的明君治理下的大同社会。公元前209年的“斩木为兵，揭竿为旗”的秦末农民战争的口号是“伐无道，诛暴秦”，战争的结果是暴秦被推翻，又一个专制王朝建立。

西汉初期，为了恢复和发展生产，的确采取了有利于民众的招抚流亡、“复故爵天宅”、释放奴婢“皆免为庶人”、三十税一的轻徭薄赋、“约法省禁”的政策，但这只是一种初定天下的策略，中华民族的社会结构、思想意识、政治体制、经济结构并未触动，所以中华民族文化仍在固有的圆圈中循环。二百年之后，又爆发了绿林赤眉起义，农民战争后新建的东汉集权专制王朝用释放奴隶和囚徒、军屯、精兵简政、安辑流民的方式来恢复和发展生产，但豪强地主的存在使社会的“均平”在表象上都未能实现。东汉处于风雨飘摇之中，不仅群雄崛起，而且民众动乱。中华民族完全进入了动荡之中，中华民族文化也处于变革时期，但传统文化精神成了社会变革的障碍，纷争之中凸现出的仍是传统逻辑推动着中华民族的文化走向，代表潮流的枭雄曹操成了奸臣，汉王朝的刘姓家族成了正统，结果是三国鼎立的割据局面。以后，尽管有两晋的局部统一，但整个中华民族一直处于动荡之中，从中原到周边，各民族政权、王朝更替频繁。这时中华民族处于大融合之中，但文化的交融并未改变中华民族传统文化的逻辑，“均平”与“民本”仍然是中华民族追求大同的理想社会、经济结构和政治模式。

中华民族文化精神中与“均平”相匹配的精神就是“民本”。“民本”精神就是中华民族人文精神的升华。在“民本”思想的主导下，中华民族实现了安定，是古代世界最有序的礼仪之邦，在这种有序中，中华民族创造了光辉灿烂的古代文明。

但也就是在这种光辉灿烂的文化中，近代的中华民族成了教条、保守的文化本位主义者。具有民本思想的权威一言堂的圣王、明君仍是民众追寻的目标，这成了中华民族近代文化的痼疾。中华民族的每一次“动”不是为了突破和创新，而是为了回归，回归到原生的自然经济，回归到以“均平”为导向的一家一户的自然经济结构中，回归到圣王或者明君的体制下。这与西方社会完全不同，西方社会的每一次“动”都是为了革除一切经济、政治、思想意识形态中的旧的、过时的成分，代之以新的思想、经济、政治。每次“动”都有着先进的阶级基础和新兴阶级的代言人，以新的政治纲领、经济要求、文化精神为向导。革命的结果不是中国式的改朝换代，而是经济、政治、思想文化领域里的彻底变革，获得的是进步与飞跃。

中国在“均平”、“民本”的导向中，在动荡中恢复和维护着原生的自然经济基础、圣王政治体制，这使得中华民族文化在进步、文明的古典文化中滞留不前，使得中华民族在近代社会转型之时缺少相应的机制，“均平”、“民本”导向中的循环成了中华民族前进道路上的障碍。

第二节　西方文化生活

一、民主与法制的社会生活

1. 民主与法制的传统

一提到西方的文化生活，人们首先想到的就是西方精神文明中的民主、自由、平等、博爱，这是西方文化中人文精神的汇集。西方的这种人文精神的生活传统是源远流长的，不是一朝一夕形成的，是从文明之源，经过古典时代的发展，近代的弘扬，现当代的不断追寻而演进出来的一种活的政治肌体。

西方的这种人文精神传统是由多种因素造就的。

西方文明之源的地缘社会结构是西方民主与法制产生的前提。西方文明的发祥地爱琴海区域是零散的岛屿和半岛，这是一种分割的、贫瘠的地域，但它有着优良的港湾和发达的海上交通，内外因素造就了一个商贸发达、以航海和殖民著称的民族。这个民族所立足的生活是一种动荡和冒险的移民生活，这样，西方民族在远古的时候就是一个生活在动感世界里的民族，他们所创造的文化是一动感文化。古典时代的史学家修昔底德在其《伯罗奔尼撒战争史》中对西方民族的移民地缘社会状况有过这样的描述①：

> 现在所称的希腊国家，在古时没有定居的人民，只有一系列的移民；当各部落经常受到那些比他们更为强大的侵略者的压迫时，他们总是准备放弃自己的土地。当时没有商业，无论在陆地上或是海上，没有安全的交通；他们利用土地，只限于必需品的生产；他们没有剩余作为资本；土地上没有

① 修昔底德：《伯罗奔尼撒战争史》，第 2 页，商务印书馆，1960 年版。

> 正规的耕种；因为他们没有要塞的保护，侵略者可以随时出现，把他们的土地夺去。这样，他们相信在别处也和在这里一样，可以获得他们每日的必需品，所以他们对于离开他们的家乡也没有什么不愿意的，因此，他们不建筑任何或大或小的城市，也没有取得任何重要的资源。

这就是远古西方民族生活的写照。这种动感社会到公元前 12 世纪发生了转折，一批批有着共同语言、共同宗教信仰、共同生活习惯的自称为希腊人的民族来到爱琴海区域，他们的到来动摇了初始的西方文明，他们摧毁了具有专制色彩的克里特—迈锡尼文明，把其原始的民主因素融入本土文化中，整合为一种更具色彩的文明，即多利亚人在流动中一方面摧毁了原有的古老的血缘关系，另一方面也在迁移中瓦解着其固有的血缘关系。即使是在这一地区的文明逐渐趋于定向发展时，其动态的生活方式并没有结束，只不过是由大流动转为定居中的殖民扩展。这种动态的生活方式使西方文化中少了一份顽固的血缘因素。这是中西文化之间重要的社会结构差别，也即在这种社会结构的差异上中西方在政治发展趋向上分途而趋。

各国、各地区文化的产生和发展都与其地理环境相关，西方海洋文化使其地缘细化为不相连的独立单元，而宽广的海洋、发达的海上交通、优良的港湾又加强了各地的联系。这在西方形成了一种既相互交流融合，又独立发展的文化和人格。这样，西方在步入文明的殿堂之时，其社会结构就是一种以地域为主体的结构，血缘群体组织关系经过多次的变革而被铲除，例如，传说中的提修斯改革、莱库古改革及以后的梭伦改革、克里斯提尼改革、伯里克利改革等都是完善地缘组织关系、加强地缘政治的力量。人们认知的是雅典人、斯巴达人、科林斯人、米利都人、底比斯人、麦加拉人、西西里人等等地域群体，而不是类似中国的血缘群体。在这个基础之上的政治体制，必然是符合社会结构的体制，即平等的、民主的、分权的、法制的政体。

西方社会的民主、法制文化精神源远流长，在文明初始的传说中就有了智慧女神雅典娜在雅典设立的第一个法庭。女神对法庭的法官提出的要求是正义、廉洁、奉公、严肃、不受贿、不贪求私利，要他们全力保护人民的权利。雅典娜在这里审理了阿加门农的儿子俄瑞斯特亚替父复仇的杀母之罪，在法庭上，雅典娜宣布俄瑞斯特亚无罪，这示意着法制观念战胜了古老的原始复仇观，示意着法律裁判取代了血腥仇杀，西方在法制中由野蛮步入了文明。这是人类文明史的一个里程碑，西方不是在战争与兼并中由原始步入文明，而是在法制的基础上步入文明。提修斯的建国也不是依靠武力，而是依照人民的意愿，在走访中获取民众意愿，按民意建国。这就是西方法制与民主之源。这种源远流长的传统成长为西方传统的文化生活。这种文化生活从神话到实践都充分展示出来，雅典国家就是在逐步加强法制与确立民主的过程中建立的。西方的这种法制传统和法制精神，从古典世界开始就不断得到发展、升华，产生了影响整个西方乃至世界的自然法理论。

自然法是人类最古老的法制观念。对此，登特列夫在其所著的《自然法》中做了论述①：

> 自然法观念的起源，可以归诸人类心灵之一项古老而无法取消的活动，这一活动促使心灵形成一个永恒不变的正义观念；这种正义，是人类的权威所加以表现或应加以表现的——却不是人类的权威所造成的，这种正义，也是人类权威可以未刻意加以表现的——如果它未刻意加以表现，它便得接受惩罚，因而缩小乃至丧失其命令的力量。这种正义被认为是更高的和终极的法律，出自于自己本性——出自上帝的存在以及人之理性。由此便引申出如下思想：法律（就最后的祈求对象这意义而言的法律）高于立法，立法者毕竟在法

① 登特列夫：《自然法》，第3页，联经出版公司，1984年版。

律之下，毕竟服从于法律。

这种古老的自然法观念只有在西方得到发展、升华。在其他文明之地，包括中华文明中，它都失去了存在的基础，只有在西方这个源于海洋文化、航海殖民、商业贸易的土壤中才有自然法生长、繁育的温床。在西方的整个古典时代自然法得到了发展，不仅出现了一系列彪炳后世的法学名著，而且产生了一系列法制体系及其影响西方及其世界的法律、法制规范、法律程序。法律的神圣性源自自然法的神性，自然法的特点就是自然、理性、神性、正义、自由、平等，古典时代《神谱》的编纂者赫西俄德对自然法的神圣性所在——“公正”、“正义”作了论述，到毕达哥拉斯时上升到哲学的高度来论证，柏拉图总概了自然法的神圣性，他认为：“人类的本性将永远倾向于贪婪与自私，逃避痛苦，追求快乐而无任何理性，人们会先考虑这些，然后才考虑到公正和善德，这样，人们的心灵是一片黑暗，他们的所作所为，最后使他们本人和整个国家充满了罪行。如果有人根据理性和神的恩惠的阳光指导自己的行动，他们就用不着法律来支配自己；因为没有任何精神或秩序能比知识更有力量，理性不应该受任何东西的束缚，它应该是万能的主宰者，如果它真的是名副其实而且本质上是自由的话。但是，现在找不到这样的人，即使有也非常之少，因此，我们必须作第二种的选择，这就是法律和秩序。”① 此后还有亚里士多德、斯多噶派对自然法的神圣性作过阐述论证。就是在自然法思想的导向下，西方进入文明之时就是立法、民主构建之时。从莱库古到提修斯，再到梭伦、克里斯提尼、伯里克利，从古罗马共和时期的《十二铜表法》、李锡尼—绥克斯图法、波提利阿法、霍腾西阿法、万民法到盖约的《法学阶梯》、查士丁尼时代的《罗马民法大全》，整个文明的过程就是立法的过程。就是在这个传统中，在这种文化精神的鼓舞下，无

① 《西方法律思想史资料选编》，第 27 页，北京大学出版社，1983 年版。

论是中世纪的封建社会，还是资产阶级革命时代，西方都是依法治国。特别是经过资产阶级革命时代，整个西方完全步入到民主与法制的现代社会中。

2. 从部落民主到城邦民主

西方远古的民主与法制传统从神话时代就已折射出来。奥林匹斯山上的神王宙斯尽管威严神圣，但并非中国式的君王，他不是绝对集权的君王。奥林匹斯山上的各位主神有着自己的自由、有着平等的地位、有着讨论和决定问题的民主权，他们可以凭自己的意志自主行事，参加特洛伊战争、赫拉对宙斯情人的惩罚、神与人的自由恋爱等等都是自主的。而雅典娜的出现示意着法制的萌芽，雅典法庭的建立和雅典娜对法官公正的要求以及雅典娜对阿加门农的儿子俄瑞斯特亚的无罪判决，示意着古代西方法制最终战胜血亲复仇，民主政治战胜贵族政治。

这种民主与法制的传统不仅仅出现在神话中，而是由神话走向现实。古希腊的地理和人文环境决定了西方古典时代维系社会秩序的准绳是法律，由于自称希腊人的各部的不断迁徙和交错杂居，冲破了原始时期的血缘社会组织，为了有效地维护频繁交往中的社会、政治、经济秩序，有效的手段就是法制，就像后来柏拉图在《理想国》中论述的："我们的立法不是为了城邦任何一个阶级的特殊幸福……它运用说服或强制，使全体公民彼此协调和谐。"所以，以后古希腊各地氏族制向民主政治或贵族共和政治变革的过程，即阶级、国家产生的过程，也就是西方社会立法的开始。经过一系列的改革和斗争，古典时代的西方完全步入到民主与法制的奴隶主民主政治和贵族寡头共和政治时期。这种民主法制传统成了西方的传承文化精神。

西方社会民主政治的完整施行是从梭伦时候开始的。梭伦面对雅典的党争、民众对国事的麻木不仁而实施了鼓励公民参政的民主改革，对此，亚里士多德在其《雅典政制》中作了记载："看到国家经常处在党争状态，而有的公民竟然漠不关心国事，听任自然，因此他制定一种特别法律对付他们，规定任何人当国家发生内争之时，袖手不前，不参加任何一方者，将丧失公民权利，而不成为国家一分子。”同时规定：“凡国家之大事，均采取投票的方式以作决断，因为人民只有享受了投票的权利，才可以成为真正意义上的国家的主人。”在这里，梭伦把人民的权力与义务、义务与权力有机结合，从而达到真正意义上的民主，这不仅使人民成为国家的主人，而且还引导着人民进入民主历程。

梭伦通过《解负令》保障了雅典公民的人身权，以财产划分国民等级及担任国家公职，把经济与政治结合，用经济保障政治权力。公民大会和陪审法庭把民主与法制落实到生活实践中，从而实现他的理想，即：“使人人平权成为雅典宪法的本质。”“我制定法律无贵无贱，一视同仁。”“那些身为奴隶蒙耻受辱在主人面前发抖的人们，我也解放了，而这一切我是依照法律去执行的。我有诺必践。”① 这使私有财产观念、人身权观念、政治体制观念深入人心，是西方财产、人权、民主的前奏。

以后的克里斯提尼不断加强民主与法制，他把主权在民与立法和政体监督机制结合起来，一方面彻底扫除了原生的血缘关系，代之以完整的地域关系，铲除了贵族集权的土壤，另一方面又弘扬民主，用抽签选举的方式让民为官，消除了权威政治的心理。

《陶片放逐法》把整个社会，上到国家官员、下到黎民百姓都置于监督之中，人民的权力得到充分的发挥，主权在民思想得到切实实行；伯里克利不断完善雅典的民主政治，实行国家公务员任职津贴制，用经济手段保障民主政治的实施，从深度和广度上扩大公民参政议政的民主权利，使雅典公民真正成为国家的主人。伯里克利认为：“政权在全体公民手里，而不是少数人手里。……每个人在法律上都是平等的。”伯里克利倡导的文化精神是：“我们的政治制度之所以被称为民

① 《世界通史资料》（上卷），第284页，商务印书馆，1974年版。

主政治，是因为政权是在全国公民手中，而不是在少数人手中。解决私人争执的时候，每个人在法律上都是平等的，让一个人担任公职优于他人的时候，所考虑的不是某一特殊阶级的成员，而是他们具有的真正才能。任何人，只要他能够对国家有所贡献，绝对不会因为贫穷而在政治上湮没无闻。正因为我们的政治生活是自由而公开的，我们彼此间的日常生活也是这样的。当我们的隔壁邻人为所欲为的时候，我们不至于因此而生气；我们也不会因此而给他们难看的颜色，以伤他的感情，尽管这种颜色对他没有实际的损害。在我们私人生活中，我们是自由的和宽恕的；但是在公家的事务中，我们遵守法律。这是因为这种精神深使我们心服。"[①] 他追寻的是自由、平等，"我们爱好美丽的东西，但是没有因此而至于奢侈；我们爱好智慧，但是没有因此而至于柔弱；谁也不必以承认自己的贫穷为耻，真正的耻辱是不择手段以避免贫穷。在我们这里，每一个人所关心的，不仅是自己的事务，而且也关心国家的事务"。"要自由，才能有幸福；要勇敢，才能有自由"[②]。

正像亚里士多德在其《政治学》中所评论的[③]：

> 当大家都具有平等而同样的人格时，要是把全邦的权利寄托予任何一个个人，这总是不合乎正义的。"这种评述意味着民主政治在古典时代经过西方政治家的不断完善和推行，已成了一种人民共同认知的政治文化精神。"希腊城邦奠定了西方所有自由的意识、自由的思想、自由的现实的基础。

---

① 修昔底德：《伯罗奔尼撒战争史》，第 130 页，商务印书馆，1960 年版。

② 修昔底德：《伯罗奔尼撒战争史》，第 132 页、第 135 页，商务印书馆，1960 年版。

③ 卡尔·雅斯贝斯：《历史的起源与目标》，第 25 页，华夏出版社，1988 年版。

这种民主法制精神不仅在实践中运作，而且在理论上得到发展。古典时代的哲学家、政治家就已对法制有了深刻的认知，亚里士多德在其《政治学》中就对法制的条件做过阐述，认为："已成立的法律获得普遍的服从，而大家所服从的法律又应该本身是制订很良好的法律。"这一论断至今仍有积极意义。

古典时代古希腊的法制精神在罗马帝国时期向着具有世界意义的方向发展，这可从西塞罗成熟、完整的法律理论体系的构建中反映出来。他在《论法律》一书中论述道："我们都是法律的仆人，以便我们可以获得自由。""自然法律统治长官，长官统治人民，因此确可以说长官是能言善辩的法律，而法律是沉默寡言的长官。"在这里，西塞罗阐述了法律的实质，它是自由的保障，是最高的社会准绳。

整个古罗马的历史基本上可以算一部法制史，公元前 449 年的《十二铜表法》把罗马人的习惯法加以总结，把日常生活中的一切事务都以立法的形式固定下来，包括传唤、审理、索债、家长权、继承和监护权、所有权和不动产权以及私法、公法、宗教法等等。在平民反贵族斗争的推动下，公元前 367 年的李锡尼—绥克斯图法确认了平民有担任执政官和其他高级官吏的权力；公元前 326 年的波提利阿法废除了债务奴隶制；公元前 287 年的霍腾西阿法确认了平民大会的决议具有法律效力；公元前后随着罗马帝国的建立，罗马人的国家主义上升为世界意识，他们把处理罗马人社会的法制观念和规范运用到博大的帝国统治的各地区、各民族中，这样一系列处理世界帝国事务的万民法把法制推向世界。古希腊、古罗马传统法制体制也被推向世界。而查士丁尼对古罗马法的整理，使得整个古典时代的法律条文和立法得以保存，这就是欧洲历史上第一部完整的法典——《罗马民法大全》。它彪炳后世，近代的资产阶级法典都以它为蓝本，现代世界各国的法律程序、法律用语多来源于罗马法。这不仅是罗马留给世界的宝贵遗产，而且是西方古典文化传承精神的载体。"罗马法律持久地塑造着西欧政治体制的形式。民主制的雅典和共和制的罗马乃是启发近现代政治结构设计者的样板。”①古希腊罗马文化中的民主、法制这一西方文明之源中的精髓，深深地融入了西方文化精神的脉搏之中。

3. 市民社会的民主与法制

西方的民主、法制传统从未中断过，在所谓黑暗的中世纪，西方的民主平等传统也没有丧失。基督教控制下的西方社会至少还有宗教意义上的“上帝面前人人平等”的宗教人文关怀，只是在神学家奥古斯丁那里才发生变化，他声称：“人类社会中权力有尊卑高下之序，下级服从上级，天主则凌驾一切之上。”② 这种说教被后来的格里哥利七世突破，西方学者伯尔曼对此事有精简的论述③：

> 在十一世纪后期和十二世纪早期以前的这个阶段，西欧各国法律秩序中被使用的法律规则和程序，在很大程度上与社会习惯、政治制度和宗教制度并无差别。没有人试图将当时的法律和法律制度组成为一种独特的结构。法律极少是成文的，没有专门的司法制度，没有职业的法律家阶层，也没有专门的法律著作。法律没有被自觉地加以系统化。……十一世纪后期和十二世纪早期，上述状况发生了梅特兰所谓‘法律科学’，在西欧各国纷纷产生。这种发展的主要动力在于主张教皇在整个西欧教会中的至上权威和主张教会独立与世俗统治。这是一场由教皇格里哥利七世在 1075 年发动的革命。

与此相呼应的是，西方古典时代的法律也在同一时期成了新兴市

① C. 沃伦·霍利斯特：《西方传统的根源》，第 237 页，河南人民出版社，1990 年版。
② 奥古斯丁：《忏悔录》，第 46 页，商务印书馆，1982 年版。
③ 哈罗德·J. 伯尔曼：《法律与革命》，第 58 页，中国大百科全书出版社，1993 年版。

民社会秩序的准绳，特别是财产权的规定，为新兴市民找到了自我保护的法宝。当然，这是西方社会封建时代特殊的经济结构和阶级结构——城市经济和市民阶级新兴的结果，中世纪的西方社会从来没有出现过“溥天之下，莫非王土，率土之滨，莫非王臣”的政治局面，它是一个基督教精神一统天下，政治实体分裂割据的局面。这种分散的政治结构为经济的自由发展提供了空间，在其封建经济刚确立之时，工商业经济也随之产生，并随十字军的扩张而获得发展的机遇，西欧城市成为三不管之地充分发展起来。为了有效的城市管理和经济运作，在西欧土地上兴起了研究古罗马法的热潮，专门传授、讲解、研究古罗马法的波伦法尼亚大学产生了。

古典时代的人文精神——民主与法制在这些新兴市民中复兴，它开始并发挥着不可估量的作用，市民们经过斗争或经过赎买获得自治，罗马法为他们有效的自我管理提供了现成的法律依据，也为西方古典民主法制的文化精神继续弘扬提供了土壤，西方再一次步入有序的民主与法制社会中，这为以后西方资本主义的产生和发展提供了法律保证和发展空间。

4. 近代民主与法制精神的弘扬和发展

近代是西方社会的大变革时期，西方各国在近代开始了资产阶级的经济、政治、文化革命，经过三个世纪的奋斗，随着文艺复兴、宗教改革运动、启蒙运动的进行，西方的民主与法制精神不断得到发扬光大。启蒙时代，洛克在其《政府论》中阐述的“政府所有的权利……应该根据既定的和公布的法律来行使”和卢梭的“尊重法律是第一条重要的法律”，“我们要这样地服从法律，不论是我和任何人都不能摆脱法律的光荣的束缚”的理论，以及“天赋人权”和实践民主与法制的“三权分立”理论，在近现代民族国家的立法和法制中提供了运行的理论依据。

孟德斯鸠在其《论法的精神》中完整地阐述了“三权分立”的思想，其表述为：

> 每一个国家有三种权力：（一）立法权力；（二）有关国际法事项的行政权力；（三）有关民政法规事项的行政权力。
>
> 依据第一种权力，国王或执政官制定临时的或永久的法律，并修订和废止已制定的法律。依据第二种权力，他们媾和或宣战，派遣或接受使者，维护公共安全，防御侵略。依据第三种权力，他们惩罚犯罪或裁决私人讼争。我们将后者称为司法权力，而第二种权力则简称为国家的行政权力。
>
> 一个公民的政治自由是一种心境的平安状态。这种心境的平安是从人人都认为他本身是安全的这个看法产生的。要享有这种自由，就必须建立一种政府，在它的统治下一个公民不惧怕另一个公民。
>
> 当立法权和行政权集中在同一个人或同一个机关之下，自由便不复存在了；因为人们将要害怕这个国王或议会制定的法律，并暴虐地执行这些法律。
>
> 如果司法权不同立法权和行政权分立，自由也就不存在了。如果司法权和立法权合而为一，则将对公民的生命和自由施行专断的权力，因为法官就是立法者。如果司法权和行政权合而为一，法官便将握有压迫者的力量。

孟德斯鸠不仅仅阐述了三权分立的原则，而且还指出了如何维护民主、自由、平等权的途径和方法。以后，西方各国就在这个原则和途径的基础上进行改革，建立起资产阶级的民主制度。无论是英国的《权利法案》、美国的《1787 年宪法》，还是法国的《人权宣言》，都是以其为原则而制定的资产阶级立法。到 19 世纪后期，西欧各国完成了资产阶级的各种社会变革，完全进入到资本主义社会。这三个世纪的变革过程，就是西方民主与法制发展与健全的过程，是资产阶级用法律保护自己经济、政治、文化等权利的立法过程。西方资产阶级革命的胜利，示意着西方传统的民主与法制经过三个世纪的斗争，最后战胜各种非法因素和非法势力，以胜利者的姿态屹立于世界之林，成了世界民主与法制文化精神的典范。

这样，西方文化精神生活中的民主与法制，自古希腊罗马文化中孕育、发展，经过中世纪与基督教宗教文化中的平等与自由的宗教人文的整合，以及城市市民的推进，近代洛克、孟德斯鸠立法、行政、司法三权分离的发展，成了近现代西方社会政治生活的特色。

二、骑士精神

西方文化是在不断整合中形成的，其文化精神也在整合中不断丰富。骑士精神就是在西方古典文化与日耳曼文化的整合中发展起来的民族文化精神。进入罗马帝国废墟的日耳曼人，把他们家乡原有的善战、冒险、忠于首领的军事民主制传统也带入西方文化中。以后，随着西欧封建制的形成，日耳曼人固有的这种尚武的骑士精神，也就演变成了封建贵族推崇的基本精神和生活信条。封建贵族中的骑士成了这一精神和信条的代表。骑士是职业军人，他们的身份既是贵族，又是军人和统治者，他们的职责是参加战争、忠君护教。他们侠胆忠诚、勇敢尚武，打仗不仅是他们的职业，也是他们的荣誉和权利，他们在战争与冒险中实现自己的价值，获得自己的荣誉，赢得人们的敬重。他们光明磊落、崇尚正义，荣誉高于生命，坚守着自己的人格。

这种古日耳曼民族自由、平等的原始文化精神，与西方古典文化传统中的自由、平等，基督教宗教人文中的自由、平等思想遇合，源于日耳曼民族的尚武的骑士精神在中世纪得到弘扬和发展，这使骑士精神的内涵更加丰富，发展为一套骑士行为规范，即忠君护教、行侠仗义、抑恶扬善、伸张正义、忠信勇猛、慷慨大方、胸襟坦荡、富有冒险的精神。这是一种世俗与宗教结合的既有终极目标又有现世献身的新型的文化精神，它在西方社会中起到了无法替代的作用。长达二百年的十字军东侵，就是在宗教热情感召下西方骑士忠君护教的壮举，这一壮举对西方社会的影响是深远的。二百年的战争打开了地中海地区被反锁的门户，为西方新兴的城市经济的发展创造了活力、开辟了市场，十字军东侵后，西方与东方的贸易增加了十倍。耳闻目染东方文明的骑士们把东方的文明生活方式带回了简陋、原始的西方，推动了西方城市经济的发展和市民阶级力量的增长，为西方由封建社会向资本主义社会的转型奠定了阶级基础。在城市经济中产生了充满无限生机的市民阶级，产生了新的制度、新的价值观、新的生活方式。这些新的阶级、新的价值观、新的生活方式是西方由封建社会过渡到资本主义社会的契机。

骑士精神的守信是商业社会必不可少的条件，骑士精神的忠勇和冒险是商业社会创业的动力，骑士精神中独立、平等的人格尊严是资产阶级人文精神的内涵。西方就是在骑士精神中实现了社会转型，骑士精神为西方的社会转型提供了动力。在骑士精神的鼓舞下，西欧不仅在地中海开拓出市场，而且远渡重洋，踏上了美洲、澳洲，征服了亚非，开辟了沟通世界各地的商业要道，把孤立的世界连为一个整体，使世界成了一个西化的世界。这种骑士精神在今天的西方发展为文明社会的绅士风度。

三、冒险拓展精神

西方开放型的文化决定了西方文化精神的外向性。西方人的目光关注的是外部世界，他们在吸收与辐射中发展着自己的文化，塑造着自己的民族文化精神。与自然的对立、征服自然的欲望又不断刺激着西方人的冒险精神。从远古阿耳戈英雄们远航的壮举到哥伦布登上美洲大陆，无不显示出西方人的冒险精神。古希腊神话中的崇“力”，强化了个性和超自然的力量，从宣扬英雄般的超人到表现“力”的无限释放，也形成了崇尚武力、追求强大的意识，促成了西方文化的“征服性”和“冒险性”，形成了西方文化中向外追求、勇往直前追求真理、创造新价值、开辟新疆土、追寻新环境的拓展精神。

在这种征服和冒险精神中，西方势力不断拓展，从古希腊时期的西方文明之源中就已经蕴涵了西方民族文化的冒险拓展精神，使爱琴海区域的各小邦国的生存空间处于动态中。正像他们的哲学家赫拉克勒斯的“一切皆流，无物常住”、“太阳每天都是新的”的哲学思想一样，西方民族是一个不安于现状的民族。他们怀着强烈的好奇心，凭着一腔宗教热情，奔向世界各地。

古典的小希腊诸邦，在他们当时竭尽所能的地理范围内进行了大量的冒险和拓展，南到埃及地区，东至黑海沿岸、赫勒斯滂海峡、色雷斯，西部的西西里岛、北部的高卢地区都留下了古希腊人的足迹，沐浴了古希腊文化的光辉，而意大利和西西里的锡拉库扎、塔兰托、那不勒斯，高卢南部的马赛，黑海南部的拜占庭则发展成了著名的希腊城邦。这是西方文化中动感的凸现，在动中求证生命力，在动中实现着个体的欲望。

这种赫拉克勒斯精神在西方文化中不断得到升华。亚历山大时代的马其顿人旋风般地向东拓展，不仅占领了埃及，还灭了当时的大波斯帝国。罗马帝国是由第伯河畔一个小国寡民的城邦，经过公元前3世纪到公元2世纪的一系列侵略战争，征服了整个意大利半岛、马其顿王国、地中海、北非、小亚细亚、莱茵河和多瑙河流域，直到英伦设防，成为一个地跨欧、亚、非三洲的大帝国，这是西方人冒险精神的结果。

这种民族文化精神成了西方人生活的向导，哥伦布的远渡重洋是这种民族文化精神的再一次突破，它不仅突破了空间，而且还突破了时间，西方人从此走向世界各地，世界由个体联系为一个整体。也就是在这种冒险创新中，世界历史的脚步加快了，西方实现了在冒险和变革中的崛起，把整个世界都纳入了欧化的浪潮之中。

四、创造与享乐文化精神

西方动感文化是一种不断创造的进取文化。从社会到个体都处于一种创造与享乐的双轨生活之中。这是西方文化的传统精神，从神的时代到现代文明，西方都沉浸在创造与享乐文化生活之中。

古希腊神话是西方文化精神之源，整个神话由神的故事和英雄的传说构成。神话中的神和英雄都是生活的创造者和享受者，他们在人与自然的较量中，用他们的冒险、勇气和力量不断战胜自然，创造了一个又一个奇迹。普罗米修斯造人的辛劳及其为人类献身的苦难、宙斯繁育强壮后代的业绩、赫拉克勒斯的十二大奇功、阿耳戈英雄为了金羊毛的远航、特洛伊城下的厮杀等等，都昭示了神话时代神和英雄的创造活动。这些神和英雄不仅是生活的创造者，更是生活的享受者，他们为享受而创造。

古希腊神话人物带有世俗的情感与凡人的品质中孕育的文化精神成了西方传统的文化精神，与中华民族的文化精神相比呈现出极大的差异性。

古希腊人追求的不是禁欲的道德生活，而是实现人性的幸福生活。为此，在古希腊民族中产生了两种生活审美的象征性精神，即象征追求、理性、道德等崇高理想的“梦幻世界”的阿波罗精神——日神精神，以及释放人本真的享乐的“醉狂世界”的狄俄尼索斯精神——酒神精神。这是对人生的深刻认识和享受人生的精神产物。古希腊优美宜人、开放的自然环境，航海、商业贸易、殖民等生存模式，塑造了希腊民族乐观、活泼、轻松愉快、开朗热情、享乐人生的现实生活习俗。

就像黑格尔在《历史哲学》中所描述的，希腊人“自由自在，犹如整天歌唱的小鸟”①。他们一方面用阿波罗精神把苦难的生活点缀上精美的面纱，追寻着人的本质和意义，但他们并不是僵死地生活在“梦幻世界”中苦苦追寻人的真谛。这些气质精敏的希腊人在命运与死亡的巨掌中，清楚地感受到人生经历着心灵矛盾痛苦的冲突，认识到现实人生并不如意。然而，希腊人天生豪迈的气质，他们九死一生的

① 黑格尔：《历史哲学》，第249页，上海书店，1999年版。

经历，他们像孩子一样单纯、轻松的性格，使他们能够直面惨淡的人生，因而在生活审美中创造出了日神与酒神两种生活追求的意境，把日神作为生活追求的最高境界，赋予人生理性和道德的崇高理想，用神话精美的面纱把人生点缀成五彩斑斓的梦境，使人生呈现出美的瞬间，让人们这样认识人生："就算人生是梦，我们要有滋有味地做这个梦，不要失掉了梦的情致和乐趣。"① 善于做梦的希腊人就在人生如梦的意境中得到心理的慰帖。希腊人并未只局限在"梦幻世界"中，他们仍在追寻着人的本真，酒神就是他们个体回归本真的冲动，他们仍要在酒神的冲动中揭开人生的面纱，直面人在世界中的悲惨地位。他们要在悲情中放纵自我，享受人生的真谛。就像尼采在其《悲剧的诞生》中描述的："痛极生乐，发出肺腑的欢感夺走哀音；乐极而惶恐惊呼，为悠悠千古之恨悲鸣，在那些希腊节日里，大自然简直像是呼出了一口伤感之气。"②

酒神精神告诉人们，就算人生是苦难，也要直面人生，快乐地享受人生，在享受与快乐中显示出人生的壮美，在对酒当歌的生命享受中实现人的本真。从神到人都在享受现实和现世生活。在古希腊神话中，诸神积极、热情地投入到世俗生活中，在古希腊神话中你绝对看不到一张冷忍漠然、忙于发布神谕、正经八百的神面；绝对看不到一副静居圣坛、虔心修炼、不食人间烟火的神态；绝对看不到基督徒般对生活艰苦的克制。你看到的只是享乐，享乐多彩的生活，享乐欢愉的爱情，享乐冒险的奇趣，享乐宝贵的生命，享乐瞬然即逝的现世人生。神王是一个不断勾引凡间女性的情场高手，在与凡间女性的男欢女爱中，创造出一个又一个半神半人的英雄，而那个拥有牵动世间男性且魅力四射的爱与美之神阿芙洛狄特更不甘寂寞，在神界与人界引诱着一个又一个男性。无论是男神还是女神，为了自己的爱可以不择

① 周国平著：《悲剧的诞生译序》，三联书店。

② 尼采：《悲剧的诞生》，作家出版社，1986 年版。

手段，他们的行径并没有受到谴责，因为在那个世界里，天生的本能是直线发展的，人性的源泉是尽意的挥洒。

古希腊神话中的神明们如此尽情地享受人生、挥洒生命，除了自然的、地理的民族精神外，还源于古希腊人对生活人文的认识。

古希腊人单纯、健全、平衡的心灵，使他们把目光投向现世。在他们的意念中，没有基督教式的“天堂”，活着就是天堂，活着就应该去努力冒险，去建功、去立业、去爱、去狩猎、去竞技、去玩耍、去遍赏人生的酸甜苦辣，这就是酒神精神的前提和传统。就是这种酒神精神，不断推动着西方民族去创造、去享受绚丽多彩的生活，去展现人性。

从古希腊诗人品达罗斯的作品《皮西亚》的论述中，也透视出西方古老民族的享乐精神来：幸福是人生奋斗的第一目标，其次是要个好名声。一个人如能同时得到二者而且又能紧紧抓住它们，那么，他就是完全实现了自己的最高理想。这种将人生享乐作为生活的第一目标的理念是西欧人生活的准则，情欲在古希腊人生活中处于至高的地位，从神明、英雄到凡人都是在充分展现人性。

宙斯，这位众神之王是一个典型的情圣，在一夫一妻制之下他也不甘寂寞，不停地显示自己的阳刚之性，与神界、人界女性欢爱，播撒着情种，就是主管婚姻的赫拉也对他无能为力。整个古典时代就辉映在这种开放的人文生活中。《伊利亚特》第十四卷就是一首展示古希腊追求情爱的颂歌，而战神阿瑞斯与爱与美之神阿芙洛狄特偷情的精彩场面以欢乐的嬉笑情节收场。

爱情是人类情感的体现，是人类文化精神的花朵。各民族文化精神生动的展示就是各自民族的爱情悲剧。西方的爱情悲剧，从以古希腊神话为题材的《罗密欧与茱丽叶》及反映西方等级社会生活的《阴谋与爱情》最为典型，两部作品生动地把西方文化精神再现出来，罗密欧与茱丽叶为了爱情，大胆地冲破家规，超越两家的世仇，为了享受爱情不达目的不罢休的执著抗争精神，成了西方爱情至上的典范，而以死殉情的精神则成了西方爱情的象征。这是一种为了爱而走向毁灭的闪光情感，他们没有化蝶之传说，也不是大逆不道之徒，而是人性的化身，他们的死并不是羞辱的玷污，而是人类觉醒的信号，两家世仇在感天动地的爱情面前羞愧，在人性面前终于觉醒，最终言归于好。西方社会也在毁灭的爱情中再生，在毁灭的爱情中超越。《阴谋与爱情》则在抗争中完全毁灭，这是爱神的胜利，爱选择了死亡，是为了选择胜利，是为了不屈服、不妥协。这是一种冲破传统的壮举，他们的死是西方文化中突破与创新精神在生活中的实践，示意着西方民族为了享乐爱情的执著，不需要束缚，他们要享受自己的幸福，以死冲破传统，冲击社会。传统被他们的血液洗刷，社会被他们的死唤醒。西方文化就在这种人性享乐的追求和鞭笞中不断获得新生。西方文化保存下来的是抗争、自由、荒诞，西方文化就是在抗争中实现了否定，认识到人类现存秩序、观念、智慧、理性的有限性、局限性和片面性，在这种认识的否定中实现肯定，这为西方文化的再造、飞跃提供了机制。

西方文化精神的开放性最突出的体现是在中世纪思想解冻之时，即文艺复兴时代。这一时代是一个大胆张扬的时代，传统的偏见被破除，传统被怀疑、被嘲讽，现存的一切遭到批判。人们在人性、理性、人道面前看到了美好的未来，人们沉浸在创造的欢乐中，对未来充满信心。特别是对传统道德的否定，人们在进行着大胆的破坏和毁灭，进行着无穷尽的勇敢的创造。在整个生活中，从肉体到精神，每个人的追求是没有限度的，人们的意志与行动并肩而行。就是在这个时代创造了具有永恒价值的生活，这是一种展现自我的自由生活，这是一种释放人性的生活。西方人又在创建一种自古典时代毁灭以后的生活方式，中世纪狭隘的、压抑的生活遇到了追求自我、实现人性的革命巨浪，在文艺复兴的巨浪洗刷下，西方人的一切思想感情获得了全新的内容。人们的观点和理念发生裂变。

特别是在生活领域，古典时代的人文生活复活，人们都在竭力地追寻，都在超越自我、超越现实，这是一个构建新思维的过程。这种新思维以崭新的形式得到人们的认知，因为这种回归和发展古典时代的意识不只是在个别人物身上出现的，而是在整个群体中爆发出来的。旧的文化体系、文化精神在这种超越中被否定，西欧进入了一个自我更新、自我创造的时代。这一时代的超越和创造性在生活中是翻天覆地的，人们在人性的情感和理智中驰骋，一切创造力都从感觉中表现出来，人成了人间生活的完全体验者，成了人间欢乐的理想工具，不再是受压抑的上帝的工具。就在中华民族文化正在理学禁锢下的时候，西欧则敞开了人性的天窗，人成了生活的享乐者、叛逆者、毁灭者、创造者。人从外观到内心都得到了肯定，人的价值在创造与享乐中显现出来，而不是在守存与克己复礼中显现出来，西欧正沿着一条外在人文与内在人文统一之道疾驶。人从肉体到精神成了关注和讴歌的对象，文艺复兴时期的流行歌曲是："青春是多么美丽啊，但是，留不住这逝水年华！得欢乐时且欢乐吧，谁知明天有没有这种闲暇。"① 这反映出西方传统的阿波罗"梦幻世界"与狄俄尼索斯"醉狂世界"互补的享乐精神。以后西方文化生活就在这种创造与享乐中并行，资产阶级在物质创造中为自己的崛起奠定了经济基础，在享乐中为自己的文化创造打开了天窗，让人们在无尽的宇宙中遨游，在无束中遐想。

五、以自我为中心的霸道文化精神

人与自然对抗中衍生出来的个体是以自我为核心的个体，这种个体中产生的民族文化精神是要把自然、社会对象置于自我控制下的一种霸权型文化。西方的自我人格精神是一种文化传承精神，荷马时代就已经完全展示出来。不管是神话中的诸神还是各位英雄，他们生活在自由自在、无忧无虑的生活中，诸神都各自为政，以自我为中心，

① 转引自雅各布·布克哈特著：《意大利文艺复兴时期的文化》，商务印书馆，1979 年版。

形成了个性化和自由化的生存模式，各自都围绕着自我去创造、去建功立业。宙斯为了流传千古、神界的女神为了一个标志自己美貌的金苹果，不惜引发一场旷日持久的大战。而英雄们为了一个美女，不惜展开一场持续十年的大战。女神美狄亚为了自己的爱情，不惜出卖国宝金羊毛和伤害自己的父兄。英雄伊阿宋为了自己的王位和财富不惜抛弃自己的妻子和孩子。这一切在神话中都淋漓尽致地反映出来，天界的神祇首领的弑父篡位被披上命运的神圣面纱，这充分凸现了西方社会的以自我为中心的文化精神的历史渊源。

这种以自我为中心的文化精神一直是西方文化的内在精神。中世纪尽管有基督的博爱，但信仰的核心仍然是基督教徒自我解脱的赎罪，为的是自我的个体灵魂的得救，而不像其他宗教那种自渡、他渡双向获救的利他主义。为了财富，不惜以宗教的名义发动战争。这透视出的是一种霸道文化。这种霸道文化在近现代发展到顶峰。近代西方国家以经济、军事实力为后盾，在世界范围内大力进行殖民活动，把美洲、澳洲欧化，把亚洲和非洲变为殖民地半殖民地，尽力把这些地区纳入西方资本主义体系，变为他们的原料供给市场和商品销售市场。现当代在西方以自我为中心的文化本位主义仍主导一切，他们要把西方的价值观推向世界。为了推行他们的价值观又往往不惜动用武力，这使世界仍处于动荡之中，世界多元文化格局受到严峻的挑战。

六、革命与变革动感文化精神中的突破与创新

绵延线性与断裂整合是中西文化的差异。在世界文明史上，各民族有各民族的特点，不同的民族创造着自己独特的民族文化。在近代文明的早期，从物质文化上来说，世界民族文化间的差异不明显。特别是中西文明，中华帝国始终处于优势。近代文明是人类文明的转折，西方在文化革命的导向下崛起，发展为世界文明的主导者。究其根本原因，是由于其传统社会的革命和变革促成的。

在人类迈进文明的门槛之时，社会转折界碑式的标志只在西方出

现。在古希腊的文明史上，其进入文明时代是经历了一系列的革命和变革才完成的。从雅典的提修斯改革设立中央议事会、划分阿提卡居民开始，到梭伦改革前的平民为争取财产权、人身权、政治权利的革命和变革，再到罗马帝国时期公民为争取到分派土地的财产权、人权、担任国家公务员的政治权力的斗争，都是西方古典时代人民自觉的，有着具体政治、经济目标的革命运动。在这些革命运动的推动下，西方在古典时代就进行了一系列具有突破和创新的社会变革，提修斯、梭伦、克里斯提尼、伯里克利有关国家建制、社会结构、土地权、人权、民主权、财产权的一系列变革以及罗马共和国到帝国时期的各项立法，在突破与创新中实现了西方由原始向文明过渡的历程。提修斯的突破与创新在于他开始打破原始的血缘政治关系，代之以雅典为中心的统一的中央议事会，并按职业把阿提卡半岛的居民划分为贵族、农民、手工业者，各阶层都因自己的职业对社会的有用性而受到尊重，它使原始社会后期因居民的迁徙引起的社会矛盾得以缓解，开始出现了地域概念，但平民还没有获得政治权力和生命财产权的保障。

古希腊的平民不是“君权神授”熏陶下的臣民，他们是国家的主人，为了得到国家公民应有的权力，他们要斗争。贵族是人，平民也是人，他们应该平等，他们的财富不应被贵族剥夺，他们应享有与他们创造的财富相匹配的政治权力。他们要推翻贵族的统治，他们要暴动。就在平民蠢蠢欲动之时，贵族与平民的仲裁者梭伦出现了，他代表财富的创造者——工商业奴隶主进行社会变革，用财富政治代替贵族政治，用《解负令》解除对雅典平民人身权的威胁，把权力赋予公民大会，让财产的拥有者成为国家的管理者，实现了雅典公民要求的人权和财产权。

梭伦要建立的是一个公民掌权的法制社会，正如他自己阐述的：“使人人平权成为雅典宪法的本质。”“我制定法律无贵贱，一视同仁。”“那些身为奴隶蒙耻受辱在主人面前发抖的人们，我也解放了，而这一切我是依靠法律去执行的。我有诺必践。”① 这些在顾准的《希腊城邦制度》一书中做了阐述：“城邦据以建立起来的宪法结构是贵族政治，当生活安定下来的时候，个人领导让位给一个阶级的稳定的影响力量，在海外，这个阶级有时候是亲手掌握了最高权力的最初移民。……国家是能够自由自在地为之服务的人的财产，政府的主要机构是议事会，它或者是贵族的一个核心集团，或者是整个特权公民，取代了君主政体的这个集团的团结一致予人强烈的印象。”②

但任何一次突破与创新并不总是与理想相等的，总存在着缺陷。西方社会并没有在缺陷中徘徊，而是不断突破与完善。克里斯提尼、伯里克利是文明初始时代文明体制的完善者。克里斯提尼完全铲除了原生的血缘关系，代之以系统的地域关系，以之相应的是氏族贵族的权力完全被铲除，代之以人民当家做主的大众政治，官吏由人民选举产生，接受人民的监督，人民不仅有权选官，也有权罢官。

《贝壳放逐法》把整个社会从官员到平民置于民众的监视下，在整个社会实现了“主权在民”和“法制”。伯里克利则把民主政治作为其施政目标，他要使雅典公民生活在真正的民主社会中，就像他在悼念阵亡将士的演讲中阐述的：“我们的政治制度之所以被称为民主政治，是因为政权是在全国人民手中，而不是在少数人手中。解决私人争执的时候，每个人在法律上都是平等的，让一个人担任公职优于他人的时候，所考虑的不是某一特殊阶级的成员，而是他们具有的真正才能。任何人，只要他对国家有所贡献，绝对不会因为贫穷而在政治上湮没无闻。正因为我们的政治生活是自由而公开的，我们彼此间的日常生活也是这样的。当我们的隔壁邻人为所欲为的时候，我们不至于因此而生气；我们也不会因此而给他们难看的颜色，以伤他们的感情，尽管这些颜色对他没有实际的损害。在我们私人生活中，我们是自由的

① 《世界通史资料》(上卷)，第284页，商务印书馆，1974年版。

② 顾准：《希腊城邦制度》，第65页，中国社会科学出版社，1982年版。

和宽恕的；但是在公家的事务中，我们遵守法律。这是因为这种精神深使我们心服”①。这与梭伦、克里斯提尼相比在地域、财富、政治上是一次大突破，权力不再以财产来衡量，人身的自由、权力、责任、义务同构。这使完全步入文明时代的古希腊成为一个民主、平等、自由、法制的世界，因为“人是第一重要的，其他一切都是人的劳动成果”②。这是完全的人文，标志着人类完全走出了蛮荒之野，构建起人类真正文明的大厦。人之所以为人的价值与生活实践的原则得到了统一。正如伯里克利自己评价的：“我们爱好美丽的东西，但没有因此而至于奢侈；我们爱好智慧，但没有因此而柔弱；谁也不别以承认自己的贫穷为耻，真正的耻辱是不择手段以避免贫穷。在我们这里，每一个人所关心的，不仅是自己的事务，而且也关心国家的事务。”“要自由，才能有幸福；要勇敢，才能有自由。”③ 这就是西方的文明初始，它孕育的是突破与创新，西方文明社会就是在这一系列的革命和变革中实现的。

古希腊文化与欧洲文化的嫁接者古罗马也不例外。这个由小小的罗马城发展起来的大帝国也是在变革与突破中不断发展完善的。在其由原始步入文明之始，其文明体制的建立是在有条不紊的社会革命和变革中，在不断突破旧传统、建立法制的文明过程中实现的。在塞尔维乌斯·图里乌斯改革中诞生的古罗马国家并不完善，面对这种不完善，刚走出原始的古罗马国家的民众既不是盲目暴动，也不是依靠权威来解决社会问题，他们采取合法的行动来实现自己的目的——作为公民所应具有的各种权力。公元前 494 年，罗马平民利用外敌压境的危局，迫使贵族掌握的权力机构——元老院同意平民选举自己的保民官，保护平民不受贵族侵犯，并具有否决权。公元前 471 年的分离运动使平

---

① 顾准：《希腊城邦制度》，第 130 页，中国社会科学出版社，1982 年版。

② 《伯罗奔尼撒战争史》，第 130 页，商务印书馆，1960 年版。

③ 同上，第 132 页、第 135 页。

民会议合法化，以后的几次分离运动使平民真正成了罗马国家法律保护下的公民。公元前 451 年～前 450 年制定了《十二铜表法》，平民有了成文法限制贵族权力，公元前 445 年平民获得了同贵族通婚的权力，公元前 376 年的李锡尼和绥克斯图确认平民有担任执政官和其他高级官吏的权力，公元前 326 年的"波提利阿法案"废除了债务奴隶制，公元前 287 年的"霍腾西阿法案"确认了平民大会的决议具有法律效力。这是罗马民众几百年斗争的成果，这是文明时代一笔难得的财富，它奠定了古罗马乃至西方社会变革与革命的方法与途径，奠定了古罗马和西方社会法制的基础和传统。

罗马帝国是一个地跨欧、亚、非三洲的大帝国，它治理着众多的民族，为了适应这种统治的需要，他们又出台了"各民族共同的法律"——《万民法》，并在实践中不断完善，最终形成了统摄世界各民族的、融和了罗马古老社会的市民法的法律体系，法学在西方古老的土地上产生了。民众在变革中获得了权力，国家在变革中完善了法制，整个西方在变革中实现了法治。就是在这种变革中，西方世界在不断的突破与创新中前进。

革命与变革中的突破与创新成了西方社会的传统。西罗马帝国灭亡之后，整个西方虽然处于蛮族入侵的混乱之中，但同时也是一个革命与变革时期。西罗马帝国的奴隶制经济基础被彻底摧毁，取而代之的是西罗马帝国后期发展起来的新经济要素——隶农制，开始了隶农制与蛮族马尔克制的重新整合，以及基督教文化与古典文化、日耳曼蛮族文化的重新整合，西方又一次处于变革与革命时期。在这次的革命与变革中，产生了封君封臣的权力与义务相结合的等级封建制。这种等级封建制才确立下来，分封制下的西方社会在经济领域中又成长起了变革的要素——城市经济。这是一种以商品、贸易为导向的新兴经济，它一出现就成为封建经济的腐蚀剂。随着市民阶级的增长，西方的革命与变革时代又一次到来。经济上，到 14 世纪在意大利产生了新型的经济要素——资本主义经济，这是西方社会经济的突破与创新。

在这种经济前提下，西方社会大裂变、大突破的时代也来临了。

接踵而至的是文艺复兴、宗教改革、启蒙运动等一系列波及社会各阶层、各领域的社会革命和变革。文艺复兴在复兴古希腊罗马文化的旗帜下进行文化革命，用“人道”代替“神道”、“人性”代替“神性”、“人权”代替“神权”，开始把人们从中世纪的宗教神权束缚下解放出来，还人以自我。文化的变革是全方位的，从社会范围来说，它不是几个文化精英的呐喊，而是整个社会的投入、社会生活方式的变革。在政治领域，提出了近代西方社会建构的构想，马基雅维里、让·波丹、格劳秀斯等政治理论家对君主制、立宪制和民主制作过深入的阐述，他们发展了古典时代柏拉图、亚里士多德的理想制度，对近代资产阶级的制度作了初步的构想，这是西方近代整个社会文化变革的先导。

以后的宗教改革，则是适应资本主义经济自由发展之需求而进行的资产阶级改造封建宗教的宗教革命运动，路德和卡尔文让民众获得了信仰的自由，把民众的信仰从封建教会组织的愚昧束缚中解放出来，发展为理性的宗教信仰，上帝成了人们直接沟通的神圣，人们的物质创造活动被披上了神圣的宗教外衣，发财致富成了上帝恩宠的标志。这是思想信仰的一大突破，是经济发展的理论创新，这为资本主义经济的发展注入了兴奋剂，为资本主义经济的发展提供了经济理论，为近代资本主义的政治提供了民众理论。因为自由的信仰、民众与神职人员的平等说明“民主的理想，由规定了权利的法律决定的公正理想，人与人之间的平等理想，建立在个人自由基础上的个人幸福的理想，都互相结合起来”①。启蒙运动更为彻底，社会各界的思想家都阐述了反封建、反专制、反宗教的思想，倡导自由、平等、人权等适应资本主义经济进一步发展的思想，并提出了不同形式的资产阶级政体，特

① 德尼兹·加亚尔，贝尔纳代特·德尚：《欧洲史》，第 12 页，海南出版社，2000 年版。

别是孟德斯鸠《论法的精神》成了资产阶级政体的理论基础。这些思想解放运动，是西方社会早期阶级自觉的革命与变革，他们的目的在于社会方方面面的突破和创新。在资本主义经济和资产阶级理论的导向下，西方社会再一次有变革目标的突破与创新时代终于来到了。

1640 年~1688 年，英国的资产阶级革命在自由、平等、正义、人民主权和自然法思想的引导下进行的，这是代表新经济的新思想，代表新生活的新精神，在这种新思想、新精神的指导下，英国开始了一场全新的革命和变革。国会提出了保护人权、财产权、国会权力和限制王权的“权利请愿书”，“大抗议书”则是直接反对封建君主专制的资产阶级新贵的纲领性文献，它直接向封建王朝挑战，经过战争与革命，封建王权终于被推翻。英国开始了主权在民的变革历程。1649 年建立起共和制，经过不断的革新，终于在 1689 年的《权利法案》的法律保障下，确立起了近代历史上第一个主权在民的资产阶级君主立宪制国家，主权在民的议会制成了以后世界各国变革的主权在民的体制导向。

以美国独立战争、法国资产阶级革命为代表的革命与变革在西方世界轰轰烈烈展开。北美十三州在大英帝国的资本主义体系中实际的地位却是殖民地，是英国的商品销售地和原料供给地。在经济上受英国的剥夺，政治上受歧视，然而这里是由追求信仰自由、追求自由家园的清教徒和冒险家建立的有着民主与自由意识的团体的聚居地，随着美利坚民族的形成，民族意识的增长，这群有着民主、自由意识的民众走向了独立的道路。1775 年打响了反对大英帝国殖民统治的枪声，1776 年在《独立宣言》中阐述了各阶层追寻的目标是①：

在人类历史进程中，当一个民族必须解除其与另一个民

① 《世界通史资料选辑》（近代部分上），第 93 页、第 94 页、第 97 页，商务印书馆，1985 年版。

族之间迄今所存在着的政治联系，而在世界列国之中取得的那‘自然法则’和‘自然神明’所规定给他们的独立与平等的地位，就有一种真诚的尊重人类公意的心理，要求他们一定要把那些迫使他们不得已而独立的原因宣布出来。

我们认为这些真理是不言而喻的：人人生而平等，他们都在他们的造物主那里被赋予了一些不可转让的权力，其中包括生命权、自由权和追求平等的权力。为了保障这些权力，才在人们中间成立政府。而政府的所有权力，需征得被统治者的同意，如果遇有任何一种形式的政府变成损害这些目的的，那末，人民就有权力来改造它或废除它，以建立新的政府。这新的政府必须是建立在这样的原则与基础上，并且是按照这样的方式来组织它的权利机关，庶几就人民看来那是最能促进他们安全和幸福的。

我们以这些殖民地的善良人民的名誉和权力，庄严地宣布和昭告：这些联合殖民地从此成为、而且名正言顺地应成为自己独立的合众国……为了拥护此项‘宣言’，怀着深信神明福祐的信心，我们谨以我们的生命、财产和神圣的荣誉互相共同保证，永誓无贰。

他们脱离英国是民众的选择，是为了建立全新自由、民主、平等、法治的主权在民的合众国。美国独立战争目的鲜明，其突破与创新在于打碎了英国的殖民枷锁，创立了新型民主、自由的合众国。美国《1787 年宪法》是资本主义时代革命与革新的最丰硕的成果。因为宪法是在打破英国的殖民统治、国家独立的过程中，在没有固有传统、在资本主义政治理论成熟的时期制定的，所以它基本上吸收了整个资本主义早期思想变革和革命的成果，它把洛克、卢梭、孟德斯鸠的资产阶级政治理论和建国思想完全用到这个充满自由、平等、民主向往的国度中，使资产阶级的理论变成了实践。它三权分立、它的总统制成了以后资产阶级革命和变革的楷模。

法国大革命则在急风暴雨式的革命浪潮与变革中实践了启蒙运动的资产阶级思想家们提出的各种理论，这些理论有霍布斯、洛克、孟德斯鸠、伏尔泰的君主立宪制；狄德罗、爱尔维修的资产阶级共和制；卢梭的资产阶级民主制。就在这种革命与变革中，西方没有成为教条的圣地，而是成了变革的先锋，资产阶级革命与变革的浪潮席卷整个西方世界，以后德国、意大利的统一，俄国废除农奴制的改革都显示了西方社会的动感文化精神，这是古希腊赫拉克利特“万物皆变”的动态思想的延续和发展。就在这种动感文化精神中，西方不仅完全成了西方，而且使人类突破了多少年以来的自然束缚，建立起了一套全新的生产方式和一套全新的生活方式，推动着人类生产力的不断突破与创新，在突破与创新中实现了人类生产力的飞跃发展。

第五章　中西宗教精神

文化与宗教有着天然的联系，但一些人往往认为宗教即文化，文化即宗教，这是一种有失偏颇的认识，它只能说明文化与宗教关系密切。实际上，文化是一个无所不包的领域，宗教只是文化的一部分，各地区、各国文化与宗教的关系也是不相同的，中国与西方在宗教精神上有着很大的差别。

人类历史上的宗教在起点与历程中都有从非理性的原始宗教向理性的文明社会的宗教发展的共同点。中西文化中的宗教精神也是居于这样的共同点基础上发展起来的，但两者却在“轴心时代”沿着不同的趋向发展。

雅斯贝斯所定义的公元前 800 年～公元前 200 年的“轴心时代”是人类智慧的大爆发时期，是人类思想的第一个闪光期。整个世界文化群星璀璨，“在中国，孔子和老子非常活跃，中国所有的哲学流派，包括墨子、庄子、列子和诸子百家都出现了。像中国一样，印度出现了《奥义书》和佛陀，探究了一直到怀疑主义、唯物主义、诡辨派和虚无主义的全部范围的哲学可能性。伊朗的所罗亚斯德传授一种挑战性的观点，认为人世生活就是一场善与恶的斗争。在巴勒斯坦，从以利亚经由以赛亚和耶米利到以赛亚第二，先知们纷纷涌现。希腊圣贤如云，其中有荷马，哲学家巴门尼德、赫拉克利特和柏拉图，许多悲剧作家，以及修昔底德和阿基米得。

在这数世纪内，这些名字所包含的一切，几乎同时在中国、印度和西方这三个互不知晓的地区发展起来。”① 这就是史学家雅斯贝斯对这一辉煌时代的论述，宗教思想基础就是在这一时代奠定的。“这一时期所有主要的宗教选择——它们构成认识终极者的主要的可能方式——都已被确认和建立，自那以后，人类宗教生活中没有发生任何类似的具有新的意义的事情。”就是在这个世界各地文化精神的确立期，中西文化的宗教精神也向着不同的路径发展。

中国宗教的趋向是入世，而西方却是出世；中国宗教集中于人的限定性与现实性，西方集中于人的超越性与拯救；中国是成熟的实践理性居主导地位，而西方却是超越的思辨理性占主体。

第一节　祖先崇拜——中华民族的宗教信仰

祖先崇拜是原始社会时期与图腾崇拜相始终的原始宗教信仰，经历了由女祖先崇拜到男祖先崇拜的历程，中华民族也不例外。中华民族早期的造人神话是女娲抟土造人，与此相应的图腾崇拜是女性化的“凤”图腾。至原始社会末期，历史上的祖先崇拜转向男祖先崇拜，中华民族也是如此。由对女娲娘娘和“凤”图腾的阴性崇拜转向对炎黄男祖先及“龙”图腾的阳性崇拜，这一历程与世界各民族是共同的。但进入阶级社会后，以农业文明为基础、水利文化为导向的中华民族在宗教信仰上与世界文明史上的各族就出现了相异性。

中华民族文明社会的政体和社会结构是以氏族、部落为基础，由“启杀伯益”演化来的。启是治水有功的大禹的儿子，禹又是黄帝之后。启依靠世袭权威以武力建立夏朝。这样，中华民族的政体和社会结构就以血缘的、世袭传承的模式连续不断地发展下来。这与古希腊罗马的政体和社会结构有着巨大区别。

---

① 雅斯贝斯：《历史的起源与目标》，第8页，华夏出版社，1989年版。

古希腊罗马的政体和社会结构在农、工、商业及对外殖民的发展中不断变革，在氏族、部落不断解体中建立起来的奴隶主民主或共和政体以及地域关系的社会结构、氏族血缘关系完全为地域关系所取代，血缘的世袭政体完全为财富政治取代。

这种历史与社会的区别，使相互的宗教信仰也有殊异。古希腊罗马原始时期的神、英雄祖先被高高置于奥林匹斯山神系大家族中，神界与人类文明史相分离；他们原始的多神崇拜和英雄祖先崇拜的宗教信仰，被形而上的斯多葛信仰所取代，经过中世纪的整合进入到基督教信仰时代。中华民族原始时期的神，随着文明时代的到来被完全融入整个文明史中，原始社会末期的神话祖先演变为文化超人，头绪纷繁的神话也发展为“帝系神话”——“少典体系”。这样，中华民族的祖先崇拜被完整地与史实结合，连续不断地传承到文明社会中不断发展整合，成了中华民族共同的宗教信仰，自然地传承到现代社会中。

在现代社会中，中华民族祖先崇拜的宗教信仰不仅仍继续发挥着其不可替代的社会功能，而且还在不断发展之中。黄帝陵前炎黄子孙络绎不绝的祭奠足迹，锣鼓喧天的祭奠仪式，各祖庙庄严的祖先牌位，这些都示意着中华民族自古以来的共同宗教信仰至今仍然是祖先崇拜。

一、中华民族祖先崇拜的源流

中华民族的祖先崇拜之源与世界其他各民族祖先崇拜之源是共同的，都是在原始社会产生，与图腾崇拜相伴随，经历了女祖先崇拜到男祖先崇拜的历程，出现的形式是以神话为题材。

《风俗通义》载：“天地初开，女娲抟黄土为人，剧务，力不暇供，乃引绳横泥中，举以为人。”女祖先、黄土不仅向世人昭示了中华民族的信仰之源，而且暗示了中华民族的黄土情怀。此外，中华民族帝系神话中各位文化超人的出生，在赋予其神性的同时，透视出的仍然是对女祖先的崇拜。

《三皇本纪》记载：“炎帝神农氏，姜姓，母曰女登，有乔氏女，少典之妃，感神龙而生炎帝。”

《竹书纪年》记载：“黄帝母附宝，见电绕北斗，枢星光照野，感而孕。”“帝颛顼高阳母见摇光之星，如虹贯日，感己于幽房之宫，生颛顼于若水。”“尧母庆都与赤龙合婚，生伊尝，尧也。”“舜母见大虹，感而生舜。”禹母“吞神珠而生禹”。

《史记·殷本纪》载：商的始祖契是“天有玄鸟，降而生商”；《史记·周本纪》载：周的始祖后稷是其母“见巨人足……践之而身动如孕者，居期而生子”。这一系列记载一方面说明圣灵感孕的神话，导出始祖的神圣血缘，另一方面反映出母系氏族社会只知其母、不知其父的普那路亚婚，是女祖先崇拜的社会基础。

与女祖先崇拜相伴随的图腾崇拜，也是阴性的象征性动物。尽管中华民族的神话头绪繁多，但有一个规律，即每一个神话里都蕴涵着祖先崇拜转化的定式。《帝王世纪辑存》就反映了这种转化潜势：“女娲风姓，承伏羲制度，亦人头蛇身，一日七十化。”这是女娲、伏羲兄妹为婚的传说。

唐朝的《伏羲女娲图》交媾的人首蛇身像，生动地反映了中华民族祖先崇拜信仰的演化。其实，这是人类历史由原始群婚向班辈婚进化历程的折射，也是中华民族历史的发展由神话向史实转化的过程。以后的伏羲转化成“帝系神话”中双重身份的黄帝，《淮南子·说林》高诱注：“黄帝，古天神也。始造人之时，化生阴阳。”《山海经·海外西经》记载的黄帝形象与伏羲形象完全吻合：“轩辕（黄帝之号）之国……人面蛇身，尾交首上。”中华民族的“帝系神话”是百川归大海的凝聚性体系，《国语·晋语》的记载集中反映了这一态势：“昔少典氏娶于有乔氏，生黄帝、炎帝。黄帝以姬水成，炎帝以姜水成。故成而异德，故黄帝为姬，炎帝为姜。”这就是中华民族炎黄共祖的“少典帝系”源流。“少典帝系”神话是中华民族祖先崇拜的宗教信仰之源，是农业文明、水利文化造就的神话体系和祖先崇拜的信仰源泉。

二、炎黄情节——中华民族祖先崇拜中形成的宗教情感

炎黄祖先崇拜的宗教信仰深深地根植于中华大地这块黄土地上，灌注在炎黄子孙的血脉中。黄帝成为中华民族文明史中的第一位帝王，这位帝王不仅是神性帝王，更为重要的是血缘帝王。《山海经·海内经》记载："黄帝妻雷祖……生韩流……生帝颛顼。"《大戴礼·五帝德》载："颛顼产鲧，鲧产文命，是为禹。""颛顼，黄帝之孙，曰高阳。"中华民族的第一个王朝——夏朝是始祖黄帝的后裔建立的，这种血缘世袭的帝王体制是传承性的。

以后，夏朝、商朝的建立者照样是黄帝的血缘亲。《史记·殷本纪》记载商族的始祖契是黄帝的后裔，契的母亲简狄是帝喾的次妃，"帝喾高辛者，黄帝之曾孙也"。《史记·周本纪》追认周朝始祖后稷的母亲是"帝喾元妃"。三朝帝系都是"少典帝系"发展繁衍下来。春秋战国礼崩乐坏的内乱之时，炎黄子孙的民族意识随着西周分封的世袭小宗的实力消长，氏族部落界限不断受到冲击。奇迹在于，这时的祖先崇拜伴随民族意识的增长得到进一步强化，表现在对炎黄祖先的认同上，不仅中原的华夏族崇拜炎黄祖先，而且周边的各族也有这样的共同情怀。屈原的《离骚》追述苗族的始祖是高阳，为"帝高阳之苗裔兮"。此外，还有北方的匈奴，西部的戎、狄等。春秋列国都是黄帝的后裔，参看下表：

黄帝世系

楚国：黄帝→昌意→颛顼→称→卷章→吴回→陆终→季连→附沮→穴熊→熊绎→楚。

陈国：黄帝→昌意→颛顼→穷蝉→敬康→句望→桥牛→瞽叟→帝舜→陈。

越国：黄帝→昌意→颛顼→鲧→禹→启→越国。

杞国：黄帝→昌意→颛顼→鲧→禹→启→杞国。这系还有黄帝→昌意→颛顼→鲧→禹→启→匈奴；黄帝→昌意→颛顼→称→卷章→重黎；黄帝→昌意→颛顼

→叔歜；黄帝→昌意→颛顼→穷蝉→敬康→句望→桥牛→瞽叟→帝舜→无淫；黄帝→昌意→颛顼→中骗；黄帝→昌意→颛顼→伯服；黄帝→昌意→颛顼→灌头→苗民。

宋国：黄帝→玄器→蛴极→帝喾、帝俊→契→传十三世到成汤→宋。

鲁国：黄帝→玄器→蛴极→帝喾、帝俊→弃→传十四世到姬昌→鲁国，再到燕、吴、卫、晋、郑、蔡、管等国。这系还有黄帝→玄器→蛴极→帝喾、帝俊→挚；黄帝→玄器→蛴极→帝喾、帝俊→帝尧→丹朱；黄帝→玄器→蛴极→帝喾、帝俊→中容；黄帝→玄器→蛴极→帝喾、帝俊→晏龙→司幽→思士；黄帝→玄器→蛴极→帝喾、帝俊晏龙→司幽→思女；黄帝→玄器→蛴极→帝喾、帝俊→帝鸿→白民；黄帝→玄器→蛴极→帝喾、帝俊→帝鸿→嘻→季格→帝魁；黄帝→玄器→蛴极→帝喾、帝俊→季釐；黄帝→玄器→蛴极→帝喾、帝俊→禺号→儋耳→牛黎→继无民→无肠；黄帝→玄器→蛴极→帝喾、帝俊→禺号→谣梁→番禺→奚仲→吉光；黄帝→玄器→蛴极→帝喾、帝俊→三身→义均；黄帝→禺虢→禺京；黄帝→苗龙→融吾→弄明→白犬（戎犬）；始均→北狄。

这是中华民族融合的态势，是祖先崇拜的扩展，祖先崇拜的向心力不仅凝聚着华夏子孙，而且吸引着周边民族，使他们自然地融入中华民族这个有着亲情感的大家庭中。大家一同归属到具有亲和力的共同祖先的怀抱中，共祖的情怀在动乱的多事之秋安慰着受挫人们的心灵，在这种共同的归属、共同的家园中，祖先崇拜的信仰不断得到升华。秦朝和汉朝是中华文明的确立期，为大力弘扬中华文明的传承性，汉朝进一步加强了中华民族“炎黄”共祖的民族意识。这一时期的主要文献资料《淮南子》、《史记》及建筑和壁画都在做这种追认，《五帝本纪》、《三皇本纪》、《夏本纪》、《殷本纪》、《周本纪》、《秦本纪》都在追述中华民族的共同祖先是炎黄，黄帝陵、少昊陵、尧陵、尧庙、舜陵、舜庙、禹陵、禹庙等祭祖建筑也在这一时期纷纷修建。秦汉是中华民族意识在祖先崇拜中的确立时期，从此，中华民族有了自己共同的宗教信仰——炎黄祖先崇拜，“落叶归根”成了海外炎黄子孙的夙愿，祖先崇拜成了中华民族的精神纽带。

中华民族上到帝王诸侯、官吏，下到黎民百姓都在追溯自己的祖先。这种上下追溯的终极都在炎黄祖先身上，这可从现在的百家姓中显示出来。现今中国的百家姓没有哪一姓不是炎黄的支系。请参看下列姓氏表：

黄帝系统：颛顼支系—— 芈 ——［五、熊、屈、苗、楚——（叶、白、包、庄、严）、荆、蓝、上官、］、廉、程——（司马）、曹——（朱、颜）、彭——（钱、韦）、己——（顾、廖、关、董、苏）。

尧支系——祁、伊、唐、陶、杜——（范、居）、房、刘、黎、翟。

舜支系——司徒、为｛侯、胡、陈——［田——（车、陆）、袁］王、饶｝、姚——（皱）。

姒姓支系（禹）——谭、辛、夏——［曾、淳于——（于）］、窦、嵇、夏侯、楼——（娄）、越（欧、欧阳）、鲍、戈、司空。

子姓（契）——商、汤、祖、宋——（穆、萧、乐、戴、华、孔、武、牛、边、褚、钟）。

姬姓支系——王、万、周——（方、史、荣、单）、蔡、耿、郑——（冯、游、段、西门）、吴、狄、郭、毕——（潘令）、魏——（狐）、毛、霍、晋——｛简、曲、解——［张］——（东方）、贾——［温］、杨｝、岑、桂、甘、韩——（何、蔺 ）、沈、蒋、卫——［戚、康、——（石、常、孙）、南］、戴、毕——（潘、庞）、鲁——（孟、汪、季、施、颜、闵、东门、柳、符、郎、费）、虞——（白）。

偃姓系（皋陶）——舒、理——（李）、英、阮。

嬴姓系（伯益）——黄——（况）、梁、秦——（缪）、谷、赵——（马）、伯、徐、裴、江、柏。

炎帝系统：姜姓支系——焦、纪、许、岳、吕——｛齐——［东郭、宴、丁、高——（柴）、贺、卢、崔、历、年、章］丘——（易）｝、向、路、龚、申——（谢）、洪。

这是中华民族祖先崇拜的因和果，这是一条不朽的因果锁链，无论是古代的外来铁骑与弯刀，还是近代的坚船利炮，或是现当代的“西风美雨”都无法踩割断、炮击断、侵蚀断这根不朽的文明之链。而适得其反的是，祖先崇拜中形成的合情合理的中华文明深深地吸引着自古至今的外来者，他们不是被同化，就是被接纳，或是被视为特质文明加以研究、采纳。中华民族共同的宗教信仰——祖先崇拜也就一直发展传承下来，演绎出象征宗教情感的标志、仪式、礼仪、教义等一系列宗教要素。

三、“龙凤”——中华民族祖先崇拜中形成的宗教信仰标志

与祖先崇拜相匹配的是图腾崇拜。图腾崇拜往往把祖先赋予动物的形象和能力。中华民族的图腾崇拜照样把祖先赋予动物的形象和能力。中华民族赋予女祖先的阴性图腾是华丽的玄鸟，据考据为燕子，后逐渐抽象升华为神圣的意象鸟“凤凰”。与“女娲抟土造人”、“女娲作笙簧”神话相随的是对鸟图腾的崇拜。《山海经·南山经》记载：“有鸟焉……名曰凤凰……是鸟也，自饮自食，自歌自舞，见则天下安宁。”《大荒经》也载：“鸾鸟自歌，凤鸟自舞。”这是对图腾鸟意象的描写。对这种吉祥鸟的探究至今仍处于人们的想象中。这种鸟的意象是吉祥、社会安宁，这是女祖先崇拜社会状况的折射，是母系氏族社会宁静、和谐社会面貌的象征。

凤凰图腾与后来的龙图腾一起构成了中华民族阴阳和谐的吉祥标志，对这种意象鸟的描绘，各朝各代都趋向审美的意境。从出土的陶器上简易的鸟画到汉代的砖画、瓦当画，直到明清完美的龙凤吉祥画，中华民族都把现实中具体的各种鸟的完美之处汇集到意象中的凤凰身上。“图腾不可能是原始的，它们从属于一种业已形成而又有所变异的图腾制度。甚至可以怀疑意象图腾是不是与之有共同的渊源，因为神

话时代的祖先往往是与日月星辰合为一体的。”① 涂尔干的论述与中华民族的图腾崇拜之源及演变是相通的。

中华民族的图腾崇拜与其治水的农业文明密切相关。基于这种经济基础，当女祖先崇拜转向男祖先崇拜时，中华民族的图腾也就与自然环境、生产状况相适应，演变为上能腾云驾雾、下能翻江倒海的驾驭自然的龙。这是一种民族精神的象征，炎黄子孙不是凡夫孺子，因为他们的祖先黄帝是龙神。《大戴礼·五帝德》记载：“颛顼乘龙而至四海。”“黄帝乘龙扆云，以顺天地之德。”“帝喾春夏乘龙，秋冬乘马。执中而获天下。”中华民族的祖先，是“龙”的化身。华夏民族在初始时就是大一统的国家，神话也好，史实也罢，均全面反映出这种态势。

《帝王世纪》记载：“神农氏衰，蚩尤叛，不用帝命。黄帝于是修德持民……诸侯或叛神农而归之，讨蚩尤氏。擒之于涿鹿之野。”黄帝这位中华民族先祖、中华政治文明的创造者，由人格化的神变为第一个帝王，这是“集体的和非人格的图腾日渐隐退，随后特定的神话人物进而拔头筹，本身变成了图腾”②。炎黄蚩尤各部不断归属融合为一个统一的共同体——炎黄子孙。

对自然云雾的崇拜与祖先崇拜相交融，升华到对人格黄帝的意象图腾“龙”这种虚幻的圣物上，中华文明的历史完全形成。这时的中华民族统一性在于“他们拥有同一个名字和同一个标记，他们相信他们同一个事物范畴具有同样的关系，他们遵行同样的仪式；或简而言之，由于他们共同参与对同一种图腾的崇拜”③。中华民族的图腾没有像其他民族那样与文明进程脱节，而是灌注到中华文明的大动脉之中，

---

① 爱弥尔·涂尔干著：《宗教生活的基本形式》，第 134 ~ 135 页，上海人民出版社，1999 年 11 月版。

② 埃里克·J. 夏普著：《比较宗教学》，第 135 页，上海人民出版社，1988 年 3 月版。

③ 爱弥尔·涂尔干著：《宗教生活的基本形式》，第 225 页，上海人民出版社，1999 年 11 月版。

成了中华魂。而“龙”图腾崇拜融到了中华文明的民族精神中，辐射到炎黄子孙的每一个驻足点。“龙”的象征性也逐渐由粗糙的具体到精致的抽象，在民族魂中赋予了它完美、矫健的形式，以及丰富多彩的民族内涵。因为“图腾图案能够焕发激情，具有崇高价值”①。“表现图腾的图案能够激发宗教感情”②。所以各朝各代的“龙”图腾图像不仅未失传，反而更广泛、更生动活泼、更丰富多彩地发展传承下来。

从仰韶文化龙图腾形象的雏形、红山文化的玉龙、夏代的青铜龙、西周玉龙，到战国时代的青铜龙，“龙”的形象不断完善，延续至今。中华民族的精神完全被赋予在“龙”图腾形象上，“龙”图腾崇拜实现了个人情感与集体表象的和谐互动，图腾“龙”形象的不断完善与升华象征着中华民族的意识、精神走向自觉，因为“宗教象征符号合成了一个民族的精神气质——生活格调、特性和品质，即道德和审美的风格及情绪——和世界观——即他们所认为的事物真正存在的图景，亦即他们最全面的秩序观念”③。“龙”成了中华民族的象征，中华民族是“龙”的传人的歌声在星际间回荡，向人们传递着炎黄子孙文明传承的信息，传递着炎黄子孙的真正信仰。“龙”是炎黄子孙同一性的象征，是中华民族不朽灵魂的载体，这不仅仅是像夏普论述的：“它不是单纯的有形的力量，像呈现在感官和想象力面前的那种有形力量，而是社会力量。”④ 中国这种龙的传人的民族凝聚力，既是感官与想象合成的有形力量，又是社会力量，“龙”成了炎黄子孙宗教情感的激

---

① 爱弥尔·涂尔干著：《宗教生活的基本形式》，第 151 页，上海人民出版社，1999 年 11 月版。

② 爱弥尔·涂尔干著：《宗教生活的基本形式》，第 169 页，上海人民出版社，1999 年 11 月版。

③ 克利福德·格尔兹著：《文化的解释》，第 103、141、148 页，上海人民出版社，1999 年 1 月版。

④ 埃里克·J. 夏普著：《比较宗教学》，第 110 页，上海人民出版社，1988 年 3 月版。

素，成了中华民族崇高价值的载体，是中华民族的徽章。

四、“左宗庙，右社稷”——中华民族祖先崇拜中形成的宗教礼仪和仪式

中华民族在祖先崇拜的宗教信仰中形成了一套完整的宗教礼仪和仪式，中国也由此被视为礼仪之邦。中国的祖先崇拜之所以能源远流长地传承下来，并非是中华民族的文明缺陷，而是中华文明的特质，是中华民族共同的宗教信仰。

“溥天之下，莫非王土；率土之滨，莫非王臣。”这是周天子统治下的华夏民族文明奠基时代的真实写照。这样的家天下是怎样形成的？这是在祖先崇拜的信仰中形成的，周朝在祖先崇拜的信仰中奠定了中华文明的传承基础。其标志是在祖先崇拜的导向中形成了一套完备的，维系中华文明政治、经济、社会结构，文化模式的宗法体制。周朝的宗法制是在原始社会末期父系家长制的基础上发展起来的，到周朝时在祖先崇拜的信仰中形成了完备的宗法制体系网。宗法制是西周建立起的特殊制度。宗就是宗族，以父系血缘确认族群关系，宗族有共同的经济、宗庙、墓地，祭祀着同一祖先。《尔雅·释亲》释宗族为：“父之党为宗族。”《墨子·明鬼下》释为：“内者宗族，外者乡里。”这是从整体的观念上的解释。在中国典籍中，以祖先为核心，侧重于对“宗”的解释。《说文》释宗为：“遵，祖庙也，从宀示。”《白虎通义》释为：“宗者，遵也。为先祖主者，宗人之所遵也。”这是在祖先崇拜的导向下做出的解释。

西周在祖先崇拜的基础上建立的宗法制，以周天子为天下同姓诸侯的大宗，王位由嫡长子继承，其他庶子封为诸侯。对周天子而言，他们是小宗，各诸侯在自己的封地内又是大宗，其传承仍按嫡长子继承制进行，他们的庶子为卿大夫，卿大夫在自己的封地内又是小宗。这样以本家族的嫡长嫡系为线，层层分封，由大到小、由上到下、由里到外形成了以周天子为圆心的同心圆宗法网。这种宗法分封的社会

结构、政治体制、经济模式的构建不但未消除原始社会末期的祖先崇拜信仰，反而使其与政治结合，在整个社会中从上到下、从下到上、从里到外，从经济到政治、文化、社会结构形成了一个完备的祖先崇拜体系，并传承下来。在宗法制基础上建构起了一套完备的礼仪制度——周礼。这是一套以祖先为导向，以宗主周天子为政治核心，以血缘为纽带建构的上下尊卑明确的等级秩序社会礼仪。

华夏民族的祭奠是“左宗庙，右社稷”。华夏民族以左为尊、为大，在整个中华民族中，祖先崇拜高于一切，处于至尊地位。完全正规的、全国性的、规模化的、法定的祖先崇拜仪式始于大一统的秦帝国。秦始皇以后，将皇帝祭祖用宗庙列入国法，这样中华文明之源的祖先崇拜信仰经周朝的建制，到秦朝实施，已经成为国家认可的整个中华民族的共同信仰，并以法典的形式固定下来。

中华大地上出现了遍及全国的祭祀祖先的场所，这些场所称为祖庙，皇帝、王室、诸侯的祖庙称太庙或宗庙。臣民则依规模大小分别称为统宗祠，是几县、十几县甚至几十县同族人共同祭祀本族始祖的场所；支祠，是同族族人供奉和祭祀各支祖先的场所；家堂，是同族族人中各家各户供奉和祭祀各自直系祖先的场所。在中华文明中，这是一项非常重大的活动，上到帝王，下至黎民百姓，是一项无人不参与的重大仪式，这是一种自觉的行为，帝王、族长、家长即是祭师。

清明节是永恒的祭祖节，这期间，除了宗庙祠堂的供奉，就是大大小小、络绎不绝的扫墓活动。这是世界上最自觉、最普遍的宗教信仰仪式，其他任何宗教都无法与中华民族祖先崇拜的这种自觉性和规模性相比。中华民族祖先崇拜的仪式不只是个体的、感官的、意向的，而是一种由大到小、由小到大、由里到外、由外到里，由中央到地方、由官方到民间汇聚起来的强大社会意识，这种意识最终汇聚到对华夏民族共祖——炎黄的崇拜。

现在宝鸡的神农祠、湖南的炎帝陵都是历代帝王和民众祭奠之圣地；陕西的黄帝陵则是炎黄子孙祖先崇拜的终极点。每年清明时节，黄帝陵前深深地印刻着炎黄子孙络绎不绝的痕迹，回荡着锣鼓喧天的祭奠黄帝始祖的喜庆声，这是中华千古不变的民族遗韵，是中华文明生机勃勃的写照。用马林诺夫斯基的论述归纳中华民族祖先崇拜的功能是再适合不过的了①：

> 在祖灵崇拜仪式上，宗教把形式赋予拯救信仰，使它有血有肉……宗教对抗来自恐惧、沮丧、道德失落的离心力，针对群众动摇的凝聚力提供再整合的最强有力手段。一句话，在这里，宗教确保传统战胜那种完全做出消极反应的受挫本能。

在祖先崇拜的信仰中，中华文明有着非常灵活的自我调节能力，有着对外来文化兼容并包的胸怀。

传入中国的佛教在中国化的同时，其礼仪也被中华文明融合、吸收到祖先崇拜的信仰之中，其中最典型的：一是在丧葬中的法事活动，吸收了佛教密宗的内容和仪式；二是佛教中七月上旬的鬼节——盂兰盆会，被民间广泛吸纳为祭祖的节日。从旧历的七月初一开始，各家在家祠中供奉列祖列宗的牌位，每日三餐供奉食物在牌位前，这种追悼祖宗亡灵的仪式一直要持续到七月十四日。这天全家以隆重的仪式和大礼送祖。

这种仪式是祖先崇拜在外来文化影响下的发展，至今不仅仍随着现代社会的发展在民间广为流传，而且从送祖的礼品中显示出的是祖先也过上了现代生活。这些虽然是民间流行的与迷信有关联的亡灵崇拜，但它的基础和目的仍然是祖先崇拜，其仪式看似迷信，实则是祖先崇拜的宗教礼仪，是在对亡灵的追寻中维系着血脉，是对根的眷恋。

中华民族祖先崇拜的宗教信仰不仅有一套完备的仪式，仪式后面

---

① Malinowski，*Magic*，*Sience and Religion*，P. 29，Boston，1948.

还有着纵深的根系理论，这就是以家谱的形式出现的大众化礼仪。

家谱是以记载父系家族世系、祖先及其繁育支系为中心的历史图籍，家谱随中华文明而行，在夏、商、周、春秋战国、秦、汉、三国时主要记载古代帝王、诸侯世系，以后随中华文明的递进，炎黄子孙的枝叶茂盛，逐渐发展为整个中华民族与祖先崇拜相衔接的完整礼仪。其发展与完成期在魏晋南北朝门阀制的盛行期，修家谱在当时是识别世族与庶族的主要手段，即以祖宗的世系来辨别尊卑，这虽出于等级区分，但在同出一源的炎黄子孙中引起普遍反响，修家谱之风在民间盛行，这是祖先崇拜向纵深发展的标志。家谱追述了家族渊源、繁育、婚姻，内容包括文化、家规、家法等礼仪，以此表世系、序长幼、辨亲疏，尊祖敬宗。家谱中的家法、家规、家训完全是按长幼、尊卑的秩序，以三纲五常为核心编写出来的，在中华民族中形成了一套特殊的政教规范，即传统中的“家有家规，国有国法”。这种双重性的教规，一方面维系了社会秩序，巩固了中央集权体制；另一方面在情和理中建构了中华文明的大厦，发挥了祖先崇拜宗教信仰的社会功能。

中华民族从上到下，从君王、诸侯、官吏到黎民百姓，他们共同信仰的是祖先，这种信仰由里到外扩展、辐射，最后汇聚到炎黄子孙的共同始祖——炎帝和黄帝始祖这神圣的终极上，这比夏普的论述“也许，宗教永远需要一个躯体，只是作为它的不朽灵魂的载体”① 更具宗教性。因为中华民族祖先崇拜的这一全民宗教信仰，没有躯体作为灵魂不朽的载体，而是用世俗神圣的祖先为具体终极，用祖先神圣灵魂的化身“龙”作为象征，这是一种既有感官性、意象性，又有社会性的世俗而神圣的宗教。这正像文化学家格尔兹论述的一样：“宗教的重要性，在于它作为世界、个人及其两者间关系的一般而独特的观

① 埃里克·J. 夏普著：《比较宗教学》，第94页，上海人民出版社，1988年3月版。

念之源的能力。”①

五、“三纲五常”——中华民族祖先崇拜中形成的政教合一的宗教理论

中华民族的祖先崇拜不是一般的原始遗风在民间的流传，它是有着一套完整教义的宗教体系。就像基督教的要理问答：你为什么来到世界上？为了信上帝和拯救自己的灵魂。中华民族祖先崇拜的教理回答是：为了“忠”和“孝”。这忠、孝教理在三纲五常中，是在祖先崇拜基础上形成的政教合一的宗教理论。它源于周礼，由孔孟发展，经过西汉的董仲舒整理发展上升为政教合一理论，在整个中华民族中得到自觉的实践贯彻。

儒教的三纲五常实际上是祖先崇拜宗教教义的理论化和政治化，是中华民族传统的祖先崇拜宗教信仰与政治统一整合后形成的官方理论。三纲五常以“仁”为核心，以“礼”为表象。

《白虎通义·三纲六纪》释：“三纲者，何谓也？君臣、父子、夫妇也。”

《礼记·乐记》释：“然后圣人作父子君臣以为纲纪。”

孔颖达疏引《礼纬·含文嘉》释：“君为臣纲，父为子纲，夫为妻纲。”

西汉董仲舒引《举贤良对策一》释：“夫仁、谊（义）、礼、知（智）、信五常之道，王者所当修饬也。”

无论何种解释，都是以祖先崇拜为主导，以中华农业文明为基础建构的政治文明。宗教与政治的结合既符合中华文明的传统逻辑，又符合政治趋势。其核心“仁”是“克己复礼为仁”和“仁者爱人”。这一个看似简单的“仁”，涵盖了整个中华文明中以祖先崇拜为依托建

---

① 克利福德·格尔兹著：《文化的解释》，第 103 页，上海人民出版社，1999 年 1 月版。

立起来的社会关系网，这种社会关系网是维系中华文明的经纬。“己”是个体，是已融入血缘家族整体中的个体，这个整体中的个体是在家规、家法网中的蜘蛛，那根血缘情丝永恒地植根于个体中。这样，个体就能很自觉地把自己规范在祖先崇拜的礼仪中，这套礼仪是家规、家法进一步理论化、整体化、社会化的政教伦理：父义、母慈、兄友、弟恭、子孝。由此祖先崇拜的礼仪在社会细胞中起到了一个合情合理的稳固社会的作用，这种政教伦理是与经济、社会风俗整合的体系，其社会功能是法律无法取替的。

“仁”与“礼”的交相呼应成了政治建构的社会伦理，宗教与政治实现了符合传统逻辑与现实需求的有效整合，一种自觉的基层行政建制就这样在祖先崇拜的信仰中合情合理地得到认同，夯实了中华文明大厦的政治、经济和文化根基。

而“仁者爱人”的现实基础是血缘纽带中的社会关系的深化。社会基层的政教人伦如此，政治上层的建构也就依此类推到一个由下到上、由上到下，由里到外、由外到里，上下、里外互构的严密体系。从个人到整体的关系依“修身、齐家、治国、平天下”，由里到外、由小到大进行建构；从家到国，从下到上的关系是“君臣、父子、夫妇也”，是“君为臣纲，父为子纲，夫为妻纲”。这三纲是中华文明政治体系的核心理论，贯穿这三纲自上而下的经纬是“忠”与“孝”，这两根经纬是紧紧维系中华五千年文明之网。

三纲自上而下、从里到外建构起一套严密的合乎中华文明传统逻辑和风俗的政治体系。臣对国而言要忠君，在家对父母要孝，作为理想的个体人格是忠孝两全。但当“忠”、“孝”不能两全时，以整体利益的“忠”为先，因为国即家，这国是一个同祖的大家，这种自觉的整体国家意识是在祖先崇拜的宗教信仰中衍生出来的，是自觉的，是内在的。三纲与五常相结合，在中华文明中自觉构成了一套完整的、特殊的中央集权体制。这种自觉性与内在性的统一，辐射到个体家族中的孝道上就反映在炎黄子孙的血脉传承上，在以“孝”为准绳的家族中，“孝”以无后为大，这是祖先崇拜宗教信仰的定式文化心理、定式社会习俗，中华民族的祖先崇拜不仅仅是意象的、形而上的神圣，它还是具体的、世俗的。这种具体性和世俗性就以代代相传的世系传承来体现。血脉是祖先的载体，对祖先崇拜信仰的实践礼仪就是行“孝道”，而“孝”的根本就是家族香火不断、子孙满堂。繁育的子孙个体就在这种整合中自觉地被由小到大纳入家族、国家之中，使每个子孙从感官到精神完全融入同心圆的中华文明体系中。这样，不仅由共同语言到共同意识，再到统一的制度文化，都以祖先崇拜的共同宗教信仰为核心，实现了形式到内容、结构和功能完整统一的中华文明体系，而且这是一种建立在血缘情感上的民族意识的文明体系，这个文明体系在祖先崇拜宗教信仰中不断地延续。

六、中华民族祖先崇拜的社会功能

中华民族的民族魂在宗教信仰中融于鲜活、具体的祖先血液之中，成为中华民族永恒的情结。正像格尔兹论述的，“对所有民族来说，崇拜的形式、载体与对象充满深深的道德庄严。宗教充满了内在的义务感，它不仅鼓励虔诚，还要求虔诚；它不光引发思想认同，还加强情感承诺”①。而“文化的核心部分是传统的（即历史的获得和选择的）观念，尤其是他们所带有的价值”②。中华文明的核心部分的传统就是祖先崇拜基础上的传统政治文化，它维系的整个中华文明体系的价值，是世界文明史上任何其他民族都无法比拟的。在祖先崇拜的宗教信仰中，炎黄子孙的地域社群得到整合，个人的灵魂有了归宿，受挫的心灵在温暖的家园中得到慰藉。这是游子心灵的家园，落叶归根成了炎

---

① 克利福德·格尔兹著：《文化的解释》，第141页，上海人民出版社，1999年1月版。

② 傅铿著：《文化：人类的镜子——西方文化理论导引》，第12页，上海人民出版社，1990年版。

黄子孙的夙愿。这一切并非是形而上的，它是经验的。其结果是“天人合一”、“与天地和”、“与人和”、“调理四时、太和万物”的世俗文化传统。这种在祖先崇拜中形成和发展起来的中华文明“自始至终保持着一种完整的连续性，进入高度的现代文化之中”①。这种自始至终的连续性完全根植于祖先崇拜的宗教信仰之上，祖先崇拜使人们的思想意识与社会的起源、社会的功能、社会的形式融为一体。中华文明有了祖先崇拜这根磁石之链，在中华民族中形成的民族凝聚力、民族精神是不会夭折的。

祖先崇拜的认知使中华民族把祖先视为文化超人。文明标识的文字是由先祖黄帝创造出来的，先祖黄帝的创造活动与中华民族的图腾象征“龙”互为一体，中华文明的载体——象形文字源于神龙之功，也出于龙神黄帝。《太平御览》引《河图》说：“黄帝游于洛，见鲤鱼长三尺，青身无鳞，赤纹成字。”《艺文类集》引《开元占经·龙鱼河图》说：“黄龙负图，鳞成字，从河中出，付黄帝，令侍臣写之示天下。”《黄帝本纪注》说：“神龙负图文，遁其甲，故曰遁甲。”中华民族传承文化的创造者是神龙黄帝。

尽管《开元占经》引《春秋河诚图》说：“黄帝将亡则黄龙坠。”这句话恰恰说明黄帝不再是抽象的神龙，他是具体的、有生有死的中华民族的帝王，中华文明的缔造者。黄帝是死了，黄龙是坠了，但“龙”的文化传承，“龙”的民族魂不再是抽象的神话，它上升为具体的史实。中华民族的神、中华民族的图腾没有像其他民族那样与文明进程脱节，而是灌注到中华文明的大动脉之中，成了中华魂。这才是中华文明的内核所在，也是本质和力量之源，是中华五千年文明连续不断的金链条。

远祖创立的中华文明根植于血缘体系的血脉之中，中华民族的神话始祖是具体的、世俗的，与其子孙是血脉相通的人间帝王，由炎黄

① 爱德华·泰勒著：《原始文化》，第21页，上海文艺出版社，1992年8月版。

到尧舜到大禹，到启，到殷商，到周，到秦汉，血脉一直流淌，根深蒂固，枝繁叶茂。中华民族的帝系神化已被考古发掘所证明，裴李岗文化、仰韶文化、大汶口文化、马家窑文化、龙山文化、齐家文化、二里头文化等重要遗址，是三皇五帝的出生地和立国之地。对炎黄的崇拜深深地根植于中华大地之上，这不仅仅是情感的纽带，而是与大地的天然联系。在这块土地上，祖先崇拜的原始情怀不但不会夭折，反而会由于炎黄子孙的繁荣不断得到强化和普及。

祖先崇拜在中华文明体系的继承上有着巨大的作用。儒教理论是这种宗教与政治相结合的中华文明的核心理论，历朝历代都被官方视为正宗，外来的各种宗教和文化都不能取代在祖先崇拜基础上建构的儒教。儒教是中华文明传承的主轴，因为祖先崇拜使中华民族的家国情感成了一种中华式的天然情感，祖先、帝王成了权威，这种意识在情感和智慧上诱导着炎黄子孙。在近现代西方文明面前，炎黄子孙面对共和、民主、自由而困惑，原生情感与公民情感处于冲突之中，这时，无论是个人还是社会，往往是原生情感占上风。这是一个正负效应掺杂的时代，谁也无法有效调和中西文化的这种冲突。洋务也好，戊戌也罢，谁也找不到公论，谁也无法将中西文明完整地整合。

以祖先崇拜为宗教信仰的中华民族在世界文明史上很有效地实现了世界的有序整合。在中华文明中，无论是以家族为社会细胞，还是以家国为天下，个人的身份是得到双重认可的，这是中国人权的特殊形式。个体无论是对家族和国家而言，都拥有权利和义务——保家卫国，由汉朝的察举征召制发展而来的隋唐科举制，使炎黄子孙能充分发挥自己的才干。中华文明是在祖先崇拜中发展成熟的重人、重生的文明，其传承性至今仍在继续。在现代的西风美雨中，文化的优劣不是短时段的历史过程就能鉴定得了的。

第二节　西方形而上的宗教精神

西方文化中的宗教精神奠基在它的文化传统之上。在西方文化中，其思维是以思辨思维为主导，这种思维模式在“轴心时代”就已经奠定。在早期是多神崇拜，与之相伴随的宇宙观是自然的宇宙观和思辨的宇宙观。“在神话的观念中已经出现哲学思想的胚种，即做某种解释的愿望，纵然这种要求植根于意志，很容易为想象的图景所满足。”① 同时，人文主义的神话示意着西方人的觉醒，在情感与理智中，理性高于一切，“人是万物的尺度”。

到了古典时代后期，多神崇拜和自然的宇宙观逐渐被思辨的宇宙观所取代，形而上的思维占主导地位。在这样一种思维模式中，西方超越的宗教精神也逐渐形成了，许多哲学家所专注的是神或者“存在”以及“逻各斯”的问题，正像苏格拉底在《申辩篇》中宣称的：“雅典人啊！我尊敬你们、爱你们，但是我将服从神而不服从你们。”伟大的哲学家苏格拉底认知的是形而上的神，这种形而上的思想到亚里士多德那里发展为宇宙的第一推动者。西方“轴心时代”的形而上的观点，到中世纪与基督教结合后，发展成一套完备、成熟的形而上的神学体系。

一、古希腊罗马时期的多神崇拜以及形而上宗教观的形成

西方的宗教精神是一个变异和发展的过程，其神话时代凸现出的是多神崇拜。奥林匹斯山上的主神就有十二位，赫西俄德整个《神谱》中的诸位神祇更是不胜枚举。

古希腊继承了多神崇拜的传统，大大小小的二百多个城邦都有各自的保护神。这时西方宗教还没有升华到形而上的阶段，还是一种世

① 梯利：《西方哲学史》，第 7 页，商务印书馆，1995 年版。

俗性的宗教信仰，不仅是神人同形、同性，神造人、人造神都是按自身的形象，神被赋予了人的肉身，人给本无生机的神注入了鲜活的人的气息，而且人与神交相辉映地融入世俗生活，都生活在冒险、掠夺、征服、建功立业、爱恨交织、酸甜苦辣的凡间生活中。但是，西方灵与肉分离的传统为以后西方宗教发展的走向奠定了思想基础，而古希腊人则从古埃及奥西里斯的神话中吸取了灵与肉的分离观。

奥西里斯的思想核心是：人具有属天性也有属地性，属天与属地分量的大小取决于现世生活的纯洁度。趋于纯洁，则属天的成分就会增加。现世生活是痛苦和短暂的，只有属天的生活才是真实和永生的。这种灵肉相分的思想到古典时代发展为古希腊人自己的理论，这可从毕达哥拉斯的哲学中显示出来①：

> 我们在这个世界上都是异乡人，身体就是灵魂的坟墓，然而我们决不可以自杀以求回避。因为我们是上帝的所有物，上帝是我们的牧人，没有他的命令我们就没有权利逃避。在现世生活里有三种人，正像到奥林匹克运动会上来的也有三种人一样。那些来做买卖的人都属于最低的一等，比他们高一等的是那些来参加竞赛的人，然而，最高的一种是那些来观看的人。因此，一切最伟大的净化便是无所为而为的科学，惟有献身于这种事业的人，亦即真正的哲学家，才能使自己摆脱‘生之巨轮’。

从此，西方灵与肉的分离观升华为哲学理论，到斯多葛派时完善为一套哲学体系，成了西方文化中信仰与科学的传统逻辑，以后的理性主义、神秘主义、哲学、神学、文学、科学都循这一逻辑发展，而宗教更为突出。

---

① 罗素：《西方哲学史》，第59～60页，商务印书馆，1963年版。

斯多葛哲学体系的核心是神，是世界的灵魂，人是世界的一部分，人与自然是和谐统一的，自然的生活就是达到“至善”，而人趋向善与恶是一种自由选择。作为人的主体地位、自由选择、责任与道德力量在灵与肉之间的现象，爱比克泰德作了精辟的阐述：“我必须死，那么我也必须呻吟着死么？我必须被锁禁，那么我也必须是悲哀着的么？我一定要被放逐，但是我可以微笑着，愉快地、宁静地而去，有谁拦阻我这样做呢？‘泄露一件机密。’我不泄露，因为这在我自己能力之中。‘那么我就要锁住你了’，你说什么？锁住我？你锁得住我的腿，可是宙斯自己也强不过我的自由意志。”① 这种自由意志就是灵与肉的分离，自由意志是灵魂的体现，灵魂是自由，是永生。

灵与肉的认识，这是宗教的一般问题。对这个问题的认识，中西方文化间既有共同之处，又有不同之处。共同之处在于，有神论者都承认灵魂的存在，无神论者都认为人死神灭。不同之处在于，中国人的灵魂观是流动转移的，人死，只是肉体的消亡，灵魂在生中流动转移，这不仅仅是印传佛教“轮回说”的思想，也是中国传统文化中祖先崇拜和灵魂转移的思想。这样，在中国的灵魂观中，灵与肉实际上并未完全分离。西方人的灵魂观是完全的灵肉相分的来世观，认为人死后，灵魂进入彼岸世界，这是一个永恒的世界，当末日审判来临之时，所有的灵魂都要接受审判，信基督者升天堂，不信者下地狱。这样，灵与肉完全分离，西方人生活在形而上的宗教信仰中。

这种形而上思想对西方人的宗教信仰产生了巨大的影响，为以后基督教在西方的传播和发展奠定了思想基础。

二、罗马帝国时期基督教的传播和发展

罗马帝国时期，由于罗马帝国的建立，罗马社会成员的身份也发生了变化，罗马公民变成了臣民。公民一旦变为臣民，其原有的权利

---

① 罗素：《西方哲学史》，第333页，商务印书馆，1963年版。

与义务也就随之丧失，没有了权利义务，罗马人在现实中就无法实现自己的价值，同时失去了心灵的家园、精神的归宿。

就在罗马人茫然之际，东方新兴的基督教用现实中的教会组织生活、死后灵魂升天堂的许诺和灵魂的永生，吸引着心灵失衡的罗马人。罗马民众从下层到上层逐渐加入到基督教教会中来寻求安慰。罗马帝国宽容与迫害并行的政策，便利了基督教在罗马帝国境内的传播。

公元3世纪危机冲击后的罗马帝国处于风雨飘摇之中，为了巩固统治，取得新兴阶层的支持，公元4世纪，罗马帝国对基督教采取扶持的政策。公元313年，罗马帝国的君士坦丁和奥古斯都皇帝联合发表《米兰敕令》，承认了基督教的合法地位。公元319年给予教职人员免税的特权，公元321年召开尼西亚会议，统一教义、经典、组织、礼仪，392年把基督教正式定为国教，罗马帝国依靠基督教作为精神工具来加强统治。这样，一个东方巴勒斯坦地区犹太教中的反罗马统治、信仰救世主的拿撒勒教派经过三个多世纪的发展演变，成了罗马帝国的国教。这是基督教救世主的思想与斯多葛形而上的追求，是基督教上帝面前人人平等的宗教人文观与西方古典文化中自由、平等思想相互整合的结果。

西方基督教已经不再是原始的基督教，传入罗马帝国后，由于意大利人的皈依，西方古典时代的形而上的思想及信仰观念也渗透到原始基督教之中。圣保罗派与圣彼得派之间的斗争，就是原始基督教与西方传统的哲学思想整合的过程，结果是圣保罗派取胜。

这标志着在巴勒斯坦地区产生的犹太教这一小教派最终发展为西方社会的、西方人的基督教。这时的基督教与拿撒勒派相比发生了很大变化，反罗马的政治主张不见了，暴力思想消失了。现代的基督教是“要爱上帝万有之上”、“爱人如己”，原始基督教的上帝面前人人平等、宗教的人文关怀终于与西方古典时代的形而上的人文思想整合到一起，经过圣保罗的传播，奥里根、奥古斯丁的发展，最终建构起一套完整的教义及经典。其教义经过尼西亚会议最终统一审定为：信仰三位一体的上帝、原祖原罪、基督救赎、灵魂不灭与世界末日等四条主要的教义，经典是《圣经》。

三、基督教发展为西方人的宗教信仰

基督教在西方统治地位的确立是在西罗马帝国灭亡之后。在日耳曼人的武力冲击下，西罗马帝国于公元476年灭亡。这时的西欧，群龙无首，是基督教信仰的精神纽带维系着西方，罗马教廷宗教领袖的地位显示了出来。

动乱中的人们过着朝不保夕的生活，教会成了他们的家园，牧师成了他们生活的向导，基督教成了他们心灵的归宿。宗教支配着人们的生活，昔日西罗马帝国的臣民以宗教为精神食粮，宗教成了人们生活的重要组成部分。罗马教廷借机竭力加强自己的势力和影响，法兰克王国的皈依增强了教会实力，查里曼大帝时的“格拉西乌斯信条”确立了教权和世俗王权共同统治世界的格局。就在教权势力上升之时，世俗王权却由于查里曼帝国的分裂割据而削弱，到教皇格里高利七世时，教权势力大增。1077年的“卡诺沙事件”，德国皇帝亨利四世的失败，标志着教权开始凌驾于王权之上，到教皇英诺森三世时达到顶峰。他把教皇称为“万王之王，万主之主”，西欧没有一个君主可以与之抗衡。他干涉德意志皇帝的选举，迫使英王约翰称臣纳贡，干涉法国国王腓力二世的离婚案和西班牙莱昂国王阿尔方索九世的婚事，西班牙的阿拉冈国王成为他的附庸，葡萄牙、波兰、匈牙利和丹麦的君主都臣服于他。

基督教会完全控制了西欧的生活，整个文化、教育都操纵在基督教会手中。最终，西欧中世纪的文化整合成了基督教文化，宗教信仰高于一切，全民都成为基督教徒，西欧民众进入到宗教狂热时代，西方的宗教传统也在这时确立，这种传统一直延续下来，成了西方文化的重要组成部分。

西方信仰的基督教是一种形而上的宗教，他们“三位一体”的上帝是世界的创造者、主宰者，人们向往的是来世天堂的永生。现实生活是暂时的，人活着是为了信上帝和救自己的灵魂，人只不过是上帝实现自己目的的工具而已。信仰和拯救的实践是：爱上帝万有之上，爱人如己。这就是基督教的人道，它深深地置入西方的文化土壤中，与古典时期世俗的人文精神融合为西方近现代的文化精神。

西方的宗教精神完全是一种形而上的思辨理性精神，人类实践理性的终极是超越性的，现实的人是“在世寄居的日子”①，人的永恒是来世或彼岸，现实人生是短暂的，所以人应当“不要爱世界和世界上的事。人若爱世界，爱父的心就不在他里面了。因为凡世界上的事，就像肉体的情欲，眼目的情欲，并今生的骄傲，都不是从父来的，乃是从世界来的。这世界和其上的情欲都要过去，惟独遵行神旨意的，是永远长存”②。要求人们“你们要思念上面的事，不要思念地上的事”③。在这里，上帝不仅成了人的尺度，而且是人的终极，因为“上帝施作用于世界，不靠推动它，而作为美好的图景或理想来影响灵魂。宇宙万物，植物、动物和人类，都因至善或上帝而希望实现其本质；上帝的存在引起这种愿望。因此，上帝是宇宙间起统一作用的基质，是一切事物努力趋赶的中心，是说明宇宙间一切秩序、美和生命的本原。上帝的活动在于思维，冥想事物的本质，想象美好的形式。他使一切现实性、各种可能性在他身上得到实现。他没有印象、感觉、欲望和有所企求的意志，以及类似激情的感情。他是纯粹的智慧。人类的智慧是推理式的，人类的知识是零散的，是一步一步前进的。上帝的思维是直觉的，他于瞬息之间明察一切，明察其整体。他没有痛苦和情绪，极为幸福。他是哲学家渴望达到的那种境界”④。这就是西方

---

① 《新约·彼得前书》第一章，第 17 节。

② 《新约·约翰一书》第二章，第 15 ~ 17 节。

③ 《新约·歌罗西书》第三章，第二节。

④ 梯利：《西方哲学史》（增补修订版），第 89 页，商务印书馆，1995 年 6 月版。

宗教精神的源泉和归宿。

西方形而上的基督教信仰是历史的、发展的，整个西方浸湿在宗教浪潮中，但西方人不是水中的浮萍，他们是飓风，驾驭着宗教浪潮的方向。这使基督教在西方变成了一湾活水，根据社会发展的需求不断变换着主导方向。

中世纪基督教作为精神纽带，团结了处在战乱中的民众，让西方民众在苦难中找到了精神家园，同时对进入罗马帝国的蛮族起到了同化作用。此外，在文化领域，以基督教为精神主导，对中世纪西方文化的整合起到了无法替代的作用，它在西方建立起了一套完整的宗教文化，使宗教成了西方文化要素。

基督教是西方动感文化中的一元，它随着西方经济的发展不断发展自己。到西方封建社会确立之时，基督教顺应时代的需求在发展中分化。1054 年，基督教分离为以君士坦丁堡为首的东方教会——东正教，以罗马为首的西方教会——公教或罗马天主教，其最具历史意义的是近代的发展和改造。

14～15 世纪是西方社会的大变革时期，资本主义经济在封建社会中产生并得到发展，由意大利阔步发展到整个西欧。这时西方动感文化的优势又一次显示出来。适应资本主义经济发展的需求，西方文化领域也开始了革命和变革，文艺复兴把西方民众由神的世界带回到人的世界中。在对现实生活的追求中，西方人并没有放弃传统的宗教信仰，因为这是经过千年发展而来，并已经渗入西方民众思想深处的信仰。对这种民众的思想信仰，只能加以发展改造。所以到 16 世纪，整个西方社会出现了一场轰轰烈烈的把人们的思想从宗教神学的束缚中解放出来的宗教领域的思想解放运动。

这是一场在传统基础上适应新的资本主义经济需求进行的自由信仰的宗教革命运动，其结果是基督教被德国的宗教改革家马丁·路德改造、利用为资本主义“唯信称义”的自由的理性信仰。马丁·路德把束缚西方民众的基督教会权威完全否定，把信仰界定为一种人的自我的、自由需求的、理性的信仰，其最高的准绳是《圣经》，而不是封建的教会和教皇。这是适应资本主义经济自由发展需求而创立的新教理论，以后经加尔文的巩固和发展，建立起一套在经济上为资本主义经济发展披上宗教的神圣外衣，阶级关系上为资本主义剥削辩护和反对封建等级特权的"先定论"体系，组织上建立起了资本主义政治组织的雏形——民主共和的长老制教会。

资产阶级的新教理论是在西方基督教传统基础上创建的，其教义保留了传统基督教的教义，其突出的是新思想、新体制。资产阶级新教理论重在创新，在传统教义的基础上新增加了资本主义经济发展所需的新教义，主要有四条：强调上帝的恩宠与主权、唯信得救、《圣经》是信仰的准绳、教会是基督徒的团契。简化了繁杂的礼仪，只保留入教象征的洗礼和相互交流的圣餐礼。各教派独立自主。这是适应资本主义经济发展所需的新教，为资本主义经济的发展和资本主义政治提供了理论和组织形式。

这是一套全新的资产阶级新教理论，经过 17～18 世纪的继续发展，最终发展为与科学发展轨迹相匹配的自然神论。这样，形而上的基督教并没有因为西方社会发展变迁而失去活力，而是不断被改造利用。之所以会出现这样的态势，就是因为形而上的基督教符合西方人的思维方式，是西方人整体思想在信仰上的最终归属，符合西方人的传统思维模式。

形而上的基督教在整个西方文明的历史进程中一直居于主导地位。在整个西方的现代文明社会中，百分之九十以上的西方人都是基督的信众。这种形而上的宗教在西方文化生活中的作用是无法评估的，因为在西方古典末期的动乱之秋，它曾作为精神纽带凝聚着罗马民众，用精神支持着坍塌的人民，它以和平的方式解决过民族纷争，它吸引着落后的蛮族皈依；它保存了接近毁灭的古典文化；它在文化整合中复兴了西方中世纪早期的文化，教化了各支蛮族。但它又曾步入极端，扼杀了中世纪的科学，迫害和烧死过追求知识、追求真理的科学家，窒息着西方中世纪的文化生活，为宗教信仰发动过多次宗教战争。基督教的宗教信仰已经发展为西方文化的重要部分，是西方人之所以为西方人的重要标志之一。

现代西方基督教的信仰者们在其形而上的幻境中不断探索，发展科学，追寻真理。科学家在庄重的大教堂中思索宇宙的奥秘；哲学家在其中追寻人的终极；文学家在其中寻找灵感。这就是西方文化传统中的宗教精神之所在。

正如现代科学大师爱因斯坦所描述的①：

> 那些我们认为在科学上有伟大创造成就的人，全部浸透着真正的宗教观念，他们相信我们这个宇宙是完美的，并且能够使追求知识的理性的努力有所感受。如果这种信念不是一种具有强烈感情的信念，如果那些追求知识的人未曾受过斯宾诺莎对神的理智的爱的激动，那么他们就很难会有那种不屈不挠的献身精神，因为只有这种精神才能达到他的最高成就。

真正的宗教已被科学知识提高了境界，而且意义也更加深远了。

① 转引自《西方文化概论》，第 51 页，中国文化书院，1987 年版。

第六章　中西文化中人与自然的关系

文化是文明的内核，是人们为了生存，在与自然、与人类自身的斗争与协调中创造、发展出来的，这个创造、发展的过程也就是人与自然、人与社会的关系规范过程。

各地区、各民族由于自然环境不同，塑造的民族个性也不同，在这一文明创建活动中形成的外延性文化精神也不同。这些差异主要从人与自然的关系中反映出来。人与自然的关系就是人们在生存发展中与自然和谐相处的同时，又改造自然、征服自然的行为过程构成的一种生存态势。这种生存姿态由于西方与中国所处的地理环境不同，导致人与自然的关系也不同。

第一节　中华民族的“天人合一”观

中国文明发源于气候温暖、地厚土肥的大河流域，优越的自然环境使人与自然的关系处于相互依存之中，即人只要顺应自然，在自然的赋予中应用自然就可以获得生存。这样，人与自然的关系是和谐对应的协调关系；在这一基础上形成的中华民族的宇宙观，是以无为本、从无到有，即像《老子》所阐述的：“常无，欲以观其妙；常有，欲以观其徼。两者同出而异名，同谓之玄，玄之又玄。”从而形成了中华民族文化中包容万有、时空统一、对立而不抗衡的和谐观，即《老子》

的“万物并作，吾以观其复”，《周易》的“无往不复，天地际也”，“日中则昃，月盈则食，天地盈虚，与时消息”的整体和谐观。在这一前提下，中国文化精神的外延——人与自然的关系是“天人合一”的和谐关系。

一、远古的天人关系

中国“天人合一”的文化精神在远古的神话时代就已萌发。共工怒触不周山引发洪水进而女娲炼五彩石补天的传说反映出：第一，共工触不周山是由于人事的恼怒，在失去理智之时做出的举动，而不是与天斗征服自然的行为；第二，面对这种过失，中国远古的祖先不是去跟天较量，要天停止下雨，而是把天视为一个受损伤的实体进行补救。这是中国神话中最早的人与自然和谐相处的“天人合一”的端倪。天是自然的天，人是自然的人。正如魏晋玄学家向秀所说的：“天者何？万物之总名；人者何？天中之一物。”鲧及其儿子大禹治水的传说又是一个例证，鲧用“堵”的办法治水以失败告终，禹用“疏”的办法治水大功告成。这是中国远古治水文化中显示出的人与自然的和谐关系。与自然相对必然失败，顺应自然就会胜利。一个“堵”、一个“疏”透视出远古中国文化的自然观。

中国文化中人与自然和谐相处的人文传统经过不断升华，发展为一种涵盖面广泛的理论体系。这种升华是基于对天的认识。到了商周的时候，把自然的“天”形而上，视其为高居于人之上的神秘体系，据后来发掘的甲骨文资料记载，殷商把天作为最高主宰，殷商是依天意施行统治，这在《尚书·汤誓》中有记载：“非台小子，敢行称乱，有夏多罪，天命殛之。”殷商是奉上天之意征讨夏朝。殷商建立后，把天作为最高主宰来祭祀。但这种形而上的“天”到了周朝就被人文化，认为天命居于人事中，在人事的行为中显示出天命，天意在承受者身上实现。《尚书·牧誓》记载武王伐商是“惟恭行天之罚”。而《尚书·召诰》记载周朝的建立是“皇天上帝，改厥元子”，“我不可不监于有夏，亦不可不监于有殷”。这是要人们相信天命，既要在祭礼中的意识上敬天，又要在行为上奉天行命。《诗经·周颂·敬之》的教诲是：“敬之敬之，天惟显思，命不易哉！无曰高高在上，陟降厥土，日监在兹。”这时的天被称为天、皇天、昊天，而与之对应的是周朝统治者被称为周天子，随之，天地、天命、天意等与人相关的互动术语也出现了。这时的天是人格化的天，与大周王朝的“溥天之下，莫非王土，率土之滨，莫非王臣”的统治结构相吻合，开始建立起一套“天人合一”的世俗信仰，即司马迁《史记·礼书》中引用的：“天地者，生之本也；先祖者，类之本也；君师者，治之本也。无天地恶生？无先祖恶出？无君师恶治？三者偏亡，则无安人。故礼，上事天，下事地，尊祖先而隆君师，是礼之三本也。”

周朝的天是与人相互依存、具有情感又有理性的主宰者，这种人格化的天与周礼相匹配，使自然、宇宙的天逐渐演化为世间人伦的传递者和监督者。周朝的天人关系既肯定天的主宰地位，强调“天命”，“敬天”，又把天命、天意置于民意人事中，以人的行为、人事，即礼下的“德”来显示天命、天意。《尚书》中的《康诰》、《君奭》、《辞材》、《蔡仲之命》明示：“王曰：呜呼！肆汝小子封，惟命不于常，汝念哉！”“皇天既付中国民越厥疆土于先王，肆王惟德用，和怿先后迷民，用怿先王受命。”“皇天无亲，惟德是辅。”这反映周朝的天命观实际上已是“天人合一”的观念，这种观念在政治上的内化就是“君权神授”，中国的家天下是受命于天的道德化身圣者的天下。天子这个天之骄子是天命的执行者，但“天命无常”，天意以人意昭示，符合人意者即符合天意，违背人意者即违背天意，“天”就会以“诛无道”的形式再降天命于圣德者。这种天人观念深深地根植于中国文化中，以后成了中国政治文化的主旋律。中国的家天下是变化无常的，有德者才能得天下，无德者就失天下。帝王的世系是不稳固的，天意就是民意。这使中国政治在“君权神授”的神秘思想中加入了变革的成分，也就是在这种变革中，中国的朝代不断更替，但由于农业文明的传统痼疾，这种变革只是在即定历史中的不断循环。

最早具体论述天人关系的著作是《周易》。《周易》是一部依据天、地、雷、风、水、火、山、泽八大自然现象，也即八卦推测自然和社会变化规律的经典，主要思想是法自然，阐述了人与自然的关系。《周易·系辞上》说："弥纶天地之道，与天地相似故不违，知周乎万物而道济天下，故不过。旁行而不流，乐天知命而不忧。安土敦乎仁，故能爱。范围天地之化而不过，曲成万物而不遗，通乎昼夜之道而知。""夫大人者，与天地合其德，与日月合其明，与四时合其序，与鬼神合其吉凶。先天而天弗违，后天而奉天时，天且弗违，而况人乎？而况于鬼神乎？"这里既强调了自然的天的规律不可抗拒，又强调了人顺应自然规律的实践行为与天道的相互性的"德"。

二、春秋战国时期的天人关系

春秋战国是中国社会的大变革时期。中国文化也在这种变革浪潮中进入"百家争鸣"的大发展时期。中国文化智慧在这一时期大放异彩，诸子百家各自施展自己的才华，从不同的视角阐述了自己的治国之策、为民之道，陈述了各自的宇宙观、人生观。这是中国文化的第一次启蒙，但这次启蒙的结果是沿着周朝以来中国文化的传统逻辑发展的，宇宙观与人生观紧密结合，道家、儒家、法家、兵家、墨家、农家、名家、阴阳家等都是从不同的角度阐述了"天人合一"的观点，并依"天人合一"的理论经典《周易》的核心思想展开，这也是中国文化的大传统。

中国的"天人合一"思想在春秋战国时期发展成一套完整的理论系统。

诸子百家都对天的自然属性作了阐述。《周易·序卦》中为："有天地然后有万物，有万物然后有男女，有男女然后有夫妇，有夫妇然后有父子，有父子然后有君臣，有君臣然后有上下，有上下然后礼仪有所错。"天地是人之根本，有序的社会根植于自然。

宇宙的本原是太极，《周易·系辞》中为："易有大极，是生两仪，两仪生四象，四象生八卦，八卦定吉凶，吉凶生大业。是故法象莫大乎天地。"这里把人植于自然之中，人及社会的吉凶是由自然规律决定的，顺自然规律者吉，违自然规律者凶。

《尚书·洪范》通过水、火、木、金、土等五行而实现"天人合一"。《管子》用"四时"、"五行"建构宇宙系统。

道家的"法自然"是典型的自然人文观，是对《周易》"天人合一"思想的发展。

《周易》中的自然观被春秋战国时期的老子和庄子继承和发展，形成了一套自然法思想。老子"道"的自然法思想反映在短小精悍的《道德经》中。《道德经》顾名思义，理性哲学为"道"，实践哲学为"德"，它以理性的形而上的"道"为起点，以实践的"德"为终点，即"道生一，一生二，二生三，三生万物"。"道"则是"道可道，非常道；名可名，非常名"。"有物混成，先天地生。寂兮寥兮，独立不改，周行而不殆，可以为天下母。吾不知其名，字之曰道，强为之名曰大。"老子以一个高深之"道"来通达万物之源。老子赋予宇宙博大精深的"道"，既囊括了整个宇宙的自然属性，又覆盖了天地万物之精神，他把"道"的思辨理性推演到实践理性之中，"故道大，天大，地大，王亦大。域中有四大，而王居其一焉。人法地，地法天，天法道，道法自然"。"道"中的自然法思想在实践理性中凸现出来，即："天之道，损有余而补不足。人之道则不然，损不足以奉有余。孰能以有余奉天下？唯有道者。"

庄子在其《山木》、《天地》、《在宥》、《秋水》中阐述的也是同一思想："有人，天也；有天，亦天也；人之不能有天，性也；圣人宴然休逝而终矣。""有天道，有人道。无为而尊者，天道也；有为而累者，人道也。""无为为之之谓天。""无以人灭天。"这种自然无为的思想虽然升华了"天人合一"的思想，但完全把人自然化，让人在自然面前无所作为，使人与自然处于一种原始和谐的大同社会中。

这种思想走向极端发展出的就是自然命定论，王充的《论衡·无形》发展出的就是自然命定论：“人禀元气于天，各受寿夭之命……用气为性，形成命定。”即只有顺应自然行事才有人性。李翱在其《复性书》中把性与情结合起来阐述：“性与情不相无也。虽然，无性则情无所生矣。是情由性而生。情不自情，因性而情；性不自性，由情以明。”“人之所以为圣人者，性也；人之所以感其性者，情也。”这样，道家学派把“天道”、“地道”、“人道”有机地整合在一起，建构了一个依附于“天道”的“天人合一”的自然观。

阴阳家把《周易》的自然宇宙观发展到更高的理论层次。阴阳家将水、火、木、金、土等五种物质元素列为五行，将五行与人事结合起来建构了一个阴阳五行四时的宇宙体系，把天、地、人合为一体，即万物均受四时、五方的影响，天地万物都是天地蕴涵、阴阳所化，这是宇宙的整体结构，人必须遵循其规律。

《周易》位于儒家六经之首，儒家的天人合一思想也是在《周易》的自然人论思想上发展起来的，只不过儒家在继承周朝礼制文化的基础上，把《周易》的自然人论完全伦理化。从春秋战国时期的孔子、孟子、荀子到汉代的董仲舒、宋明的程朱理学层层递进，最终完善为一套“格物、致知、正心、诚意、修身、治国、平天下”的中国文化精神的主流思想。

春秋战国时期是天人观的大发展时期。孔子是中国传统文化精神的继承者和发展者，他以周礼为核心，赋予周礼更深的内涵——“仁”。“仁”虽为“仁者爱人”、“克己复礼为仁”，但又与中国传统文化的“天人合一”观协调起来。

孔子视“天”为人类社会的最高主宰，《论语·泰伯》论述为：“唯天为大，唯尧则之。”《论语·子罕》论述为：“天之不可阶而升也。”儒家把天视为自然的天与神秘的天，在《论语·述而》中表述为：“天何言哉！四时行焉，白物生焉，天何言哉！”《宪问》中为：“道之将行也歟，命也；道之将废也歟，命也。”这体现了儒家的自然观。

其自然性从孟子的论述中也体现出来，《孟子·梁惠王上》中是："七八月之间旱，则苗槁矣。天油然作云，沛然下雨，则苗浡然兴之。其如是，孰能御之。""林木不可胜用。""鱼鳖不可胜食。"《孟子·尽心上》中是："日月有明，容光必照。""流水之为物也，不盈科不行。"《孟子·公孙丑上》中是："助之长者，揠苗者也。非徒无益，而又害之。"这是儒家对自然规律的认识和尊重。

但儒家是在对自然认知的不完整中对自然产生神秘感，从而把自然现象与社会运行相结合，产生了天对人类行为的监视和赏罚的"天人合一"、"天德合一"观，并且把人与社会运行规律置于天命、天意之中。

孟子用《诗》、《书》的天论观来阐述自己的天命观，《孟子·告子上》为："天生蒸民，有物有则。"《孟子·梁惠王下》为："天降下民，作之君，作之师，惟曰其助上帝宠之。""行，或使之，止，或尼之。行止，非人所能也。吾之不遇鲁侯，天也。臧氏之子焉能使予不遇哉?""畏天之威，于时保之。"并在《孟子·梁惠王下》中用古代史实加以论述："舜有天下也，谁予之?""天予之。""天不言，以行与事示之而已矣。"《论语·子罕》阐述天的作用是："天之将丧斯文也，后死者不得与于斯文也；天之未丧斯文也，匡人其如予何?"《孟子·尽心上》、《孟子·万章上》论述也如此："尽其心者，知其性也，知其性，则知天矣。""知其心，养其性，所以事天也。""舜、禹、益相去久远，其子之贤不肖，皆天也，非人之所能为也，莫之为而为者天也，莫之致而至者命也。"

墨子也有同样的观点，《墨子·天志上》论道："昔三代圣王禹、汤、文、武，此顺天意而得赏也；昔三代之暴王桀、纣、幽、厉，此反天意而得罚者也。"这些都是天人观的人事报应。不仅如此，天人观还与自然现象联系来考察，对此，《吕氏春秋》的《十二纪》、《明理》、《应同》、《制乐》都作了阐述："天反时为灾，地反物为妖，民反德为乱，乱则妖灾生。”“孟春行夏令，则风雨不时；……仲春行秋令，则其国大水；……季春行冬令，则寒气时发，草木皆肃。”“国有此物，其主不知惊慌亟革，上帝降祸，凶灾必亟。”“凡帝王者之将兴也，天必降祥乎下民。”“祥者，福之先者也。见祥而为不善，则福不至；妖者，祸之先者也。见妖为善，则祸不至。”《中庸》的阐述是：“诚者，天之道也；诚之者，人之道也。”“惟天下至诚，为能尽其性；能尽其性，则能尽人之性；能尽人之性，则能尽物之性。能尽物之性，则可以赞天地之化育；可以赞天地之化育，则可以与天地参矣。”把自然现象赋予社会性，实际上是把天道置于人道中，以实现自然法则向社会伦理的自然转化。“天意”、“天命”实际上是“人意”、“人性”，是把人间的社会统治秩序神圣化。

这种神圣社会统治秩序的终极是实现儒家政治上的“仁治”、“仁政”，这是一种合乎人文逻辑的政治理论，所以被历代的文人和帝王视为经典理论而不断发展。汉朝的文化复兴和文化整合就是以孔孟的儒家理论为核心展开的，在这个基础上，董仲舒的“天人感应”论概括了一切，这是对周朝以来“天人合一”思想的升华。

天人感应的观点在《周易·彖辞》中就有论述：“柔上而刚下，二气感应以相与。”《吕氏春秋·应同》也论述为：“类固相召，气同则合，声比则应。”“凡帝王之将兴也，天必见祥乎下民。”《荀子·乐论》发展为与人事相关的“凡奸声感人，而逆气应之；逆气成象，而乱生眼焉。正声感人，而顺气应之；顺则合，声比则应”。《孟子·尽心上》论述为：“尽其心者，知其性也。知其性，则知天矣。存其心，养其性，所以事天也。”“上下与天地同流。”《孟子字义疏正·原善卷上》论述为：“仁义之心，源于天地之得者也……天人道德，靡不豁然于心，故曰：‘尽其心’。”《孟子·离娄上》归结为：“顺天者存，逆天者亡。”

三、两汉的“天人合一”观

整个汉朝本着“天人合一”的思想来复兴和整合中国文化，到董仲舒时，“天人合一”思想完全转化为“天人感应”。董仲舒以中国传统文化中的天道、地道、人道“天人合一”思想传统中人道的终极来整合天人关系。

首先，董仲舒在《春秋繁露·人副天数》中发展了远古人的自然观点，认为：“小节三百六十六，副日数也；大节十而分，副月数也；内有五脏，副五行数也；外有四肢，副四时数也。”这达到了天、地、人的客体与主体的完全融合。整个中华文明体系的各种文化要素出自自然，中国文化中的“天人合一”精神，实际上就是人与自然和谐相处的传统人文精神的理论化。

他发展“天人合性”说，《春秋繁露·为人者天》论述：“人之为人本于天，天亦人之曾祖父也。此人之所以上类天地也。”“人之形体，化天数而成；人之血气，花天志而仁；人之德行，化天理而义；人之好恶，化天之暖清；人之喜怒，化天之寒暑；人之寿命，化天之四时；人生有喜怒哀乐之答，春秋冬夏之类也。”

在《春秋繁露·五行相生》中对天地关系的概述是：“天地之气，合而为一，分为阴阳，判为四时，列为五行。”

《天道施》和《阳尊阴卑》中的“天道施、地道化、人道义”，“为政而任刑，谓之逆天，非王道也”的政治核心意象，把古老的“天人合一”观发展为“天人感应”论。

在《春秋繁露·四时之副》中把“察于天之意，无穷极之仁也。人之受命于天也，取仁于天而仁也”的“天人合一”思想发展为“臣闻天之所大奉使之王者，必有非人力所能致而自至者，此受命之符也。天下之人同心归之，若归父母，故天瑞应诚而至”及“国家将有失道之败，而天乃先出灾害谴告之；不知自省，又出奇异以警告之，尚不知变，而伤败乃至。以此见天心之仁爱人君，而欲止其乱”的“天人感应”、“天人相通”理论，将中国传统文化的“天人合一”思想完整地应用到整个社会的政治统治中，把周朝发展起来的伦理规范与外在的自然结合，在这种结合中，充分应用传统的“天人合一”在整个中国文化中的渗透力和影响力，使之内化为维护中国传统政治的内驱力，以达到中国大一统的家国政治文化的神圣化。

《汉书·董仲舒传》中依次得出：“道之大而原出于天，天不变，道亦不变”的天道和人道一体化的统治原则。“社会和人事的一切问题与天道有紧密的联系，这是一种最典型的天人合一思维方式。”①

四、宋明理学对“天人合一”观的发展

西汉“天人合一”观的整合和发展起到了承上启下的功效。它上承中国传统文化精神，下启中国各朝统治者，诱导着历朝历代统治者和文人墨客的思维。就是在这种诱导中，一方面使中国的政治统治模式在既定的框架内不断循环并强化着中央集权体制，另一方面又让文人墨客们自觉地成为历朝历代的统治工具，也就是这些御用的文化人在维护传承文化的过程中自觉地深化、发展“天人合一”的文化精神。其中以宋明最为典型，其学说是程朱理学，理学是依天伦来加强人伦，在传统的“三纲五常”伦理基础上，发展“心性”、“理性”。

朱熹在《朱文公文集》中对这一思想的发展作了概述：“宇宙之间，一理而已。天得之而为天，地得之而为地；而凡生于天地之间者，又各得以为性；其张之为三纲，其纪之为五常。盖此理之流行，无所适而不在。”用一个“理”以实现天道与人道的统一，这是中国文化中顺应自然的认识观的伦理化，在“天人相通”、“天人合一”中，使人性升华到宇宙天地生生不息、至高至善的完满境界，即伦理术语的“大德”之中。这是对《易传》中“天地之大德曰生”、“生生之谓易”的传统宇宙观的发展和弘扬。

---

① 陈谷嘉：《儒教伦理哲学》，第105页，人民出版社，1996年版。

陆九渊和王阳明对心性的发展最具代表性。陆九渊认为："宇宙便是吾心，吾心便是宇宙。"王阳明的"至善之心是本体"，"心即理也，此心无私无欲之蔽既是天理"。在这里，心与理合，与天合，心、理、天三者合，最终达到"格物致知"、"正心诚意"、"革尽人欲，复尽天理"。人融于天道、地道、人道的整合境界——天理之中。这不仅协调了人与自然的关系，而且把中国文化中人文的自然伦理道德精神神圣化，在一种传统的自觉意识中有效地整合了伦理的人文，使伦理的人文"天人相通"、"天人合一"。

中国传统文化精神中的这种"天人相通"、"天人合一"的认知能力具有超前性。人与自然的关系问题自古至今都是一个无法回避的问题，这既是一个实践问题，又是一个理论问题，对这个问题的态度和行为，中西文化间有着很大的差别。中国文化中"天人合一"理论和实践的统一，尽管在不同程度上限制了人的冒险和创新精神的发展，但它的功能在长时段的历史中是无法否定的。

中国文化中这种天人关系在实践和理性上的和谐统一，在西方一直到19世纪时恩格斯那里才有完整的论述。恩格斯在其《自然辩证法》中，对人、自然及人与自然实践和理性相互性的论述是："我们一天天地学会更加正确地理解自然规律，学会认识我们对自然界的惯常行程的干涉所引起的比较近或远的影响。……人们愈会重新地不仅感觉到，而且也认识到自身和自然界的一致，而那种把精神和物质、人类和自然、灵魂和肉体对立起来的荒谬的、反自然的观点，也就愈不可能存在了。""自然界不能是无理性的，而理性是不能和自然界矛盾的。"

中国文化中的"天人合一"的精神成了中华民族的民族精神，在这种精神的熏陶下，中国的整个文化精神实质上是崇尚"和谐"的"和合文化"，人与自然的外延和谐扩展到人与人的内在和谐，从中庸到仁政、兼爱、非攻、寝兵的理性认识，都反映出中国崇尚的"和谐"文化精神。这种精神恰恰是在列国兼并的动乱时代产生，以后随着大一统帝国的出现，安定的社会局面加强了这种文化精神，自秦至大清帝国几千年的历史，中华民族崇尚的一直是这种人与自然、人与人"和谐"无争的"和合文化"精神。这种和谐精神要求人们在对事、对人上都不要走极端，采取中和、谦让的理性君子风范。但在实践中，却要人们与世无争、忍让为重、安分守己，在社会上又养成了一种消极的民性，即无争、安贫、忍让，结果是没有竞争意识、缺乏创新精神。因为"天人合一"的思想内容"既包含着人对自然规律的能动适应、遵循，也意味着人对主宰、命定的被动服从崇拜"①。

五、审美中"天人合一"的和谐观

中华民族文化无处不体现出和谐，人与自然的和谐、人与人政治社会的和谐，整个民族的审美意象也是和谐的。

早在原始社会时期，中华民族和谐的审美观就从音乐中显示出来，在原始的祭祀仪式上，为了实现人与保护神灵的和谐，从而达到相互沟通的目的，其所从事的舞、乐、咒语等以和谐的舞姿、乐调、声调来展示人与自然、与神灵的和谐互通关系。

据《尚书·舜典》记载："帝曰：'夔，命汝典乐，教胄子，直而温，宽而栗，刚而无虐，简而无傲。诗言志，歌永言，声依永，律和声，八音克谐，无相争论，神人以和'夔曰：'於，予击石拊石，百兽率舞'"。这是远古中华民族文化中音乐和谐的记载，沿着这一轨迹，中华民族的审美意象完全与自然和谐，其首先体现在顺从大自然。《左传·昭公二十一年》记载："泠州鸠曰'夫乐，天子之职也。夫音，乐之舆也。而钟，音之器也。天子省风以作乐……'"创造音乐的目的就是为了风调雨顺。

《淮南子》也记载："夫乐以开山川之风。"不仅创乐为风，而且乐顺风作。

---

① 李泽厚：《中国古代思想史论》，第318页，人民出版社，1985年版。

《国语·郑语》记载："虞幕能听协风，以成乐，物生者也。"

中华民族文化中的审美境界以自然为依托，乐为自然，乐源于自然，这些源头的根本是人与自然的互动关系，是人与自然、人与人的和谐相处。

《国语·周语》详尽地阐述了这种人与自然、人与人和谐的乐感审美意象："夫政象乐，乐从和，和从平。声以和乐，律以平声。金石以动之，丝竹以行之，诗以道之，歌以咏之，匏以宣之，瓦以赞之，革木以节之，物得其常曰乐极，极之所集曰声，声应相保曰和，细大不逾曰平，如是，而铸之金，磨之石，系之丝木，越之匏竹，节之鼓而行之，以遂八风。于是乎气无滞阴，亦无散阳，阴阳序次，风雨时至，嘉生繁祉，人民酥利，物备而乐成，上下不罢，故曰乐正。"

这种和谐思想被儒教大师孔子升华到精神的审美境界。孔子把物质意识的"和"升华到音乐境界的审美意识中，他的音乐和谐的审美观主要记载在《论语·八佾》中："乐其可知也：始作，翕如也；从之，纯如也，皦如也，绎如也，以成。"孔子由"和"来探讨音乐的美，其美美在"和"的功用上，"和"使各音符协调和谐，音符的协调和谐使音乐音色纯正明快、潺潺相连、生动入耳，从而提高人的精神境界，使人"乐而不淫，哀而不伤"，并在这种精神境界意象中实现人间的"和"，即"群而不党"、"周而不比"、"欲而不贪"、"泰而不骄"。在这种认知和精神境界中，儒家思想也在周朝文化的基础上不断发展其"和"的精神内核。《礼记·乐论》对上古中华民族在音乐审美意象中追求整体的和谐作了总结性的概括，认为："昔圣人之作乐也，将顺天地之性，体万物之主，故定天地八方之音，以迎阴阳八方之声，均黄钟中和之律，开情生万物之情气。"这是一种融生产、生活、社会伦理、政治于自然之中的审美意象，是中华民族"天人合一"的文化精神在心灵审美境界中的体现。

中华民族整体的"天人合一"文化精神在外在的审美境界中，最典型的可以从建筑、雕塑和绘画上体现出来。中华民族追求的是人与自然、人与人、人与社会的整体和谐。在绘画和雕塑上，其题材主要是以景、动植物为主。建筑内涵上表现出的是人与自然的园林型，人与人的群体性、人与社会伦理规范的等级型，建筑形式上表现为与自然和谐的“势”，即讲究风水朝向，追求依山傍水，在等级与空间上构建出一个遵循自然与天道的北面主人、南面仆人，正房长辈、晚辈东西厢房的伦理等级居住模式。建筑强调的是十字四面铺开的整体和谐，空间的对称，中轴的作用，体现的是严肃、方正、规矩的和谐审美效果。建筑群体是自然的园林格局，形成了郑板桥《题画》式的“十笏茅斋，一方天井”的“风中雨中有声，日中月中有影，诗中酒中有情，闲中闷中有伴……一室小景，有情有味，历久弥新乎”的人与自然、自然与人的情景交融。

中华民族的人与自然、人与人整体和谐建筑的审美意象，还可以从王勃的“画栋朝飞南浦云，珠帘幕卷西山雨”、鲍照的“绣甍结飞霞，璇题纳明月”、阴强的“栋里归北云，窗外落晖红”的诗情画意中体现出来，是在自然的“依”、“临”、“纳”、“借”中来营造和谐，是要建立一种诗画音乐与园林建筑相融的整体和谐，这是中华民族“天人合一”审美意象的外化。

总之，中华民族“天人合一”的整体和谐所追求的是由整体和谐出发到对个体规定的追求，是“天人合一”到人与人、人与社会的修身、齐家、治国、平天下的限定性的道统人文理想。

《庄子·秋水》中论道：“夫千里之远，不足以牵其大，千仞之高，不足以极其深，禹之时十年九添，而水弗为加益，汤之时八年七旱，而水不为加损，夫不为倾九推移，不以多少进退者，此亦东海之大乐也。”这就是后来宗炳在《画山水序》中描述的“山水似形媚道而仁者乐”的人与自然和谐的审美意识。把人与自然完全整合在意象的审美中，孔子对尧的颂扬是：“大哉！尧之为君也。巍巍乎！唯天为大，唯尧则之，焕焕乎！其有文章。”司马迁对孔子的赞扬是：“高山仰止，景行行止。”在比德中把人的崇高道德与受崇敬的大自然相比照，把圣人的美德与大自然的壮美相辉映。这些比德、味道、畅神的人与自然和谐的审美意识不断升华，在意象中成为完整的人与自然、人与社会、人与人的整体和谐。屈原的："日月忽其不淹兮，春与秋其代序。惟草木之零落兮，恐美人之迟暮。"杜甫的："水流心不竞，云在意俱迟。"王维的："行到水穷处，坐看云起时。""独在异乡为异客，每逢佳节倍思亲。遥知兄弟登高处，遍插茱萸少一人。"这些意境中的整体和谐使中华民族文化中"道"与"儒"相互糅合的天人观在一种理想与情怀、出世与入世的交互中实现人与自然、人与人的整体和谐。其特点是：象征、表现、写意、追求美与善的统一，从"善"中透视出"德"，体现了中华民族文化的伦理性。这是中华民族文化倾向于和谐、平稳和稳定的文化精神的折射。在审美境界中就表现为平衡与超脱，在人与自然的和谐中注重的是主体精神的表现，注重的是"师外造化，中得心源"，寄情于万物，移情于自然，强调精、气、神。通过写意传神的手法，表现中华民族的感性认识和审美意识，形成了写实、写意兼备的意象艺术。

第二节　西方文化中的天人关系

西方文化中的天人关系，从古希腊起就将人与自然相分离，强化人对自然的作用，从而加剧了人对自然的征服和对抗。所以，古希腊文化在培育民主政治与科学精神的同时，也促成了人与自然的疏离，使西方文化内涵中具有了征服性。这与中华民族文化中强调人与自然的亲和性形成了鲜明的对比。

一、神话时代人与自然的较量

西方的天人关系是一个由复合型到对立型的过程。在荷马时代，西方处于原始野蛮向文明的过渡期，这时的天人关系是一种复合型的关系，既有神人同形、同性的人格化了的自然，又有人与人格化的自然之神的往来和交融，甚至产生了神与人的爱情结晶——英雄，这是天人合一的表现。另一方面，在“和一”中又有对立。远古西方的天并不是被视为完全自然的客观现象，古希腊人把客观的自然赋予到形而上的神身上。这些神高高凌驾于人之上，但人又不顺从地接受神的主宰，即接受自然的主宰，这无论在天界的神系变化中还是在人间都被生动的反映了出来。

西方的神系虽是血缘的、世袭的，但里面充满着征服与被征服的动荡，神界的变化是人间征服自然的折射。在原始时期之初，人类完全匍匐在大自然脚下，统管整个天界的是天神乌兰诺斯，到人类具有征服自然的能力——有了自觉的农牧业后，西方人与自然的对抗在神界清晰地反映出来。克罗诺斯挥舞着一把象征人类征服自然能力的大镰刀向天神乌兰诺斯开战，最后把乌兰诺斯给阉割了，被阉割了的天神乌兰诺斯失去了他作为主神的能力而隐退。克罗诺斯的大镰刀劈开了人类的洪荒之野，人类开始从自然的奴役下摆脱出来，人与自然的对抗从此也开始了。人类每前进一步，其足迹就在神界的变革中反映出来，当人类在与自然的搏斗中逐渐趋向文明之时，天界又发生了革命，整个人类物质和精神文明的建制从宙斯身上透视出来。

克罗诺斯的儿子宙斯推翻了只掌管农业的父亲克罗诺斯的统治，自己建立起了一套管天、管地、管物质、管精神的完备系统。这种神界的征服与被征服的过程，实际上就是人间的写照。在西方古典神话的人文精神背后，不是中国文化中人与自然和谐关系的深化，而是人与自然的对抗，神话如此，人间又未尝不是这种态势。

神与人结合产生的英雄就是一批与自然抗争的战天斗地的英雄，他们不断冒险征服，最后步入与神比肩而立的境界，不仅在人间的战斗中显示出来：英雄抗拒神意，阿喀琉斯不顾阿波罗神的对赫克托尔庇护的神意杀死了赫克托尔；而且神界的战斗也需要英雄的帮助才能取胜：赫拉克勒斯帮助宙斯战胜了老神的反抗。在大自然和人类自身的奥秘面前，英雄不肯屈服，他们在做着壮烈的搏斗：阿喀琉斯的悲壮事迹，俄狄浦斯的惨烈抗争。这些都显示出远古西方人与自然的复合关系，就在这种复合的交融与对抗中，到了古典时代，西方的人与自然完全分离。

二、古典时代人与自然的对立

人与自然的关系问题自古就是一个颇具争议的问题。古代西方由于贫瘠、多礁石的土地，分散岛屿的港湾地貌，农业不甚发达，工商业由于优良的港湾、便利的海上交通、与亚非文明地带的毗连而获得发展。这种分散型的地貌和交通便利的自由航海，塑造出西方人独立、与自然对立、征服自然的民族精神。

在航海中与波涛汹涌的大海的搏斗，历练了西方人征服自然的勇气和雄心，这种精神到古典时代充分显示出来。同时，西方形而上宇宙观的完全形成，也推动着人与自然的分离和对抗，这首先从文化发展的趋向中反映出来。荷马时代神话中的神与人最后完全分离，神被高高地抬到奥林匹斯山上供奉起来，整个世界完全变成世俗的人间。各位主神虽然是各城邦的保护神，但成了意象的形而上的追求境界。自然成为客观实体，成为人们认识的对象，主体的人与客体的物完全实现了分离，人们对物质世界的认识进入到一个崭新的阶段。

探究物质世界的泰勒斯出现后，他把人们的视线带入到整个客观物质世界微粒上，世界由什么构成，以及泰勒斯的水、赫拉克利特的火、德谟克利特的原子、阿那克斯曼德的“无限者”、阿那克西美尼的气、毕达哥拉斯的数、巴门尼德的“存在 ”，这些都是对自然内核的探讨。在古典时代的繁荣期，人们对物质世界的探讨，由外在客体世界的探究转入对人内在的终极探讨，苏格拉底、柏拉图、亚里士多德哲学“三圣”的论证，把客体与主体置于一种完满的形而上的境界中，人成了“万物的尺度”，对客体的认识完全纳入到对主体的认知领域，完成了主体与客体的最终分离。

亚里士多德在《形而上学》一书中论述了这种发展态势：

> 他们探索哲理只是想脱出愚蠢。显然他们为求知而从事学术，并无任何实用的目的。这个可由事实为之证明：这类学术研究的开始，都在人生的必需品以及使人快乐安适的种种事物几乎全都获得了之后。这样，显然，我们不为任何其他利益而寻找智慧；只因人本自由，为自己的生存而生存，不为别人的生存而生存，所以我们认取哲学为唯一的自由学术而深加探索，这正是为学术自身而成立的唯一学术。

人在认识自然、认识自身中不断发展和升华，人成为世界至善的最高认知者，人与自然的关系是对立的，人是世界的主宰。

三、中世纪人与自然对立关系的神圣化

中世纪是一个被形而上学完全控制的时代，基督教的上帝观似乎对整个世界的人与自然、人与人的关系作出了最终解决。特别是亚里士多德学说用来论证基督教教义，整个西方完全接受了源于东方的基督教。基督教把亚里士多德的第一推动者的观点运用到论证上帝是世界万物的创造者上，得出：世界是由一个形而上的最高载体——上帝创造的，人类是上帝实现其世俗目的的工具，但整个世界万事万物的主宰者又是上帝之手——人。

在基督教的世界观里，人与自然处于分离之中，人是自然的主宰者，人只有在征服自然中生存，就像《圣经・创世纪》所载，上帝对亚当夏娃的惩罚是：亚当要用其体力与智力与自然搏斗才能获取生活所需，而夏娃则要忍受生育后代之苦。这种苦的历练的规定就是对人征服自然的展示。

这是西方文化传统中人与自然分离关系的神圣化，在这种圣坛文化的升华中，西方人文精神中人的主体地位的作用并没有因为宗教的渗透而消解，反而在宗教的圣坛上不断弘扬。人是世界的主宰，《圣经

·创世纪》中说："凡地上的走兽和空中的飞鸟都必惊恐、惧怕你们；连地上一切的昆虫并海里一切的鱼，都交付你们的手，凡活着的动物，都可以做你们的食物，这一切我都赐给你们，如蔬菜一样。"把人的主体地位罩上神圣的光环。

四、近代人类征服自然意识的增长

这种文化精神到了近代以急风暴雨式的势头在西方发展。一方面是西方人的征服欲望由自然向人类延伸，他们在战胜了狂风恶浪的大海后，把他们的视野投向了对同类的征服，从西班牙半岛宗教狂热中兴起的对海洋的征服，到迪亚士、达·伽马、哥伦布时征服荒凉落后的美洲、大洋洲、非洲变成了西方势力征服、拓展的空间。

这是人类史上人与自然、人与人之间的征服较量，在这种征服较量中，西方的主体人文精神发展到顶峰，不仅美洲、澳洲成了西方人的天地，而且在征服中不断激起征服狂，促使西方由外向转为内向，激励着西方人征服大自然的技术力量不断发展，各种各样征服自然的有效工具、应用理论兴起，"知识就是力量"成了西方人征服自然的智力格言，"人为自然立法"、人与自然的对象化关系最终确立。

马克思对这种人与自然、人与人对立的关系作过精辟的论述，认为："自然界，外部的感性世界是劳动者用来实现他的劳动，在其中展开他的劳动活动，用它并借助于它来进行生产的材料。"劳动者"是通过自己的劳动占有外部世界。"① 这样，整个世界是一个人与自然、人与人之间对立与较量的相互征服的世界，同时，西方也完成了由自然定向发展到人文定性的发展期。这时的西方完完全全把自己放到了支配和征服自然的超然主体之中，正像欧洲文化会议上的宣言："欧洲人从来不委身于自然。"② 征服自然是整个西方文化的核心。英国历史学

① 马克思：《1844 年经济学哲学手稿》，第 45、46 页，人民出版社，1985 年版。
② 克洛德·德尔马：《欧洲文明》第 118 页，上海人民出版社，1988 年版。

家亨利·托马斯·布克尔在其所著的《英国文明史》中也宣称："全部文明的进程是以精神法则战胜自然法则——人战胜自然为标志的。"因为，"高高苍天，蓝蓝天空，群星粲然，宣布它们本原所在：就算全部围绕着黑暗的天球，静肃地旋转，那又何妨？在理性的耳中，它发出光荣的声音，它们永久歌唱：'我等乃造物所生'。"①

科学万能论成了西方社会的法宝。从15世纪至今，西方不仅逐渐上升为自然的主宰者，而且成了人类世界的主宰者。在现代化的今天，面对各种自然环境破坏给人类生存带来的灾难，西方也开始了反思，思考人与自然的关系，是"天人合一"还是"天人相分"。这种思考出现了两极对立的观点，谁是谁非，无法定论。自然科学的发展给人类带来了安逸舒适，物质富足是人类生存的根本，也是人性的归宿，而原始质朴、优美的自然环境也是人类的向往。

五、社会实践中的崇"力"趋"利"

在实践中，西方"天人相分"体现在对"力"与"利"的崇尚上。在西方文明的源头，展现出的是一部人与自然较量的历史，在古希腊神话中，"力"的代表就是那些能征善战的英雄，他们在冒险征战中尽意地挥洒着"力"。希腊神话中英雄身上显示出西方民族崇"力"的精神，每位英雄都是"力"的化身，个个孔武有力，个个爱冒险、爱战斗、爱逞强，尽意地把"力"投射到社会生活的每一个空间。竞技场上的跑跳、角斗、掷铁饼、拳击、赛车、射箭、掷标枪，展现出的是男女斗士们矫健的身躯、强壮的体魄，释放着"力"的光辉。

对自然的征战是西方文化精神中"天人相分"的典范，文明之源的九大系列神话，有七大系列神话以对自然征服为主题，这些较量最后集中到"力"的象征符号——赫拉克勒斯身上。这位凭着自己的力量立下十二大奇功的英雄，作为"力"的象征被升到了奥林匹斯山的

① 丹皮尔：《科学史》，第151页，广西师范大学出版社，2001年版。

神林中，这是西方文化中崇“力”精神确立的标志。以后，在西方文化中的这种民族精神不断得到发展，地跨欧、亚、非三洲的古罗马帝国是在“力”与“力”的较量中实现了征服；中世纪西方世界的动荡是西方内部自我“力”的较量；而近代新航路的开辟则是西方人崇“力”民族精神的弘扬；近代的殖民征服是西方人与自然、人与人的大分裂；两次世界大战是西方人与人、人与社会的大冲突。这种人与人、人与自然的分裂，虽然在血雨腥风中推动了社会生产力的发展，但它也带来了一系列负面的效应，使人与自然、人与人之间的关系异化。

西方人与社会、人与人之间的关系，在实践中还从崇“利”上体现出来，整体而言，就是对物质财富的巨大追求和贪婪。古典时代的冒险既是为了张扬生命的力度，又是为了获取财富。从亚历山大的征战到罗马帝国的扩展，都是在财富的驱使中进行的。中世纪十字军的远征是在“十字架战胜弯月”的宗教口号下对东方的掠夺，“‘黄金’一词是驱使西班牙人横渡大西洋到美洲去的咒语。”近代西方殖民者为了财富，对东方的洗劫更是罄竹难书，凭借近代自然科学知识对大自然的索取更是有目共睹。

人与人之间的关系如何？古典时代希腊诸邦尽管为了独立与自由在捍卫着各自的独立邦国，但在经济利益的驱使下，同族间的伯罗奔尼撒大混战却成了削弱古典社会的利刃。中世纪在宗教旗帜下的纷争与内部惨杀更是令人发指。到了近代，一方面向外争夺，另一方面内争白热化，两次世界大战就是在欧洲列强间展开的。近代功利主义的创始人边沁对西方世界人与人之间的功利作了经典的论述。霍布斯把社会中的人与人的关系定义为“狼群”，萨特定义为“地狱”，这是对西方社会实践中人与人关系的生动描述。

六、审美意境中的和谐与对立

西方的审美意境与中国不同，体现的不是纯粹的和谐，而是和谐与对立并存。尽管自古典时代就强调和谐的美，从亚里士多德的模仿说到柏拉图的理想国，追寻的是和谐与永恒，但这种西方式的和谐与永恒，是突出个体、形而上的空濛与写实相结合的和谐与永恒，这成了西方文化精神中审美意象的传统。从古典时代的建筑到雕刻，以人为主题，一方面凸显出的是现实的个性和整体的和谐与庄重，另一方面是对理性的追求，在突出个体美中追求理性的个体。这可从古希腊人体的雕塑上显现出来。

古希腊人把对神的崇拜、对英雄的赞美都凝聚在人健美的身体上，他们的雕像都是以个体的神和英雄为主题，是一种对理性美的追求。此外，在艺术审美上，西方人与自然的对立也在雕塑的运动变化中显现出来，米隆的《掷铁饼者》就是动与静、形与神的交融。神庙雄伟壮丽、明快幽雅、整齐和谐的空间建筑，显示的是人类理性的伟大和对自然的征服，是对精神永恒的追求，是对完美理念的追求，是自由生命力的张扬。这种传统到中世纪时与神秘的宗教信仰结合而得到发展，从教堂的建筑上得到充分再现。突出的尖顶配之以庄重的柱廊，再配上五颜六色的玻璃，在一种混杂的和谐中、在直冲云霄的尖顶导向下引导人们进入神圣的朦胧境界中，体验到抽象的理性生活。这种对理性追求、对宇宙探索的文化传统，在向近代转型的文艺复兴时期最为显著，米开朗琪罗的“西斯廷教堂天顶画”就是这种文化精神的展现。多种几何图形示意着宇宙的永恒形状，用构图把现实与理念组合起来，在近代，无论是洛可可艺术还是巴洛克风格也没有改变。现当代，在印象画派的诱导下出现的各种画派更是把西方传统的空濛审美境界推到巅峰。这种审美意象是西方理性文化精神与宗教精神联袂的文化精神的再现。整个审美境界，表现的是生命力和英雄人物的征服意志，在这种征服性的文化意识中留下的是彪炳后世的凯旋门、记功柱，它向后世昭示其祖先的伟业。

无论古代、近代还是现当代，其审美的人文境界的核心是自由、独立。古希腊的神与英雄的个体雕像，在美的理念表象之下蕴涵的是为了自由和独立与自然和社会进行了生死较量的神和英雄。即使是基督教时代的中世纪，所讴歌的形象同样是为人类而献身的殉道者。文艺复兴以后的整个近代，其审美的境界则是追求独立、自由、平等、博爱和个性解放的文化精神。

西方艺术在观察与表现世界时热衷于对自然的模仿，偏重于写实的客观再现，形成了模仿性的具象写实艺术。其艺术表现出的是加工、改造、综合、联想与想象，反映出的是激烈的感情冲突、矛盾心理和精神力量。

其特点是再现、模仿、写实、追求美与真的统一，体现的是西方的科学性与知识性，注重形体的比例、结构、神态和转折。

第七章　中西科学精神

中华文明源于大河流域的冲积平原地区，这些地区地肥土厚，又处于温带，与源于岛屿、半岛的西方文明相比，自然环境优越，人们只要遵循自然规律劳作就可以生存。这样，温带大陆气候环境中的农耕民族尊崇自然，人与自然的关系是和谐的“天人合一”关系。也使得中华民族文化中客观主义、理性精神、科学态度无从发轫，这使得中华民族在创造辉煌灿烂的文化时，其主要精力放在了人文科学的发展上，而对自然科学只注重实践经验的总结，很少把经验成果转化为科学理论，并且思辨理性不发达，由此造成中华民族辉煌灿烂的文化中也就缺少了自然科学作为文化大厦的根基。这是中华民族文化近代转型受阻的原因之一。

西方则反之，西方人由于自然条件的不尽如人意，不得不在征服自然中生存，在征服自然的过程中加深了对自然的探索，在探索中形成了理性主义、科学主义的思维和方法。在古代和中世纪这种状况主要体现在不断向外扩展上，近代则是科学的创新及科技在生产领域的应用。而中华民族文化尽管有各种发明创造，但多是技艺型的，没有形成系统的科技理论，缺乏科学方法指导，这就是中西科学精神差异的前提。

科学知识是在对自然认识的基础上产生的，人类在文明之源就对自然开始了迷惑中的探寻。人类初始时都把自然神秘化、人格化。随着人类文明的不断进步，人们的智力不断增长，在生产实践中不断总结经验，逐渐由神秘的探索转入对实践经验的总结。到了人类文明的奠基时代——公元前800年至公元前200年“轴心时代”人类文化的启蒙时期，人类对自然的探索进入了全新的阶段。人类文化精神也在这一时期沿着各自的路线向不同的方向发展，其中最典型的是中西文化的发展，中西方的科学精神就在这一时期奠定。

中国的科学精神立足于实践经验，是粗放型的、经验型的，缺少逻辑推理和精细分科。所以在古代尽管中国文化领先，并有了影响深远的四大发明和一系列医药、农业及手工业等方面的典籍，但却没有在中国科技史上引发革命性的变革，中国的中医、农业技术、手工艺只侧重于推广应用，注重在量上的增补，古代先进的织机、铁犁、牛耕、水车、风箱等至今仍还是山区的主要生产工具，虽然这是古老文明的遗迹，在现代化的今天成了人们追寻和尊重的文化古迹，但这也是值得反思的一个问题。这是由中国的科学精神造就的，中华民族由于地广人多，所以对生产技术的改进并不热心，在手工业上虽然拥有历史悠久的丝织业、造纸业、麻织业、瓷器业等等行业，但工艺上讲的是意会言传，各种典籍记载的是生产的状况、工艺技术的流程，而没有专门的、精确的科技研究。这是中华民族直觉思维和悟道传承的结果，是中国人文文化铸造的科学精神。

而西方分为两极，一极是形而上主导下的数理逻辑思维的科学精神，另一极是对实践经验的微观认识。在德谟克利特“原子论”的诱导中，西方人把形而上的数理逻辑与实践结合，发展出了一系列精确的科学知识。

第一节　中国科学精神

在人类文化辉煌发展的启蒙时期——“轴心时代”，中西方各自都在自己的文化领域产生了巨人，但中国主要是人文学科的巨匠。

儒教的学说主要是伦理和政治，在教育上是“有教无类”的平民教育，但对待生产和科技采取的则是轻视态度。老庄的道家哲学充满了形而上的思想和辩证思维，而今在追求人与自然和谐相处的时代，老子的思想得到了重视和深入的研究。

李约瑟在其《中国科学技术史》第二卷“科学思想史”中，详细分析了老子的学说思想。这是用现代人的思想研究中国古代典籍，李约瑟在形而上、辩证法思想上，特别是顺应自然发展方面的阐述是精确、全面的，是与老子的思想相一致的。老子提出这种思想时的社会局面是中国古代礼崩乐坏的动乱时期，社会矛盾的尖锐、社会的动荡与文人墨客们追寻的大同理想相悖，在无奈中回归自然成了老子的理想。

怎样回归，怎样追求？这一问题被老子上升到了哲学的高度来进行探讨。老子一个玄妙之“道”不仅囊括了自然，而且囊括了人类，其形而上的哲学思想不是建立在数理逻辑推理的基础上，而是建立在玄妙的神秘之中，这是中华民族对自然认识的总结，是中华民族传统的安贫乐道思想的升华。

老子对“道”的升华是为了顺应自然，也就是把人性自然化为原始古朴之民性，在回归自然中实现其理想的大同社会，这种大同社会是取之于原生经济形态中的自给自足的自然经济社会，这是排斥文明以及各种科技的社会。这也是现当代一些文人追寻的目标，但就人类文明来说，没有科学的发展，就没有人类文明的向前推进。这是一个较复杂的争议也颇大的问题，这里不加以评说。只是，老子的“道”最终由形而上回归到人性就是“静”、“无欲”、“无为”，这一对现代文明的弊病似乎是良方，可人类就是在“动”中变革前进，社会就是在“欲”的驱使下不断创造物质财富，使人有了生存的依靠，人就是在“有为”中不断发展完善。

老子的辩证法确实是科学地认识论，但其目的并非为了科学地认识世界，而是要用来解释具体事物与形而上的“道”的关系，要在辩证统一的实践中论证形而上之“道”的人生观，回归的是中国传统的实践哲学，是人与自然和谐的“天人合一”，这恰恰制约了人对自然的深入探寻和改造，在这种制约中不可能产生科学精神。

老子对社会现实的抨击切中要害，可其目的不是把社会向前推进，而是要回归小国寡民的原始质朴，这理想是好的，但不科学。科学是什么？科学是推动着人类向前发展的动力，恰恰是老道精神遏制了中华民族科技的创新和发展。

中国实用主义的始祖墨子，虽然创建了一套实用的功利思想，其《墨经》有着科技方面的各种记载、论证以及各种科学名称，但只是实用的经验型论证和推理。墨子的理想也是追寻原始的自然质朴，所以其《墨经》虽然蕴涵着科学思想的萌芽，却没有留下科学精神产生的源泉。

整个中国文化启蒙时期的思想家，由于立足于中华民族传统的以“人为主体”的人文思维模式，强调的是人在自然社会中的伦理位置，所以都把注意力和目标放在对人的研究上，建构的是人与人之间的伦理哲学和各种人文科学，缺少对物的研究，也就缺乏形而上的追求，不可能产生完整的数理逻辑，数理逻辑恰恰是科学思维和科学方法产生的源泉。所以，这一时期奠定的思想基础没有为中国科学精神的产生创造条件。

中国是世界文明之邦，是有着悠久历史的民族和传承文化的重量级文化圈，直到 18 世纪，中国的技术都在世界上居于领先地位，各种自然科学典籍各朝各代都有，但无论是医学上的《黄帝内经》还是李时珍的《本草纲目》，虽记载了非常有价值的医疗技术和药物，可都缺少科学的论证和严密的推理，记载的是整体悟道医术，其科学的人与自然之间的病理关系用的是五行学说，对病的研究是基于望、闻、听、切的直觉悟道，缺乏科学的病理解说。中国最早产生的炼丹术没有用于科学的药物提炼，而是用来炼制长生不老药。中国很早就产生了研究自然天象的《易》，可这种研究不是用于发展科学的天文知识，而是在阴阳八卦中进行占星，成了推算人间命运和王朝命运的谶纬学。万户飞天是完全技艺与实践的运用。没有科学的理论做指导，万户也只能带着飞天的梦想消失在空中。郦道元的《水经注》、贾思勰的《齐民要术》、宋应星的《天工开物》等等也只是记述了当时中国的山川地理、农业技术、各行业的生产，而不是完全意义上的科学研究理论著作。

中国是一个重教育的国家，但无论是太学还是国子监都没有科学传播和研究的门类，只有人文学科而没有科学研究院。17 世纪，中西文化交流开始，中国与西方之间在传教士的穿梭下架起了文化交流的桥梁。康熙大帝像彼得大帝一样对西洋技艺感兴趣，可没有像彼得大帝那样以西方为榜样进行改革，而仅仅是局限在个人兴趣上。中国还是强大的帝国，知识分子中虽然出现了徐光启这样贯通中西的人物，但终归是少数，整个中华帝国还处于地区繁荣中。西方各国的传教也好，通商也罢，都不能改变中华民族的思维模式。

19 世纪鸦片战争的炮火震醒了中华帝国，爱国人士纷纷把目光投向世界，他们发现自己文化中的缺陷就是科学技术的落后。在富国强兵的追寻中，各种学习西方科学技术的思想出台，在“师夷长技以制夷”的思想主导下，最终居主导地位的是张之洞的“中学为体，西学为用”。中国开始了学习和发展科学知识的探索历程。

随着洋务运动的失败，戊戌变法的流产，孙中山实业救国的艰辛，中国的科学观处于动摇之中，文化复古喧嚣一时。

中华人民共和国的建立本来是中国崛起的起点，可建设途中的挫折，使中国科技的发展也随之受挫，这给新中国的建设事业带来了不可估量的损失。20 世纪 80 年代，科学之风又在中国大地上吹起，中国的科技再次复苏，整个中国进入了全面的科学建国的阶段，邓小平同志的“科学技术是第一生产力”成了中国建设的座右铭，整个中华民族在科教兴国中崛起。然而，传统的思维模式还阻碍着中国科学精神的发扬，特别是在西方后现代的反现代化浪潮中，中国新兴的科学精神又面临着严峻的挑战。落后的传统产业不应是现代文化的焦点，古代典籍中的自然人文思想只是可持续发展战略制定路线的借鉴，要全面发展，必须有全新的科学精神。

正如罗素所论述的：“可以说，我们的文明的显著长处在于科学的方法；中国文明的长处则在于对人生归宿的合理解释。人们一定希望看到两者逐渐结合在一起。老子是这样描述‘道’的运作的：‘生而不有，为而不恃，长而不宰。’我想，人们可以从这些话里获得关于人生归宿的概念，正如爱好思索的中国人所获得的一样。”① 中国的这种人与自然和谐相处的思维是一种整体领悟、类比、联想、立体、真实、模糊的思维，西方的是构造分析、逻辑演绎、线性、虚拟、准确的思维方式，不同的思维模式诱导着人们的认知力度与量度。这使得第一批科学家不是出自“轴心时代”文化启蒙的中国，而是出自西方同一时代的希腊人。世界科学的发源地在西方的古希腊，古希腊人在科学的思维方法上，对神秘之物、神秘之事进行的是理性分析，西方在古典时代就用他们的智慧驱逐了巫术谶纬，把自然世界完全纳入人们的理性认识和改造范畴。

中华民族古代文化的特点是重文轻理，这种文化精神在近代以前一直占主导地位。中国较早的一部百科性质的书籍《尔雅》中，有关自然的词条为 1096 条；唐朝的《艺文类集》与自然知识有关的共 22 条，而清朝编修的《四库全书》的经、史、子、集四类中没有自然科学的专类。在技术层面和技艺上，以世代相传的整体模仿为主，缺乏精确的、细致的理论，这说明中国古代文化中零星的自然科学知识精神到清朝不是得到弘扬，反而在不断被消解，这与西方是完全不同的。在清朝忽略自然科学之时，恰恰是西方自然科学知识飞跃发展之时。在这一历史转折时期，中西各自在不同的科学精神诱导下走上了不同的发展轨道，文明的中华帝国开始衰落，从原始、简陋的中世纪走出来的西方世界则崛起了。

---

① 罗素：《中国问题》，第 153 页，学林出版社，1996 年版。

第二节　西方科学精神

西方的古典文明是在征服自然的基础上发展起来的，与自然的较量、与人类的竞争都离不开对自然的认识、对人类的思考。在周边古埃及、巴比伦、印度、波斯文化环境的影响下，古希腊时代西方就已具备了形成科学精神的条件。对海洋的征服，对外界文化的吸收，在驾驭自然、了解外界中人们不仅认识到自然科学知识的重要性，而且把它提升为生活的坐标。正像西方古典哲学家伊壁鸠鲁所说的：“一个人没有自然科学知识就不能享受无疵的快乐。”① 这就是西方对待科学的态度，在这种认识的基础上，西方古典时代就已具备了完整的科学思维方式和科学精神。

毕达哥拉斯的“数”“是近代科学观念的一个主要特征”②。同时产生的“科学之父”亚里士多德，建构了一套完整的科学知识体系，他对西方传统的思维方式进行了总结，在多学科领域不断发展，创立了逻辑学，并对修辞学、诗学、政治学、伦理学、物理学、生物学、心理学、美学等学科都进行了研究，形成了一套完整的科学思维方式，这对西方产生了深远的影响，对西方现代的科学思维方式、认识事物和处理问题的方法以及形而上的思想起到了奠基和发轫作用。

不仅如此，古典的西方在文化精神上是人文与科学并重，毕达哥拉斯定理、泰奥弗拉斯的《植物史》、希波克拉底的医学理论、欧几里得的《几何原本》、阿基米得的浮力定理，老普林尼的百科全书——《自然史》等等构成了西方古典时代辉煌的科学园地。伯恩斯和拉尔夫在《世界文明史》中论述了西方古典时代的科学精神：“希腊人的文化

---

① 周辅成编：《西方论理学名著选辑》（上卷），第94页，商务印书馆，1987年版。

② 罗素：《西方的智慧》（上册），第29~30页，文化艺术出版社，1997年版。

是第一次被放在以知识为首的基础上，被放在视自由探索精神为至高无上的基础上。他们没有什么不敢去探究的题目，他们认为没有应排斥在理性领域之外的任何问题。思想凌驾于信仰之上，达到了一个前所未有的程度。”亚历山大里亚城的世界上第一个图书馆，不仅汇集了当时世界的文化丛书，而且图书馆周围还汇集了当时的科学家们，这是人类科研机构史的开端，把古典希腊对科学的探索推到顶峰。古希腊的这种探索精神到近代完全转化为一种科学精神。

中世纪虽然出现过扼杀科学真理的宗教迫害运动，但在信仰与理性的争论中仍孕育着西方传统的科学精神，特别是阿拉伯学术的西传，重新唤醒了西方沉睡的自然科学精神。为了更好地理解上帝本身，使信徒能够掌握自然科学知识，从11世纪起，教会在各地大力兴办学校，从小学一直到大学，学校课程除神学外，还开设了文法、逻辑、修辞、算术、几何、天文、音乐等课程。

当时的大学主要有意大利的波伦亚法律学校、旁勒诺大学、巴勒摩大学，英国的牛津大学、剑桥大学，德国的海德堡大学，法国的奥尔良大学等，到14世纪发展到四十多所大学。

这些大学虽然由教会控制，以神学为主要课程，但同时讲授人文科学和自然科学知识，许多后来有成就的与教会对抗的思想家、科学家绝大部分出自这些大学。“太阳中心说”的提出者哥白尼出自教会大学，阿贝拉尔也是出自教会大学。

正如丹皮尔在《科学史及其与哲学和宗教的关系》一书中论述的：

> 经院哲学的代表人采取了解释者的态度，创造性的实验研究是与他们的观念不相符的。可是他们理性的唯知主义，不但保持了而且还加强了逻辑分析的精神，他们关于神与世界是人可了解的假设，也使得西欧聪明才智之士产生了一种即使是不自觉的也是十分可贵信心，即相信自然世界是有规律的和一致的；没有这种信心，就不会有人去进行科学研究

> 了。文艺复兴时代的人，一旦摆脱了经院哲学权力的桎梏，就吸取了经院哲学的方法所给予他们的教训。他们本着自然是一致的和可以了解的信念，开始进行观察，用归纳的方法形成假设以便解释他们的观察结果，然后又用逻辑的推理演绎出推论，再用实验去加以检验。经院哲学训练了他们，结果反而叫这些人把它摧毁了。

一句话，“中世纪是近代科学的摇篮”。中世纪的神学中孕育着观察自然、了解自然的科学方法，训练着进行自然科学研究的思维，而信仰的热情又促进了自然科学的研究。

牛顿相信用科学的方法可以确定上帝的存在，他认为：“当我在写一篇有关太阳系的论文时，我一直注意那些可能有助于人信神的原理，而没有任何其他的事情比达到这项目标更令人欣慰的了。”① 拉法格也认为：“从事科学的人，除少数例外，都还在上帝的信仰的魔力之下。”② 现代科学大师爱因斯坦对信仰与科学的关系也有所描述：“那些我们认为在科学上有为大创造成就的人，全部浸透着真正的宗教观念，他们相信我们这个宇宙是完美的，并且能够使追求知识的理性的努力有所感受。如果这种信念不是一种具有强烈感情的信念，如果那些追求知识的人未曾受过斯宾诺莎对神的理智的爱的激动，那么他们就很难会有那种不屈不挠的献身精神。”③ 就是在宗教信仰中贯穿了对宇宙的探索精神，蕴涵着西方传统的科学精神，使得西方在中世纪仍然出现了哥白尼的“太阳中心说”，为捍卫科学真理而献身的布鲁诺、伽利略等杰出的科学家。

---

① 柯拉克：《科学与基督信仰》，第 2 页，联经事业出版公司，1983 年版。

② 拉法格：《上帝的信仰》，载《拉法格文选》，第 326 页，人民出版社，1985 年版。

③ 转引自《西方文化概论》，第 51 页，中国文化书院，1987 年版。

文艺复兴和宗教改革运动使西方世界理性主义复苏。理性主义与功利主义和经验主义的传统结合，使西方的科学精神大大弘扬。特别是新教的出现更推动着科学的发展，正如默顿在其《十七世纪英国的科学技术与社会》中阐述的："清教和禁欲主义新教派，是作为一种在情感上首尾一贯的信仰、观点和行为的系统而出现的，这个系统对于激发科学上的持久兴趣起了非同小可的作用。"因为"清教是一种复合体，它包括赤裸裸的功利主义、世俗的兴趣、有条不紊的并且不懈的行动、彻底的经验主义、自由的研究权利乃至责任以及传统主义——所有这些都是与科学中的同样的价值观念一致的"①。当时著名的科学家大多出自新教的英格兰，欧洲其他地区的科学家也大多是以清教徒为主。这样，思想领域的变革大大促进了科学的发展，在变革中弘扬传统文化的精华，使之与新兴的经济需求中的科学发展相结合，再塑西方的科学精神。

西方近代是一个科学张扬的时代，这时的西方把宗教信仰与科学理性相结合，在信仰与理性中不断探索，推动着自然科学的发展。在这种科学精神的鼓励下，西方社会获得了长足发展，实现了超越，在驾驭自然方面取得了优势。科学、宗教、法制精神升华为现代西方文化精神的三大主流。

这种科学精神的差异给一个民族带来的影响，我国著名作家和学者许地山先生在其《造成伟大民族的条件》的讲演中作了精辟的论述，其中的"凡伟大的民族必不断地有重要的发明与发见"一段论述到②：

学者每说"需要是发明之母"，但是人间也有很需要而发明不出来的事实。好像汽力和电力，飞天和遁地的器具，在

① 默顿：《十七世纪英国的科学技术与社会》，第200页，四川人民出版社，1986年版。

② 《北大老讲座及其它》，第131页，华文出版社，2003年1月版。

各民族间不能说没需要。汽力和电力所以代身体的劳力，既然会用牛马，便知人有寻求代劳事物的需要，但人间有了很久的生活经验，却不会很早地梦想到利用它们。飞天和遁地的玄想早已存在，却要到晚近才实现。可见在需要之外，应当还有别的条件。我权且说这是“求知欲”与“求全欲”……中华民族的发明与发见能力并不微弱，只是缺少了求全的欲望，因此对于所创的物，所说的物，每每为盲目的自满自足。一样物品或一条道理被知道以后，再也没有前往深追究的人。乃至凡有所说，都是推磨式的，转来转去，还是回到原来那一点上。血液循环的原理在中国早已被发见。但‘运行血气’的看法于医学上和解剖学上没有多少贡献。木鸢飞天和飞车行空的事情，自古有其说，最多只能被认为世界最初会放风筝的民族，却没有发展到飞机的制造。木牛流马没有发展成铁轨车，火药没用来开山疏河，种种等等，并非不需要，乃因想不到。想不到便是求知与求全的欲望不具备的结果。想不到便是不能继续地发明与发见的原因。

参考文献

1. 《朱子集成》，岳麓书社。

2. 钱穆著：《宋代理学三书随答》，三联书店，2002 年 8 月第一版。

3. 钱穆著：《朱子学提纲》，三联书店 2002 年 8 月第一版。

4. 牟宗三著：《宋明儒学的问题与发展》，华东师范大学出版社，2004 年 7 月第一版

5. 吴乃恭著：《儒家思想研究》，东北师范大学出版社，1988 年第一版。

6. 朱汉民著：《宋明理学通论》，湖南教育出版社，2000 年第一版。

7. 陈启智等主编：《儒家传统与人权、民主思想》，齐鲁书社，2004 年第一版。

8. 柴文华著：《现代新儒家文化观研究》，三联书店，2004 年 12 月第一版。

9. 李振宏主编：《圣人箴言录——〈论语〉与中国文化》，河南大学出版社，1997 年 6 月版。

10. 何晓明著：《亚圣思辨录——〈孟子〉与中国文化》，河南大学出版社，1997 年 6 月版。

11. 钱穆著：《文化与教育》，广西师范大学出版社，2004 年 11 月

第一版。

12. 钱穆著：《晚学盲言》（上、下），广西师范大学出版社，2004年6月第一版。

13. 雅各布·布克哈特著：《意大利文艺复兴时期的文化》，商务印书馆，1979年版。

14. 恩斯特·卡西尔：《人论》，上海译文出版社，1985年版。

15. 怀特：《文化科学——人和文明研究》，浙江人民出版社，1988年版。

16. 焦树安：《比较哲学》，中国文化书院，1987年版。

17. 张岱年、程宜山：《中国文化与文化论争》，中国人民大学出版社，1990年版。

18. 郁龙余编：《中西文化异同论》，三联书店，1989年版。

19. 梁启超：《欧游心影录》，大连图书供应社，1935年版。

20. 本尼迪克特：《文化模式》，华夏出版社，1987年版。

21. 白寿彝：《中国通史》，上海人民出版社，1989年版。

22. 汤因比：《历史研究》，上海人民出版社，1959年版。

23. 保罗·佩迪什：《古希腊人的地理学——古希腊地理学史》，商务印书馆，1984年版。

24. 《马克思历史学笔记》，红旗出版社，1992年版。

25. 《古希腊罗马哲学》，商务印书馆，1982年版。

26. 阿伦·布洛克：《西方人文主义传统》，三联书店，1997年版。

27. 唐君毅：《中国人文精神之发展》，人生出版社，1948年版。

28. 牟宗三：《道德的理想主义》，学生书局，1985年版。

29. 《西方伦理学名著选辑》，商务印书馆，1987年版。

30. 《西方哲学原著选读》，商务印书馆，1981年版。

31. 卢梭：《社会契约论》，商务印书馆，1980年版。

32. 马斯洛主编：《人类价值新论》，河南人民出版社，1988年版。

33. 莫尔特曼：《被钉十字架的上帝》，上海三联书店，1997年版。

34. 《全球伦理——世界宗教议会宣言》，四川人民出版社，1997年版。

35. 克利福德·格尔兹：《文化的解释》，上海人民出版社，1999年版。

36. 傅坚：《文化：人类的镜子——西方文化理论导引》，上海人民出版社，1990年版。

37. 明恩薄：《中国人的素质》，京华出版社，2002年版。

38. 登特列夫：《自然法》，联经出版公司，1984年版。

39. 《西方法律思想史资料选编》，北京大学出版社，1983年版。

40. 《世界通史资料》，商务印书馆，1974年版。

41. 修昔底德：《伯罗奔尼撒战争史》，商务印书馆，1960年版。

42. 奥古斯丁：《忏悔录》，商务印书馆，1982年版。

43. 哈罗德·丁·伯尔曼：《法律与革命》，中国大百科全书出版社，1993年版。

44. 孟德斯鸠：《论法的精神》，中国社会出版社。

45. 黑格尔：《历史哲学》，上海书店出版社，1999年版。

46. 雅斯贝斯：《历史的起源与目标》，华夏出版社，1989年版。

47. 约翰·希罗：《宗教之解释》，四川人民出版社，1998年版。

48. 埃里克·J. 夏普：《比较宗教学》，上海人民出版社，1988年版。

49. 《中国现代学术经典》，河北教育出版社，1996年版。

50. 梁漱溟：《东西文化及其哲学》，商务印书馆，2000年版。

51. 悌利：《西方哲学史》，商务印书馆，1995年版。

52. 罗素：《西方哲学史》，商务印书馆，1963年版。

53. 李泽厚：《中国古代思想史论》，人民出版社，1985年版。

54. 马克思：《1844年经济学哲学手稿》，人民出版社，1985年版。

55. 克洛德·德尔马：《欧洲文明》，上海人民出版社，1988年版。

56. 丹皮尔：《科学史》，广西师范大学出版社，2001年版。

57. 罗素：《中国问题》，学林出版社，1996 年版。

58. 罗素：《西方的智慧》，文化艺术出版社，1997 年版。

59. 柯拉克：《科学与基督信仰》，联经事业出版公司，1983 年版。

60. 《拉法格文选》，人民出版社，1985 年版。

61. 《老北大讲座及其它》，华文出版社，2003 年版。

62. 周国平：《悲剧的诞生译序》，三联书店。

63. 尼采：《悲剧的诞生》，作家出版社。1986 年版。

64. 罗伯特·C. 拉姆：《西方人文史》，百花文艺出版社。2005 年版。

65. 《中国印象——世界名人论中国文化》，广西师范大学出版社。2001 年版。

66. 朱义录著：《儒家理想人格与中国文化》，辽宁教育出版社。1991 年版。

67. 米尔恰·伊利亚德著：《宗教思想史》，上海社会科学院出版社，2004 年版。

68. 冯达甫：《老子译注》，上海古籍出版社，1991 年版。

69. 李约瑟：《中国科学技术史》，科学出版社、上海古籍出版社，1990 年版。

70. 丹皮尔：《科学史》，商务印书馆，1979 年版。

后　记

《中西文化精神》一书是我二十多年兴趣的一个归宿。早在大学时期我就对中西文化发生了浓厚兴趣，以后的大学教学工作为我进一步学习、探究中西文化提供了条件。我在十九年的教学工作中追本溯源地在中西文化中学习探索。首先从中西发展进程的比较入手，先后申报完成了这方面的两个校级课题和一个州级课题，撰写相关的文章二十篇。在这个基础上，我先后开设了“西方文化史”和“宗教史”两门课程。在教学中，把中西文化比较作为研究课题，并申报了校级课题，完成相关的论文三篇。由此而步入中西文化精神的学习和探究，并于 2004 年开设了“中西文化精神”的课程。在以前学习、探究的成果上，我用两年的时间完成了《中西文化精神》一书的撰写，从宏观上架构起科研方向的框架，以后将会在这个框架中继续探索下去。

《中西文化精神》一书的完成是内外因作用的结果。首先是得到云南师范大学马超群先生的指导，在研究中得到学校及学校同仁的帮助，这里要特别感谢研究过程中在方法上给我帮助的白云和田志勇两位先生。白云同志不仅在方法上帮助我，与我共同探讨，而且在资料和信息上提供帮助，我常常开玩笑称他的书房为“小图书馆”。而《中西文化精神》最终问世则要归功于学校及科技处和科技处处长彭强先生，学校对我的科研提供经费帮助，历届领导对我的教学和科研一直给予关注和方便，彭强处长在科研上不断提供科研信息并在技术上给予协助。同时，学校图书馆及图书馆员工在查阅文献和信息上给予了很大的方便和帮助。我要衷心感谢上述给我提供帮助的领导、同仁和朋友！

作　　者

2005 年 11 月 29 日于蒙自

图书在版编目（CIP）数据

中西文化精神/王玉芝著．—昆明：云南大学出版社，2006

ISBN 7－81112－195－6

Ⅰ．中…　Ⅱ．王…　Ⅲ．比较文化－中国、西方国家　Ⅳ．G04

中国版本图书馆 CIP 数据核字（2006）第 109250 号

红河学院人字桥学术文丛

中西文化精神

王玉芝　著

责任编辑：李兴和　宋　武
责任校对：何传玉
出版发行：云南大学出版社
印　　装：昆明银河印刷厂
开　　本：787mm×1092mm　1/16
印　　张：19
字　　数：255 千
版　　次：2006 年 12 月第 1 版
印　　次：2006 年 12 月第 1 次印刷
书　　号：ISBN 7－81112－195－6/G・476
定　　价：35.00 元

社　　址：云南省昆明市翠湖北路 2 号云南大学英华园内
（邮编：650091）
发行电话：0871－5033244　5031071
网　　址：http：//www.ynup.com
E－mail：market@ynup.com